# 乡村振兴战略下的乡村文化建设研究

钟祥虎 著

新华出版社

**图书在版编目 (CIP) 数据**

乡村振兴战略下的乡村文化建设研究 / 钟祥虎著 .
— 北京 : 新华出版社 , 2022.12

ISBN 978-7-5166-6598-5

Ⅰ . ① 乡 … Ⅱ . ① 钟 … Ⅲ . ① 农村文化 – 文化事业 –
建设 – 研究 – 中国 Ⅳ . ① G127

中国版本图书馆 CIP 数据核字（2022）第 228366 号

**乡村振兴战略下的乡村文化建设研究**

著　　者：钟祥虎

责任编辑：徐文贤　　　　　　　　　　封面设计：马静静

出版发行：新华出版社

地　　址：北京石景山区京原路 8 号　　　邮　　编：100040

网　　址：http : //www.xinhuapub.com

经　　销：新华书店

　　　　　新华出版社天猫旗舰店、京东旗舰店及各大网店

购书热线：010-63077122　　　中国新闻书店购书热线：010-63072012

照　　排：北京亚吉飞数码科技有限公司

印　　刷：北京亚吉飞数码科技有限公司

成品尺寸：170mm × 240mm

印　　张：13.25　　　　　　　　　　字　　数：210 千字

版　　次：2023 年 6 月第一版　　　　印　　次：2023 年 6 月第一次印刷

书　　号：ISBN 978-7-5166-6598-5

定　　价：60.00 元

# 前　言

　　党的十九大报告中明确提出了要实施乡村振兴战略,并将这一战略作为全面建成小康社会的七大战略之一。乡村振兴战略是党基于对社会主要矛盾变化的准确判断,为解决发展不平衡不充分问题而做出的重大战略决策。

　　文化是民族之魂,是国家的软实力,对于乡村而言只有创造出积极的乡村文化,才能不断提升乡村振兴的软实力。乡村振兴要想不断满足人们对于美好精神文化生活的向往,就必须对乡村文化建设在乡村振兴中的地位有清晰的认知。

　　在乡村振兴战略的实施中,乡村文化建设的地位不可替代,并对乡村精神文化生活的方方面面进行渗透。一方面,乡村文化建设可以不断提升乡民的文化素质,使他们掌握科学技术,促进乡村经济发展。另一方面,乡村文化建设可以促进乡村和谐文明乡风的形成,对各种利益关系进行协调,促进乡村社会的进步。乡村文化建设在乡村振兴中有着非常重要的地位,但是在实际开展中不乏各种问题。基于此,特策划并撰写了《乡村振兴战略下的乡村文化建设研究》一书。

　　本书共包含七章。第一章对乡村振兴、乡村及乡村发展的相关内涵进行解析,第二章对乡村文化与乡村文化建设进行探讨,分析了乡村文化建设的内容、历史、价值、问题、路径等。前面两章内容为后面章节内容的展开做铺垫。第三章至第七章为本书的重点,论述了乡村振兴战略下的乡村文化建设的方方面面。第三章分析了乡村文化管理与建设,包括乡村文化组织建设、乡村文化基础设施建设、乡村文化领导与管理建设。第四章分析了乡村文化活动与服务,包括乡村体育活动与体育事业发展、乡村生态文化保护与生态文明村建设、乡村教育事业发展与农民文化意识提升。第五章论述了乡村文化资源开发与经营,包括乡村名人故里、历史文化、传统工艺、饮食文化、景观文化与民情民俗文化资源的开发。第六章分析了乡村文化产业创新发展,论述了乡村文化产业的内涵、理论基础、经营管理与运作、发展对策。第七章研究了乡村旅游文化创新开发,分析了乡村旅游规划与开发、乡村旅游文化发展的技术支撑、乡村旅游产品设计与传统文化挖掘。

　　本书从目前乡村文化建设的意义与问题着眼,探讨了乡村振兴战略下的乡村文化建设的方方面面,提出了在乡村振兴战略背景下开展乡村文化建设的有效途径,以期更好地提升乡村文化软实力,为乡村振兴保驾护航。

　　本书所涉及的内容丰富,在撰写的过程中参考和借鉴了大量的相关理论著作,虽然力求理论清晰、观点创新,但由于本人水平有限,在撰写时难免会出现问题和不足之处,还请广大读者批评指正,并提出宝贵意见。

作　者

2022 年 8 月

# 目　录

# 第一章　绪　论

　　乡村振兴是党的十九大报告中提出的重要战略,民族要复兴,乡村必振兴。全面推进乡村振兴是实现中华民族伟大复兴的一项重大任务。乡村振兴内容广泛,不仅包括乡村经济的振兴,还包括乡村民主政治、文化、教育卫生等事业的振兴,其重要性不言而喻。乡村振兴战略的积极推进,对有效解决我国长期以来存在的农村社会发展不充分以及城乡发展不平衡问题、促进城乡融合发展、提升农民生活品质,具有重大而深远的意义。本章作为开篇,重点分析乡村振兴战略以及乡村发展的基本内容。

## 第一节　乡村振兴战略

　　改革开放以来,我国社会经济发展取得了显著成效,人民生活水平日益提高,物质文化需要的满足已经达到了相当高的水平,人们对未来的美好生活有了更高的追求。但从现实情况来看,还存在发展不平衡不充分的方面,如城乡发展不平衡、乡村发展滞后等问题日益凸显,农业、农村、农民问题仍旧是全面建成小康社会路上的绊脚石。习近平总书记在十九大报告中强调要实施乡村振兴战略。乡村振兴战略为今后乡村发展、农村改造指引了方向,指明了中国农村未来之路,是从根本上促进农业发展、农民增收、城乡融合的必然之路,是农村在结合自身特色的情况下向城市过渡的重大创新,是决胜全面建成小康社会、全面建设社会主义现代化国家的重大历史任务,是新时代"三农"工作的总抓手,是新时代实现中华民族伟大复兴的重要举措。

## 一、实施乡村振兴战略的背景

2017年10月18日,习近平总书记在党的十九大报告中提出要实施乡村振兴战略,并将其定位为全面建成小康社会需要坚定实施的七大战略之一。十九大报告指出,农业农村农民问题是关系国计民生的根本性问题,必须始终把解决好"三农"问题作为全党工作的重中之重,实施乡村振兴战略。2018年1月2日,中央一号文件《中共中央国务院关于实施乡村振兴战略的意见》发布,正式向全党全国发出了实施乡村振兴战略的总动员令。2018年9月,中共中央、国务院印发了《乡村振兴战略规划(2018—2022年)》,并发出通知,要求各地区各部门结合实际认真贯彻落实。2021年2月25日,国务院直属机构国家乡村振兴局正式挂牌。2021年6月1日,中国第一部直接以"乡村振兴"命名的法律《乡村振兴促进法》于2021年6月1日正式施行,让乡村振兴战略的实施有法可依。

乡村振兴战略的实施,主要基于历史和现实两个背景。

### (一)历史背景:"三农"建设取得巨大成效,政策效应发力明显

2004年以来,中共中央、国务院连续19年发布以"三农"为主题的中央一号文件,强调了"三农"问题在中国社会主义现代化建设时期极其重要的地位。党的十八大以来,党中央更是坚持把解决好"三农"问题作为全党工作的重中之重,持续加大强农惠农富农政策力度,积极推进农村产业结构的战略性调整,积极推进城镇化建设,加大对"三农"投入和服务,全面深化农村改革,中国"三农"工作取得了巨大成绩。党的十九大报告指出,农业现代化稳步推进,粮食生产能力达到12000亿斤,城镇化率年均提高1.2个百分点,8000多万农业转移人口成为城镇居民。

脱贫攻坚战取得决定性进展,6000多万贫困人口稳定脱贫,贫困发生率从10.2%下降到4%以下。"三农"工作取得的巨大成绩,来源于以习近平同志为核心的党中央坚强领导,来源于党始终坚持把解决好"三农"问题作为全党工作的重中之重,来源于党中央、国务院制定的一系列行之有效的"三农"政策。因此,在新的历史发展时期,要持续加大

对"三农"建设的政策扶持,而乡村振兴战略就是新时代"三农"工作的总抓手、总部署。

（二）现实背景：目前主要矛盾发生变化,乡村问题仍然突出

党的十一届三中全会以后,我国社会的主要矛盾是人民日益增长的物质文化需要同落后的社会生产之间的矛盾。经历40多年的改革开放,特别是党的十八大以来所取得的巨大成就,党的十九大报告中提出,中国特色社会主义进入新时代,我国社会主要矛盾已经转化为人民日益增长的美好生活需要和不平衡不充分的发展之间的矛盾。当前,我国发展中的最大不平衡是城乡不平衡,最大的不充分是农业农村发展的不充分,城乡发展不平衡、农村发展不充分仍是社会主要矛盾的集中体现。尽管我国的"三农"工作取得了显著的建设成效,但农业基础还不稳固,农业生产方式还不够现代化,农产品的销售渠道还不够畅通;农村基础设施和陈旧观念仍需进一步改进;农村留守老人和儿童较多,对中青年人的吸引力还有待提高,老龄化、空心化趋势越来越明显;城乡区域发展和居民收入差距仍然较大;脱贫地区防止返贫的任务还很重,需要加强巩固拓展脱贫攻坚成果同乡村振兴有效衔接。因此,在我国全面建成社会主义现代化强国的进程中,必须持续关注乡村建设问题,全面推进乡村振兴战略。

**二、乡村振兴的目标**

实施乡村振兴战略的目标任务主要包括以下几个方面。

（1）2020年乡村振兴取得重要的进展,制度框架和政策体系基本形成:在尊重农民的基础上,提高农业综合生产能力,使农业稳步推进,农业供给体系和制度框架基本形成,使农业发展水平明显提高,拓宽农民的增收渠道,创新产业布局,从而减小城乡贫富差距,促进城乡产业的交融和进一步的发展;如今政府大力推行落实乡村振兴,使大部分农村贫困人口实现脱贫,原先的贫困县已不复存在,解决了所在地区整体性贫困难题;增进农村基础设施建设工作,改善农村人口居住环境;各单位、各地区、各部门推进乡村振兴的思路举措得到群众的认可和响应等。

（2）2035年乡村振兴取得决定性进展,农业农村现代化基本实现:2035年乡村振兴取得决定性进展,农业结构得到根本性改善,农民就业质量显著提高,乡村人民的贫困程度得到改善,奔向更美好的生活,走共同富裕道路,且稳步前行,农业农村的现代化能够基本实现。

（3）2050年乡村全面振兴,农业强、农村美、农民富全面实现:乡村振兴战略是党中央从党和国家事业全局出发、着手于实现"两个一百年"奋斗目标的战略,乡村振兴不仅是顺应亿万农民对美好生活的向往,做出了富有极大挑战性的突破,还是决胜全面建成小康社会、全面建设社会主义现代国家的一大历史任务。

### 三、乡村振兴的基本表征

基于乡村振兴战略的背景和目的,其特性可以从不同的层次和角度来进行解读。

#### （一）坚持融合发展理念,推动要素有序流动,促进城乡关系跨越式发展

党的十九大提出了城乡融合发展的概念和目标。融合作为乡村振兴的关键词,既是乡村振兴战略的目标,也是实现这一目标的途径。要实现振兴乡村的战略目标,必须重塑城乡关系,走城乡一体化发展道路。这一概念不仅反映了中国城市化进程中城乡空间关系的必然转变,而且反映了中国政府主导下城乡融合发展理念的转变。可以说,实施乡村振兴战略不仅是社会主义新农村建设的现代化版本,也是从根本上解决我国"三农"问题的行动纲领。

转变城乡关系,是真正实现城乡要素资源自由双向流动的根本。然而,在所有这些流动要素中,人作为乡村振兴的主体,是充分自由发展和流动的关键。因此,在推进乡村振兴战略中,有必要更新城乡人才流动机制,完善就业制度。这意味着未来将出现农民进城创业和城镇居民下乡创业就业的新的双向流动;特别是为了满足乡村振兴对高素质人才的需求,将有越来越多的城市公民自愿上山下乡,其中包括相当比例的"城市精英";越来越多的学生将自愿在广阔的农村地区展示他们的技能;返乡创业的农民工将是新职业农民的主要群体。从理论上讲,这

些返回或流向农村地区的人才大多具有前瞻性,具有创业精神和良好的文化教育基础。城乡一体化发展是指未来逐步引入基于一体化理念的城乡发展体制、机制和政策体系。这些变化将对管理体系、政策体系和发展规划产生重大影响,包括农村地区的职业和成人教育(社区教育),以保持城乡职业培训发展与经济社会发展的高度一致性和适应性。

（二）以农业和农村为主体,突出发展重点,弥补乡村振兴的不足

我国长期以来一直实行城市取向的发展政策,很多城市的发展以牺牲农村为代价。从长远来看,农村已经成为中国现代化发展的一小部分,其结果是农村农业和农民发展的不发达和不平衡。乡村振兴战略极大地拓展了农村发展的思路。党的十九大提出要在坚持新型工业化、城镇化、信息化、农业现代化同步发展战略的同时,强调农业和农村要优先发展,平衡农业现代化的"短板"与农村现代化的"短阶段"。乡村振兴战略也提高了农村发展的目标,从最初的农业现代化到农业农村现代化。同时,农业农村现代化目标意味着我们要建设的现代化是人与自然和谐共处的现代化,它是建立在满足人们对美好生活和优美生态环境日益增长的需求的基础上的。如果我国城乡二元结构短期内仍然难以改变现状,就必须优先考虑公共资金向农业和农村流动,缩小城乡基本公共服务差距。这是促进农业和农村快速发展、弥补差距的重要举措。为了优先发展农业和农村地区,必须优先分配教育资源,提高教育服务能力,特别是加强农村职业培训基础设施和教师队伍建设。培养新型专业农民和有效的农村管理是适应现代农业发展需要的基本战略。要解决制约农业和农村发展的主要因素,促进人的发展,建立促进人力资源开发的制度,促进农业和农村的发展。

（三）培育新型经营主体,注重三产业融合发展,构建现代农业产业体系

第一,巩固和完善农村基本管理制度,核心是完善农村"三权分置"制度。"三权分置"是家庭联产承包责任制下农村土地改革的又一重大制度创新。"三权分置"是指土地权、承包权和经营权的分离和平行。中国农村正呈现出加速大规模流通和生产的趋势,出现了新的农业经营

问题。农民、农业专业人员、大型专家和农业合作社负责人是当前最主要和最重要的农业新课题。新型农业经营主体的培养,主要是为了提高生产管理质量,适应现代农业产业发展的需要。

第二,加快以农村一、二、三产业融合发展为核心的现代农业体系建设。实施乡村振兴战略的一个重要途径是转变农业发展的动力,促进和支持农民创业和就业,促进农村一、二、三产业一体化发展。农业和农村现代化的重要标志不仅是发达的现代农业,而且是发达的非农产业体系。近年来,休闲农业、观光农业、农村电子商务、现代食品产业等新兴产业和新业态成为我国的重点领域,实现了农村一、二、三产业的全面发展。农业与农村二、三产业融合、现代农业与农村现代化融合的时代即将到来,这必然会对影响农村发展的农村职业培训体系提出要求。

（四）升级建设目标,以精准扶贫为优选策略,激发贫困人口内生动力

在实施乡村振兴战略中,党的十九大报告进一步提出了"产业兴旺、生态宜居、乡风文明、治理有效、生活富裕"的目标。这一总体发展目标意味着乡村振兴必须使社会主义核心价值观成为农民意识的主流,要求乡风文明;完善农村治理体系,实现自治、法治和德治相结合;要满足人民日益增长的美好生活需求,让农民过上现代而有尊严的生活,实现从"生活宽裕"到"生活富裕"的目标。

实施精准脱贫战略是弥补我国乡村振兴和发展不足的关键,也是我国的首选战略。此外,为了全面解决扶贫问题,更好地解决相对贫困问题,我们应该把扶贫与扶志扶智、应急扶贫与内源性扶贫结合起来,提高职业技能,提升贫困人口的基本技能和综合素质,特别是在推进扶贫战略的过程中,激发贫困人口的内生动力,提高他们的自我发展能力;逐步消除穷人的精神贫困,促进自我完善和自主,通过提高自我发展能力实现自我解放。

（五）以能力建设为核心,强化农村人力资源开发,注重乡村精英培育

党的十九大报告明确提出了发展的"三个优先":优先发展农业和

农村、优先发展教育、优先发展就业。农民教育、农村教育和农业教育是中国顺利实现四个现代化的关键因素,也是中国能否走出中等收入陷阱、实现可持续发展的关键。因此,从根本上讲,乡村振兴战略是人才振兴战略。

1. 为了破解限制乡村振兴的人才缺口,我们必须优先发展农村人力资源

这就需要通过创新人才政策,将信息、技术和管理渠道引入农村地区,并以能力建设为重点,加强农村人力资源开发。主要包括:通过适当的方式促进农村劳动力转移,提高农业转移人口的素质,防止重新安置的农民成为城市贫困人口;借助职业教育和技能培训,提高留守农民的生存和发展能力。

2. 实施乡村振兴战略,工业繁荣是基础,农村精英是乡村振兴实践和行动的主体

在推进乡村振兴的过程中,我们必须牢牢抓住工业和农村精英这两个关键。从农村精英的构成结构来看,他们主要由家庭农场主、专业合作社负责人、村集体经济负责人和农村大户农民组成。他们是新型职业农民的典型代表。农村精英经营的家庭农场等各类企业能够有效吸收农村剩余劳动力,不仅带动村民致富脱贫,而且在很大程度上有效维护了农村社会的稳定。相对而言,农村精英往往拥有更多的社会资本。其中,留守精英或农村精英具有良好的群众基础和相当的号召力和影响力,这些"城市精英"最初来自农村,在农村长大,在城市发展并取得成功。他们大多数人不仅了解城市的发展状况,而且了解当地农村的实际情况。他们可以利用长期积累的社会资本和物质资本创业,或者吸引和利用外部资源积累和建设更多的社会资本。总体来说,中国仍处于"要富裕农民就必须减少农民"的发展阶段,即农村仍有相当数量的剩余劳动力,继续推动部分农村人口进城或向非农产业转移。然而,根据我国农村劳动力转移的现实和特点,农村人口向城镇转移往往具有"精英迁移"的特征。也就是说,能够转移到城市或非农产业就业的更多的是受过高等教育、综合能力强的年轻农村精英,而留在农村的更多的是老年人、儿童、女性和弱势群体。因此,要解决农村剩余劳动力总量转移与高素质劳动力短缺的矛盾,必须注意优化农村留守人口结构,提高农村存

量人口的人力资本素质。总之,要培养以新型职业农民为代表的农村精英,加快培养懂农业、爱农村、爱农民的"三农"工作队伍。

### 3. 以培育新的主体为契机,拓展农村就业创业空间

为推进农村创业战略,农业部在 2018 年 4 月下发了《关于大力实施乡村就业创业促进行动的通知》,文件指出,要依托返乡创业培训五年行动计划、新型职业农民培育工程、农村实用人才带头人和大学生村官示范培训、贫困村创业致富带头人培训工程、农村创业致富女带头人等项目,有针对性地开展创业创新人才培训。

### 四、乡村振兴战略的总体要求

乡村振兴战略是社会主义新农村建设的深化和升级。从"农村"到"乡村",范围更大、内涵更深,是把"农业、农村、农民"都囊括其中。党的十九大报告提出了实施乡村振兴战略的总要求,即"产业兴旺、生态宜居、乡风文明、治理有效、生活富裕"。对比社会主义新农村建设提出的"生产发展、生活宽裕、乡风文明、村容整洁、管理民主",乡村振兴战略的二十字方针具有更宽范畴、更深内涵和更高要求。

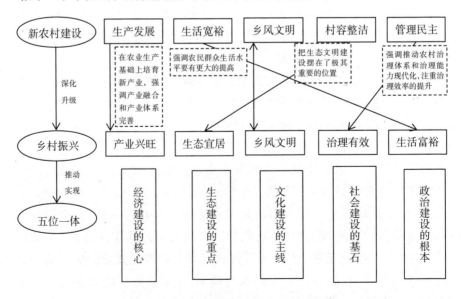

图 1-1 乡村振兴战略的二十字总要求

从图 1-1 可以看出,乡村振兴战略提出的二十字总要求中,用"产业兴旺"替代了"生产发展",强调除了加强农业生产外,还应重点培育新产业、新业态,实现一、二、三产业的有效融合和产业体系的完善创新;用"生态宜居"替代"村容整洁",是把生态文明建设摆在了极其重要的位置,对生态环境提出了更高要求,不仅要求村容整洁,而且强调发展绿色经济、治理环境污染,把乡村建设成为宜居、宜业、宜游、生产、生活、生态一体的综合体;"乡风文明"四个字没有变化,体现乡村精神文明建设的一脉相承,强调乡村要传承文化,保持风土气息和淳朴民风;用"治理有效"替代"管理民主",强调除了加强农民参与民主管理外,还应加强和创新农村社会治理,推动农村治理体系和治理能力现代化,注重治理效率的提升;用"生活富裕"替代"生活宽裕",强调农民群众生活水平要有更大的提高,生活质量有更明显的改善。

"产业兴旺、生态宜居、乡风文明、治理有效、生活富裕"二十字总要求内容丰富、逻辑清晰,涉及经济建设、政治建设、文化建设、社会建设和生态文明建设,符合国家"五位一体"总体布局。其中,产业兴旺是经济建设的核心,生态宜居是生态建设的重点,乡风文明是文化建设的主线,治理有效是社会建设的基石,生活富裕是政治建设的根本。

# 第二节　乡村及乡村发展

## 一、乡村

乡村也称"农村",是"城市"的对称,即城市以外的一切地域,主要是县以下的乡(镇)、村两个层次。从不同角度定义乡村,可能会有细微差别,但殊途同归,乡村是在某一地域中,由指定社会群体与多种社会关系构成,主要从事农业生产的社会实体,它是社会的基本构成,也是社会发展的重要基础。乡村不仅涵盖指定地域的国民经济各个部门,还包括社会、经济、生态等各方面,在每个方面中还包含诸多层次与因素,可以说是极其庞大与复杂的系统。城镇是指人口比较集中、工商业比较发达、以非农业人口为主的区域,包括国家批准设市建制的直辖市和省、自治区、直辖市批准设镇建制的镇。根据我国有关部门规定,大多数县城是镇的建制,应属于城镇范围,但由于县、镇是城市和乡村的结合部,县、镇的经济往往和乡村经济融为一体,为方便分析问题,本书提到的乡村范围有时也包括县、镇在内。所谓县级乡村,是指县级行政管辖范围内的乡村。

对于乡村的含义,基本要素有三点:其一,一定地域;其二,农业在产业结构中占极大比重;其三,一定的行政归属。理解乡村这一概念,需要从三个方面着手。首先,清楚乡村的地域属性,由于与城市相对应,它包含除城市外的所有地域。同时,乡村具有经济属性,与城市的经济活动形式相比有很大不同,甚至可以说是千差万别。乡村经济对自然的依赖性更强,并且经济活动的密集程度较低。相关学者就曾指出,城市本身就是人口、资本、生产工具、需求、享乐的集中体现,而乡村处处体现着分散与孤立。其次,乡村有特定的生产生活方式。相比于城市,农村的生产生活方式有很大差别。现阶段,我国乡村仍以农业生产为主,并且人们会通过农业生产丰富生活。最后,乡村是有行政归属关系的。当前,乡村主要是指乡、村这两大社会区域。具体而言,乡村或是隶属于某县下的乡,或是隶属于某乡下的村。

## 二、乡村发展

### (一)民国时期的乡村发展

民国时期的乡村建设思想和历程,有如下特点。

从价值选择来看,梁漱溟、晏阳初和卢作孚的乡村建设思想属于改良主义。梁漱溟认为中国的问题在于新旧文化的冲突,并通过比较认为中国的传统伦理文化优于西方文化。从经济方面看,现代社会是工业和服务业占据绝对优势的社会,或所使用的全部能源中非生命能源占据较大比重的社会;传统社会则是第一产业占据绝对优势的社会,或所使用的全部能源中生命能源占据较大比重的社会。因此,要实现国家的现代化,就必须走以工促农的道路。而中国共产党所选择的土地改革和阶级斗争相结合的革命道路意义更加深远。该措施充分调动了广大革命根据地农民的生产积极性,促进了农业经济的极大发展。

另外,晏阳初和梁漱溟都主张不依靠政权,希望走独立发展的道路。

与此形成鲜明对比的是,中国共产党在革命根据地的建设中能将土地改革和阶级斗争的思想贯彻始终,根本原因是党能够以农村包围城市的方式逐步取得政权,为改革提供了政治保障,同时土地改革也促进了党的革命胜利。由此可见,任何乡村建设如果要得到期望中的结果必须有政府的支持,必须得到长期而稳定的政权保障,并且能够得到强有力的执行。但是,此时由共产党政府利用行政权力推行土改政策的方式也形成一种行政思维,乡村自身没有思考和抵抗的能力,结果是当指导方针正确时,乡村得到长足发展。一旦指导方针出现较大失误,乡村将遭受巨大损失。

（二）人民公社前期和人民公社时期

新中国成立后,面对的是国民党政府遗留下来的烂摊子,民生凋敝、经济倒退、物资匮乏。此时中国共产党的任务是一方面要改变中国贫困落后的现状,一方面要实现社会主义的理想。

首先,从意识形态上看,中国选择了与资本主义阵营相对的社会主义阵营,苏联是第一个社会主义国家,当时的建设也取得了巨大的成功,因此苏联模式必将成为新中国建设的借鉴模式。

其次,经济上以美国为首的资本主义国家采取在政治上孤立、经济上禁运、军事上包围等一系列反华、排华政策,中国的外向型经济无法实现,必须走独立自主、自力更生的经济发展道路,发展重工业成为首要目标。

再次,政治上如何将社会主义根本价值和社会主义优越性得以体现,也是保证党执政地位的关键。

最后,从历史经验上看,中国共产党通过农村包围城市的革命路线,在马克思主义生产力与生产关系相适应原理的指导下进行的根据地土地改革和阶级斗争经验,保证了中国共产党的革命胜利,坚定了变革生产关系促进生产力发展的思想。从现实情况看,中国如何摆脱贫困落后的状态,迅速实现现代化,是党当时面临的最重要的任务。

（三）改革开放以来的乡村发展

十一届三中全会之后两年中党的工作在徘徊中前进的局面,实现了建国以来党的历史的伟大转折。全会指出实践是检验真理的唯一标准是党的思想路线的根本原则,从而重新确立了马克思主义的实事求是的思想路线,果断地作出把全党工作着重点和全国人民的注意力转移到社会主义现代化建设上来的战略决策。实行改革开放的新决策,启动了农村改革的新进程。全会在讨论1979、1980两年的国民经济计划安排时,提出了要注意解决国民经济重大比例失调,搞好综合平衡的要求,认为农业这个国民经济的基础就整体来说还十分薄弱,只有大力恢复和加快发展农业生产,才能提高全国人民的生活水平;提出当前发展农业的一系列政策措施,并同意将《中共中央关于加快农业发展若干问题的决定(草案)》发到各省、市、自治区讨论和试行。这个文件在经过修改和充实之后正式发布,接着一些重要的农业方面的文件相继制定和发布施行,有力地推动了农村改革的进程。

冲破集体农业的经营体制,实行土地家庭承包经营制度,使生产者有了生产经营和分配的自主权,成为商品生产和市场活动的主体。农民获得市场经济必要的自由前提——土地经营权、财产权、择业权,这就为中国由高度集中的计划经济向市场经济转轨提供了突破口,从而推动了农产品流通体制、农业管理体制、人民公社体制的改革,促进了农村产业结构和农村所有制结构的合理调整,使农村经济资源利用效率大大提高。

家庭联产承包责任制在改革之初取得了巨大的成功,随着我国社会主义市场经济的不断发展和完善,在推动农村经济进一步发展、农业规模经营以及农民增收问题上,家庭联产承包制越来越表现出制度上的滞后性。所有权主体界定不清,内容界定不完整,形成了集体经济组织、村民委员会或乡(镇)政府、村民小组对同一块地都可以拥有所有权,而农民实际缺乏充分行使自己土地权利的能力。具体表现在:农地使用权凝固、封闭,二级市场发育滞后;土地承包权的短暂性、临时性与土地长期规划、持续发展的矛盾无法解决;收益分配权被上级"所有者"侵蚀,剩余收益权也未全部得到保证;处置权即让渡权受社会与所有制和现行法律的限制,难以落实到位。农民的产权严重残缺,农地均分承包制下,农地的持续和无限分割必然带来农业的超小规模经营,使农民利用市场的能力低、成本高、效率差,规模不经济,无法有效实现土地集中。在外务工经商的农民无法也不愿将自己承包的土地转让给他人耕作,而宁愿在土地上作很少的投资或干脆抛荒,造成土地资源的极大浪费。

　　"三农"问题是农业、农民和农村问题的总称。农业问题,主要是农业产业化的问题。市场经济中农业的购销体制不畅是农业不能快速发展的一个重要原因。此外,中国农业目前基本上属于自给自足的小农经济,没有形成规模经济也是制约农业发展的重要因素。农村问题,户籍制度将城乡予以二元分割,形成了城乡之间经济发展、文化水平的较大差异。乡村的行政制度、医疗制度、教育制度和社会保障制度等都有待改革和完善。农民问题,主要是收入问题,即农民收入增长缓慢,生活保障不健全,农村市场内需明显不足,目前工业产品的过剩主要就是由于占总人口比重很大的农民购买力不强造成的。

# 第二章　乡村文化与乡村文化建设

文化是一个民族的灵魂。在推进社会主义乡村建设进程中,如何把乡村文化建设纳入整体规划,与乡村民主政治建设、发展村级经济、整治村容村貌等进行同步建设、整体推进,是当前我们面临的一个重要课题。因此,深入理解乡村文化的含义,深入了解和辨别乡村文化的特征,是保证乡村文化建设深入开展的重要基础和基本前提。

## 第一节　文化与乡村文化

### 一、文化

从语源来看,文化原意是对土地的耕作和对作物的栽培,后来引申为对人身心进行培养和教化,使之摆脱自然的状态。最早把文化作为专业术语使用的是英国人类学之父泰勒(Tayor,1832—1917),他认为"所谓文化或文明,就其广义人类学意义上看,是由知识、信念、艺术、伦理、法律、习俗以及作为社会成员的人所需要的其他能力和习惯所构成的综合体"。此后,有关于文化的学术定义层出不穷。美国学者克拉克洪等将世界上一些著名学者关于文化的近 200 条定义分为描述性、历史性、行为规范性、心理性、结构性、遗传性和不完整性七类。

加拿大学者谢弗按照概念产生的历史顺序,将其分为哲学的、艺术的、教育学的、历史学的、人类学的、社会学的、生态学的、生物学的和宇宙学的等 10 类。《大英百科全书》(1973—1974)赞同将文化的概念分为两类:一类是一般性的定义,即文化等同于"整体的人类社会遗产";

一类是多元的、相对的文化概念，即文化是"一种渊源于历史的生活结构的体系，包括语言、传统、习惯和制度，包括有激励作用的思想、信仰和价值以及它们在物质工具和制造场中的体现"。

我们可以在"文化即人化"的基础上对文化进行概念界定。所谓文化即是人为与为人的过程和结果。这个定义可以从如下方面进行理解。

第一，文化从根本上说是人的文化，是人"化人—化己""化内—化外"的统一，离开了人就无从谈起。比如，在人类尚未诞生时，月亮是客观的，只有当人类注意到月亮之后，才有关于月亮的文化。

第二，文化既是名词，也是动词，还是形容词。这是因为"人为"和"为人"都兼具多种词性。

第三，"人为"和"为人"是紧密联动依存且在各个层次都有机统一的整体。

第四，"人为"和"为人"的对象既包括纯粹的自然，也包括人类社会其他人及人自身，人通过行为影响自然界和人类社会，在此过程中自身也受到反向的作用和影响。

第五，在人类社会已经发端发展的背景下，只要人不灭绝，"人为"与"为人"是一组持续作用的"永动"结构，也就是说文化总是处于不断的运动之中，静态的文化只是一种特殊状态或"定格照"，动静之间不是截然分离的。

第六，文化能够分区、分时、分类、分层和分级，这种种区分本质上是人的一种思想工具和自身结构特征的映射，也是文化的一种表现形式。

## 二、乡村文化

乡村文化作为与城市文化相对应的一种文化形态，是构成人类文化的重要组成部分。我国自古以来就是一个农业大国，几千年的中国文化深深根植于农业文明之中，从某种意义上说，乡村文化是中国传统文化的活水源头，农民群众是乡村文化建设的主体。

乡村文化可从广义和狭义两方面去解读。从广义上讲，乡村文化是指乡村人口在乡村长期的社会实践活动中所创造出的物质财富和精神财富的总和，它由相互独立却又不可分割的四个层面构成，即物质文化、行为文化、制度文化和精神文化。从狭义上讲，乡村文化则仅指乡村的精神文明活动,是农民的文化水平、思想观念以及在漫长的农耕实践中形成并积淀下来的认知方式、思维模式、价值观念、情感状态、处世态度、人生追求、生活方式等深层心理结构的集中反映,表达的是农民群众的心灵世界、人格特征以及文明开化程度,是农民精神状态的内化,也是乡村社会进步的标志。①

## 第二节　乡村文化建设内容及历史变迁

### 一、乡村文化建设的内容

#### (一)保护和引导乡村民俗文化

我们今天经常所说的民俗文化就是指民众的生活文化,那么乡村民俗文化当然就是指乡村的生活文化了,民俗文化主要就是乡村的风土人情、习俗等,它与民众所处的特定的自然、人文环境紧密相关。农民的道德习俗、民族风俗和民间传统文化有着密不可分的天然联系,优秀的民间传统文化凝聚着中华民族悠久传统文化的精神,体现着中华民族勇敢、勤劳、生生不息、正义的民族精神。

优秀的民间风俗文化是乡村文化建设的基础,优秀的民间风俗文化是社会主义乡村建设的重要组成部分,一个地方风俗的好坏直接关系到这个地方的人的精神面貌,乡村文化建设在民俗方面的工作主要是两点:一是保护,就是要保护独具特色的民俗文化,具有地方风情的好的传统的民俗,这些要好好保护,不能让这些民俗在中华大地上消失;二是要引导,什么是引导民俗文化呢? 就是我们国家的很多乡村里面还有很多不良的习俗、不良的生活习惯等,这些不良的习俗不是一两天就能形成的,而是在很长的时间里形成的,有些恶习我们有必要采取强制的规定废除,但是大部分的不良习惯还是不能够采取强制规定的手段来消除,而是应该正确引导,引导人们该怎么样做,怎么做是健康的,怎么做是文明的,时间长了,民众在自觉与不自觉中就会朝着好的方向发展,

---

① 顾阳,吕英胜.如何搞好乡村文化工作[M].太原:山西经济出版社,2009.

而不会有太大的反弹,相反如果一概都采取强制性的措施的话,那么很多农民会不服气,改正的效果也不会很好,因此要正确地引导乡村民俗文化。

（二）加强和深化乡村教育文化

教育是全社会最重要的事情之一,是关系到国家前途和民族未来的千秋大业,一个国家、一个民族能否发展好,人民能否安居乐业,能否在世界上获得别人的尊重,很大程度上都与教育有关,因此教育在国家中的地位是如何强调都不会过分的。我国现在正在一个改革开放的新起点上,国家正在迈向一个新的更高的台阶,在现阶段,更加需要高素质的人才来建设好我们的祖国。而现在发展的重心已经开始由原来的重视工业、以农业补工业的发展方向,转向重视乡村农业的发展了,在这样的一个历史发展机遇期,中国广大的乡村能否在党的领导下,摆脱曾经的落后,走上一条快速发展的道路,很大程度上取决于有没有优秀的农业人才。

在新时期的社会主义乡村文化建设中,教育文化是很重要的一个内容,也是非常紧迫的任务。根据实际,通过地方政府拿出的有限资金来办乡村教育,是不能满足广大乡村青少年对教育的需求的。而且,有的贫困地区由于财政吃紧还会挪用教育经费。为改变乡村教育现状,我们首先要加大乡村教育资源的投入,最大限度地改变乡村教育资源不足的状况,重点抓教育经费挪用行为,有很多地方的教育经费挪用情况非常严重,一定要严加监管,同时发现问题后一定要严肃处理,本来乡村的教育经费就少,要把有限的教育资源用到实处。要成立一个调查小组,查清乡村小学、中学的负债状况以及教师的工资问题。有的学校负有很多的债务,因为建校舍借了很多的钱,有类似情况的,要通过财政拨款支付,使学校能够减轻负担,轻松上路,一心一意地抓教学,不用想方设法赚钱。在教育领域,可以适当放宽私人投资办学,这样一是可以满足社会上有意教育的人的良好愿望,二是这样能够补充一下政府对教育投资的严重不足,但是对这些投资要专门建立一个机制进行监督,因为不能太多地私有化和商业化,那样的话就更加不利于教育的发展了,不能把教育资源大量地转到私人手中。还有就是教育主管部门要把一定的管理权限下放给学校,增加学校一定的决策权,并为学校创造良好的办学环境。

对乡村教育问题中的教师问题,要切实提高广大教师的各种素质,加大师资力量,提高师资水平,建立良好的教师队伍,对不合格的教师要坚决辞退,可以招收一些有高学历的人士回乡任教,像一些大学生等,提高教师的待遇,对教师的福利等问题要根据实际给予改善。当地政府应该把乡村教育作为一项重要的工作来做,在资源分配方面着重加大乡村教育的经费,为乡村教育提供土地资源和其他设施。

### (三)加快和夯实乡村法制文化

第一,要增加与农民相关的立法,用法律来保护农民、保护农业的利益,从而达到农业和乡村经济的稳定发展。

第二,要规范执法,确保司法独立,确保司法不受行政权力的干扰。

第三,要让法治与德治相辅相成,当法律和道德、风俗发生冲突时,不能公式化地强调以法律来同化道德、风俗,而应当寻求法律与道德、风俗的妥协与合作。

第四,要加强法律宣传的针对性和实用性。实施财政保障机制,充足的经费保障是加大乡村普法力度的重要条件。

### (四)培养和提升乡村体育文化

改革开放之后,特别是全民健身计划纲要实施以来,乡村体育取得了全面发展。我国广大乡村的体育场地设施有了很大的改善,雪炭工程和全民健身工程的实施对于改善贫困地区体育场地设施,起到了极为重要的作用;体育社会化程度逐步提高,组织网络正在形成,乡村县、镇体育指导站增幅显著;乡村体育竞争和激励机制更趋完善,为表彰和鼓励乡村基层开展群众体育工作的积极性,推动乡村群众体育和全民健身工作的开展,从中央到基层运用竞争激励机制并逐步成为制度,形成一套表彰体系;全民健身宣传周活动产生了广泛的社会影响,有效地增强了乡村居民的体育健身意识,对于广大乡村居民形成良好生活方式和道德品质,远离不良恶习,产生了良好作用,而每两年评比表彰一批全国亿万农民健身活动先进乡镇,为农民体育活动的开展起到很好的激励、示范和推动作用。亿万农民健身活动的蓬勃开展,不仅减少了疾病,提高了农民的健康水平,而且产生了良好的社会效果,体育对乡村社会发展的贡献率越来越大。

（五）发展和落实乡村生态文化

乡村生态文化建设也是我国乡村文化建设的一个很重要的内容。近些年来我国经济高速发展,伴随而来的是很多的生态环境问题,这些应该引起我们的高度重视,因为这不仅关系到我们自身,还关系到我们的后代,他们是否能够有一个好的环境,要看我们现在所采取的各种措施。

现在我国广大的乡村所遇到的生态问题已经非常严重,生态环境退化严重,由于人类对自然资源过度的以及不合理的利用造成的生态系统结构破坏、功能衰退、生物多样性减少、生产力下降、水土资源丧失等一系列生态环境恶化现象非常严重。而一旦生态环境遭到破坏,生态平衡失调,恢复起来就非常困难,而且有些破坏甚至是不可逆转的。因此,可以从如下几点着眼。

第一,强化科学管理,加强法制观念。

第二,积极引进研究和推广高新农业技术。

第三,综合规划、全面发展,走生态农业之路。

**二、乡村文化建设的历史变迁**

（一）新中国成立后的乡村文化发展

任何事物的发展都需要一定的条件,新中国成立后,党和政府虽然一直在关心农业和乡村工作,但由于一些原因,乡村文化在新中国成立以后的前30年发展经历了许多曲折。直到1978年党的十一届三中全会以后,乡村经过经济体制改革,才大大提高了经济发展水平,为乡村文化的发展创造了良好的基础和条件。

农民收入的增加,为乡村文化建设和农民文化消费提供了经济保证。长期以来,农民收入不高是挫伤农民劳动生产积极性的一个重要问题,特殊时期,农民一个劳动日的分值最少时甚至只有几分钱,温饱问题尚未解决,根本谈不上文化消费。抽样调查表明,一个家庭的人均年收入超过 300 元时,才有能力支付文化消费的费用。截至 1992 年底,我国农民人均年纯收入已达到 784 元,用于文化消费方面的投入在 5% 左右。购买收音机、收录机、电视机已成为这一时期乡村的一种文化消费时尚,1988 年全国乡村电视覆盖率已达到 75.4%。大部分地区农民的文化生活日益丰富,除了重大节日,有些地区的农民遇有红白喜事或孩子满月,都点戏或包电影请大伙"热闹热闹",青年农民唱流行歌曲更不是什么新鲜事。在一些富裕乡村,农民甚至跳起了交谊舞、迪斯科,组建了铜管乐队等。

乡村乡镇文化建设初具规模。新中国成立后,政府文化部门曾两次提出建设乡镇文化站的要求,但进度缓慢。随着乡镇商品经济有了较大的发展,集市贸易活跃,老集镇人口增多,建设规模扩大,新集镇不断形成。为适应集镇发展和农民日益增长的文化需求,国务院于 1981 年确定了关于在集镇发展过程中加强文化设施建设的方针,使乡村集镇文化建设跨入了一个新的阶段,大多数乡镇有了自己的文化阵地,在一定程度上活跃了农民的文化生活,并初步具备了向乡村进行文化辐射的基础,如在各村巡回放映电影、巡回举办科技普及知识讲座等。

农民整体文化素质有了较大的提高。由于经济和历史的原因,新中国成立初期全国人口中 15.5% 的文盲、半文盲绝大部分集中在乡村,旧的封建残余等旧习负担仍在困扰着农民,可是农民追赶社会前进步伐的愿望比历史上任何时代都强烈,改变乡村经济、文化落后面貌的决心比过去任何时候都大,他们迫切地要求掌握先进的科学技术和文化知识,以开拓致富的门路、增强致富的本领,一股新"科技文化热"在乡村形成。全国每年参加各种科技知识培训班的农民近 50 万人,有些乡村从农业和乡镇企业的长远发展需要出发,甚至出资让大学代培科技人才。农民热衷于科学技术知识、热衷于进行智力投资,这是繁荣乡村经济文化,从根本上改变乡村落后面貌的可喜进步。

乡村文化体制改革与文化组织的变化有利于乡村的文化建设。1956 年实行农业合作化以后,乡村文化组织一直依附于集体经济组织,不允许个人兴办文化事业。1980 年实行联产承包责任制以后,除了原来依附集体经济的文化组织,乡镇企业和群众开始自办文化组织,有的农民还个人投资兴办文化事业。据统计,1984 年,全国乡村文化经营户已达到 24.2 万个。1985 年,农闲从事商业性演出的农民半职业剧团达到 5798 个,鼓乐班的数量更多。农民文艺社团也开始发展起来,

1988 年,被文化部命名为"中国现代民间绘画乡"的就有 45 个。这类文化组织从数量上看不算多,层次也不算太高,然而都在体制、组织、人才培养等方面为乡村文化的发展探索出一条新的路子,初步积累了一些经验。

### (二)改革开放后乡村文化的发展

20 世纪末至 21 世纪初,是中国社会的转型期,随着乡村政治、经济的历史性变革和农民物质、文化生活水平的提高,乡村文化必然会发生相应的变化,其走向是:

（1）乡村文化将稳步渐进地发展。从大的社会经济背景看,党和政府非常关心农业和乡村工作,《中共中央关于进一步加强农业和乡村工作的决定》、江泽民在中国共产党第十四次全国代表大会上的报告《加快改革开放和现代化建设步伐,夺取有中国特色社会主义事业的更大胜利》等重要文件和讲话提出,要坚持把农业作为整个国民经济的基础,强调各级党委、政府必须把农业放在各项经济工作的首位,长期坚持,毫不动摇,并采取了一系列有效措施,极大地调动了农民的生产积极性,乡村面貌发生了明显的变化,并出现了一批达到小康水平的乡村。这一切,为乡村文化的发展提供了良好的环境和经济基础。从乡村文化工作的实践看,凡是农业生产和乡镇企业搞得好的乡村,农民在温饱问题解决以后,对精神消费的需求迫切,普遍在文化建设方面进行了一定投资,有的村建立了图书室、文化室,有的建设了影剧院,更多的是建起了集文化、教育、科技等为一体的乡村文化大院或乡村文化俱乐部等。乡村文化活动的开展不仅活跃了农民的业余生活,而且提高了农民的政治、文化素质,进一步促进了乡村经济的全面振兴,在乡村"两个文明"建设中发挥了巨大的作用。越来越多的干部、群众认识到新文化的传播同乡村生产、农民生活的密切关系,因此逐步提高了搞好乡村文化建设的自觉性,努力使乡村文化建设与本地经济的发展同步,呈现出稳步渐进的发展势头。

（2）不同区域间的乡村文化在发展中存在很大的差距,但这种差距将逐渐缩小。改革开放使中国经济有了很大发展,可是由于国家幅员辽阔,各地域之间因地理环境、产业结构、生产技术水平、交通能源等条件的差异,经济的发展存在着不平衡性,有些地区已提前达到了小康水平,有些地区经济仍相当落后,在全国1903个县中,还有520多个县需要国家财政扶持,特别是沿海地区与内地及边远地区的差距在迅速拉大,乡村文化和农民的文化生活也相应地出现了更大的差距。以东部较为发达的乡村为例,农民的人均年纯收入一般多在2000元左右,可是在西部乡村,农民人均年纯收入在200元以下的居多。农民收入的多寡直接影响着他们的文化消费,东部地区部分经济收入很高的乡村文化设施齐全,农民的文化生活和城市居民已没有多大差别,浙江省华西村甚至建起了豪华的歌舞厅。在西部经济发展较为落后的乡村,有些地方看戏、看电影难的问题仍然没有解决,文化生活相当贫乏。当然,这种差距不仅存在于东部地区与西部地区的乡村之间,在同一个省、同一个县也有区别,如在经济最发达的广东省,粤西、粤北的一些乡村,至今有200万农民尚未脱贫。各地区在发展过程中存在一定差距是正常的,但差距过大则会影响整个经济建设,国家在这方面采取调整措施,既不降低东部地区的发展速度,又要大力发展中部、西部和周边地区的经济建设。随着全国乡村奔小康目标的实现,各区域之间乡村文化的差距将会逐渐缩小。

（3）乡村文化事业的发展,逐渐转向加强村一级文化建设。乡镇文化站(文化中心)使文化投资、文化设施相对集中,在活跃乡村文化生活、培养乡村新型人才等方面起到了很好的作用,需要继续巩固。可是,从乡村生产发展和农民对文化知识与文化消费的需求看,又不能老是停留在乡镇文化站(文化中心)的建设上,因为较大的乡镇有八九万人,小的乡也有二三万人,每个乡一般纵横十几公里,占地一百多平方公里,单靠一个文化站(文化中心)显然不行,需要把村级文化组织的建设作为下一步乡村文化建设的重点。有些省、自治区、直辖市已在这方面制定了发展规划,提出了具体要求。不少乡村正在根据自己的经济能力、人才状况、文化传统和优势建立各种各样的文化组织,有些条件虽然比较简陋,却都在积极开展各种活动。

（4）多体制、多渠道、多层次成为乡村文化发展的主要形式。乡村社会经济、政治、文化改革的深入,商品经济的发展,必将促进乡村产业结构的调整变化:农业生产服务体系的建立,乡镇村办企业的迅速扩大,商业服务业的活跃等,改变了乡村原来单一的社会结构形式,也增加了集体和农民的经济收入,增强了广大农民对文化消费的欲望,激发了集体和农民个人自主兴办文化的积极性,各种文化机构、文化组织不断增多,文化活动日益丰富多彩。这种可喜现象不仅解决了乡村文化长期以来单纯依靠国家投资的被动局面,而且进一步拓宽了多体制、多渠道兴办乡村文化事业的路子。尤其可喜的是,由于各类文化组织与文化活动的举办者或为了活跃农民生活,或为了树立企业或个人形象,或为了培养人才,或为了传播信息,或为了宣传产品,总要在文化活动的内容、形式上突出自己的特色,总要考虑适应不同层次群众的欣赏要求,从而在客观上形成了乡村多重文化的新格局,构成一个多层次的乡村文化交流的大系统,使中国乡村文化形象完整地树立起来,跻身于世界现代文化的行列。

# 第三节　乡村文化建设的时代价值

## 一、加强乡村文化建设是构建社会主义和谐社会的根本要求

乡村文化是社会主义乡村的主要标志之一,乡村文化没有提高的话,是谈不上乡村建设的。文化建设的根本目的是丰富人民的文化生活,满足人民日益增长的文化生活需求,促进社会主义精神文明建设。而乡村文化的建设,就是要丰富农民的文化生活,满足农民朋友们日益增长的文化生活需要。乡村文化建设还有一个任务就是要提高农民朋友的素质,包括提高其科学知识和人文素养,这有利于农民在生产过程中更好地利用科学知识增产增收。

党和政府大力推动建设社会主义乡村,构建乡村和谐社会,在这个过程中,经济发展是根本,但是文化建设是要害,文化建设跟不上,经济建设也会遇到问题。在我国经济转型的重要时期,和快速发展的经济以及日益提高的物质生活水平相比,乡村文化建设和发展则表现得比较落后,与全面建成小康社会、建设社会主义乡村、实现和谐社会的目标还有很大的差距。加强乡村文化建设,既是当前乡村、农业、农民实现持续健康科学发展的必然要求,也是构建乡村和谐社会的有机组成部分。

当前的乡村文化建设非常需要改进,存在着诸多问题,农民朋友们看戏难、看书难、看电影难等现象普遍存在,乡村文化建设没有很大的

进步,有的地方情况更加严重,还在往下滑。这些年来,经济在不断高速发展,但同时城乡文化发展水平差距也在越拉越大,乡村文化建设资金投入不足,导致文化基础设施落后,文化服务、文化产品供给不足,很多为乡村服务的公共文化机构运转存在较大困难。乡村文化建设的这种状况必须引起高度重视,需要尽快采取有效措施,切实加以改进。

（一）乡村文化建设是建设和谐社会的必要条件

一个社会是否和谐,就在于全体社会成员是否有一个强大的精神支撑,强大的精神支撑也就是共同的理想信念。共同的理想信念是全体社会成员在共同的生活条件下共同的奋斗目标,反映着全体社会成员共同的根本利益。而乡村文化建设就是要确立农民共同的理想信念,形成联系各种社会群体,使之超越具体利益关系而各得其所、各尽所能、和谐相处的精神纽带。因此,建立一个和谐社会,必须要搞好文化的建设,和谐乡村就更需要乡村的文化建设了。

（二）乡村文化建设是乡村经济发展转型的需要

现在我们国家正面临着经济转型,目前的经济转型是在历史发展条件下应历史发展要求开始的,是一个不可逆转的历史发展潮流,是从过去传统的劳动密集型到重技术的转型。这个转型首先表现在物质的发达上,但更重要的是社会文化的进步。在旧的发展模式和社会条件下,落后的、腐朽的文化在很大程度上已经消亡或者是快要消亡,而在新形势新时期中的文化却没有发展起来,乡村亟须大力发展社会主义新文化,通过发展社会主义乡村新文化,提高广大农民的素质,然后促进经济新的发展。

**二、加强乡村文化建设是社会主义乡村建设的精神动力和思想保证**

中国改革开放已经 40 多年了,中国的乡村也发生了翻天覆地的变化。党中央、国务院在新时期提出建设社会主义乡村,而作为社会主义乡村建设的一个重要的内容,乡村文化建设肩负着为社会主义乡村建设提供精神动力、思想保证和文化支持的重要责任和使命。随着改革开放的不断深入发展，各项工作都在不断地向前发展，在经济高速发展的同时，乡村文化建设也紧跟时代步伐，紧密配合党的工作，加大建设力度，取得了巨大的进步，已经初步形成了覆盖乡村的乡村公共文化服务体系，为促进乡村经济发展和社会进步以及提高人民群众科学文化素质和思想道德发挥了重要作用。

乡村文化建设始终是中国共产党执政能力建设的重要内容。加强乡村精神文明建设，是满足农民群众日益增长的精神文化需求的迫切需要。当前的乡村科技教育文化事业发展相对落后于城市，农民朋友的社会文化生活的内容比较贫乏，方式比较单一，除了看电视之外很少有其他的接触外面的方式，也没有什么现场的文艺活动，这种状况与农民群众精神文化需求的不断增长是非常不适应的。

在新形势下，加强乡村文化建设，能实现和保障广大农民群众的文化权益，促进广大农民朋友的全面发展和中国广大乡村的全面进步。加强乡村文化建设，也是用社会主义先进文化占领乡村文化阵地的迫切需要，加强乡村精神文明建设，用一元化指导思想引领多样化社会阵地，才能有效地抵制落后文化和腐朽文化的影响，巩固马克思主义在意识形态领域的指导地位。现在虽然国家经济持续发展，人民生活水平有了很大的提高，但是相当一部分农民群众的思想观念还滞后于市场经济要求，很多农民的科学文化素质还远远滞后于科学技术迅速发展的要求，也还没有很强烈的诚信意识和道德观念。在市场经济的环境下，要切实加强乡村精神文明建设，提高老百姓的素质，为乡村经济发展提供强大的智力支持和精神动力，使乡村经济加快速度增长，并且依靠科技和高素质的劳动者来完成增长。

在新发展时期，要加快乡村经济发展，但同时也必须搞好乡村文化建设，只有乡村文化建设搞上去了，才能保障农民群众的物质与文化利益，走出一条文明的发展道路。在新形势下，应引导农民群众正确处理各种矛盾和关系，如自主和监督、竞争和协作、先富和后富、个人利益和集体利益、效率和公平、眼前利益和长远利益、局部利益和全局利益等，保持乡村的社会协调稳定发展，逐步建设为社会主义乡村。

# 第四节　乡村文化建设中存在的问题及实施路径

## 一、乡村文化建设中存在的问题

制定乡村文化发展战略,不仅要看到有利的条件,充分肯定已经取得的积极成果,而且要看到不利的条件和前进中的困难,以便有针对性地制定发展对策。

传统文化中的消极落后因素是阻滞乡村社会主义新文化建设的一大障碍。我国是一个文明古国,在数千年的历史发展长河中有着丰厚的文化积淀,这些辉煌的文化成果对人类的发展和世界的文明做出过卓越的贡献。当然,辩证法也告诉我们,由于社会的进步和历史的局限,传统文化是精芜杂陈的,其中优秀的文化传统是我们建设社会主义乡村新文化应该继承的宝贵财富,而传统文化中消极落后的东西则是一种阻滞乡村文化发展的销蚀剂,突出的是因循守旧、重农抑商、安贫乐道、恪守中庸、重男轻女、崇信神鬼、宗法观念等陈旧思想,影响了乡村市场经济的发展和科技成果的迅速推广,影响了教育在乡村的普及和乡村人口素质的提高,有的乡村原来的文盲数量还未减少,新文盲又在增加,影响了农民正常的文化生活,一些地区封建迷信活动猖獗,屡禁不止。党和政府虽然一直在努力解决这方面的问题,但因认识的惰性和旧的文化观念积习太深,加上落后的农业生产技术、生产方式,传统文化中的消极因素将会在相当长时期内影响乡村文化建设的发展速度。

乡村物质文明建设与精神文明建设"一手硬、一手软"的问题仍然比较突出。在发展乡村商品经济的过程中,有些负责乡村工作的同志急于把经济搞上去,许多农民也一心想发家致富。在这种经济背景和社会心理环境中,处理不好很容易产生只追求短期目标,只抓经济建设,忽视精神文明建设,致使有些乡村经济上富裕了,却出现了精神上的贫困,出现了赌博、酗酒、打架斗殴、搞封建迷信等不良现象,影响了社会的安定,减缓了乡村前进的步伐。

文化专业人员数量不足,部分人员思想不稳、素质较差,影响乡村文化事业的发展与提高。专业人员队伍问题一直是乡村文化事业建设中长期存在的一个突出问题,新中国成立以来,虽有一批专业人员投身于乡村文化事业,在艰苦的条件下辛勤工作,对传播新文化、培养乡村文化骨干、辅导群众、组织文化活动、活跃农民生活做出了很大的贡献。可是,这些人员数量相对较少,有的乡文化站只有一个专职或兼职人员,而且工作环境、生活环境大多没有得到根本改善,有的工作了近30年还是个临时工。这种状况对从事乡村文化工作的专业人员是一个很大的冲击,部分人员思想不稳,使人力本来不足的这支文化队伍的工作能量不能充分释放出来。加之这些同志长期在基层奔波,很少有学习、深造的机会,影响了人员素质的提高,有的已难以适应当前乡村文化发展的需要。这种状况比较突出的地区,导致一些乡村文化工作水平低下或处于放任自流状态。

下面总结一些具体的问题。

（一）乡村公共文化服务缺位

作为乡村人民群众参与和创造文化活动的载体和场所,乡村的图书馆、文化活动中心、健身广场等,存在着布局不合理、场所设施陈旧和管理缺失等问题,导致许多公共文化设施成为摆设,有些地方的健身广场成为收获季节的打麦场、晾麦场。同时,据《2019中国乡村统计年鉴》显示,截至2018年,全国共有文化站33858个,但使用率较低,缺乏广大群众喜闻乐见的文化产品和服务,这极大影响了乡村群众的文化生活质量。据调查显示,当前乡村文化娱乐活动形式主要是:看电视、看电影、上网等。乡村文化缺乏思想的引领以及道德规范、法治观念的涵养,一些乡村固有的旧道德依文化顺势变成了恶俗文化。例如,有些乡村"面子工程"屡见不鲜,天价彩礼屡禁不止,家人因为赡养老人问题吵闹不止,甚至闹上法庭。

（二）乡村文化建设缺乏创新驱动力

马克思主义唯物史观指出,经济基础决定上层建筑。经济发展的性质、特征以及发展程度都影响着包括政治、文化在内的上层建筑。同时,文化是经济、政治的反映。同理,乡村文化也反映了乡村经济的发展。

中国封建社会以小农经济作为经济基础,长久以来的小农经济对我国文化产生了深远的影响,直至现在乡村文化建设中都能看到小农经济的影子。小农经济对自然依赖程度大,面对自然灾害抵御能力差,以家庭为单位,自给自足,缺少团体合作等。这些特点都造就了人们安于天命、不抵抗、务实、求稳、注重以往经验的性格特点。长此以往,在封建传统文化以及形成的相对稳定的性格特点的影响下,人们缺少创新精神,生活封闭、单调,循环往复,从而使得乡村文化建设主体思维保守,乡村文化建设缺少创新活力,乡村文化资源得不到开发,造成乡村文化建设困境。

## 二、乡村文化建设的实施路径

### (一)乡村文化建设要坚持自觉创新

乡村文化创新不仅要避免在乡村中一些问题上的重蹈覆辙,努力寻求新的创新模式,在新思路新方法的指导下解决文化创新过程中所遇到的新问题,促进乡村文化中新气象、新风暴的形成,而且还要将现有阻碍创新进程的障碍性因素去除,使文化创新的工作得以更加顺利地开展。具体来讲,可以参照以下的一些思路和方法。

(1)推动乡村文化建设体制和机制的创新,为乡村文化创新提供有力的机制保障。具体来讲,包括逐步推动经营性国有文化事业单位转企改制和加快公益性文化事业单位改革两个方面。

在坚持试点先行、稳步推进的原则之下,积极地推进新华书店、电影院、电影公司以及基层国有艺术团体等国有文化事业单位转企改制。对于这些需要进行转型的单位给予财政、税收、社会保障等方面的政策及资金支持,并推动改革后的单位进行产权制度改革,使其向着股份制经营方式转化,促进投资主体多元化氛围形成。对于各企业与艺术团体的合作要给予大力的支持,鼓励新华书店形成连锁经营的运营模式,使文化资源能够得到最大限度的优化组合,大力提高这些文化单位的整体运营能力。

对于县级图书馆以及县级文化馆来说,必须努力增加对这些单位的资金投入,为其不断注入新的活力,使其公共服务的水平得到不断提高。为了使这些单位尽快建立和健全竞争、约束及激励机制,就要不断地深化其内部的劳动、人事及分配等方面的改革,全面实行劳动合同制度以及聘用制度,落实岗位目标责任制。但是乡村中的图书馆、文化馆以及乡镇综合文化站都属于公益性事业单位的范畴,所以绝对不允许这些部门中出现企业化的现象,对于一些租赁或者拍卖的行为要加以严厉制止,如果遇到这些相关的文化设施的用途已经被改变的情况,一定要限期收回。为了更加深入地推动文化创新,各级文化机构一定要面向乡村和基层,详细制定公益性文化项目实施计划,通过更加有效的服务方式推进乡村文化建设。

(2)加强乡村文化工作队伍的建设,为文化创新工作提供坚实、高效的人力队伍,包括落实乡村文化工作者的相关政策、推进乡村文化体制改革以及加大乡村业余队伍的建设等几个方面的内容。

在落实乡村文化工作者相关政策的过程中,要采取有效的政策和措施为相关工作人员的工资及福利待遇提供有力的保障。确保文化创新队伍中的工作人员能够在岗在编,最大限度地调动他们的积极性。对于那些进行乡村文化建设的专职人员来说,要不断地加强其知识水平及相关业务能力的培训,努力提高他们的综合素质,不断地增强他们的文化创新能力。

在推动农民业余文化队伍建设方面,要注意最大限度地使农民加入文化建设的队伍中来,使农民明白自己不仅是乡村文化建设和文化创新的受惠者,而且还是乡村文化建设的生力军和推动者。只有保证农民能够最大限度地加入文化建设和文化创新的队伍中来,才能够更好地了解到农民群众的具体文化需求,进一步保障乡村文化自觉创新的针对性和科学性。除此之外,加强乡村业余队伍的建设,还能够更加有效地发挥乡村文化建设和文化创新中的典范作用,最大限度地吸引农民投入乡村文化建设的队伍当中来。

(3)努力推动乡村的特色文化建设,将保持和创建具有彰显特色的新式文化作为乡村文化自觉创新的最佳切入点。与现代化的城市相比,广大的乡村保留了很多丰富的文化传统、民间风俗等极其丰富的民间文化资源,有些文化资源甚至仍然保留在广大农民的日常生活当中。乡村中特有的文化资源对于农民来讲具有非常浓厚的亲切感,从这个角度来讲,对乡村现有的历史文化遗产或民族文化资源进行深层次、全方位的挖掘,可以使生产出来的相关的文化产品能够最大限度地符合广大农民的审美习惯和认知方式,给农民带来深厚的亲切感,使他们感受到文化的熏陶。开发彰显乡村特色文化的最好途径是在保持相关文化资源传统文化内涵的前提之下,使其内容得到不断充实,并推动其形式上的创新,使其能够在保持农民喜闻乐见风格的同时,更加具有时代性和教育性,有效地发挥传播先进文化的载体作用,因此,加强乡村非物质文化遗产的保护,使乡村文化的传承机制得以创新便成为乡村文化创新中一项十分重要的工作。对于那些带有浓厚地方特色的地方戏曲、民间书画、雕塑以及民族歌舞等民间文艺形式要给予政策上的保护和支持,这不仅能够在很大程度上使人们的精神生活得到丰富,而且还能够进一步增强农民的自信心和广大乡村的凝聚力。

总之,从当前的形势来讲,乡村文化事业发展的滞后与农民日益增长的文化需求之间的矛盾已经成为乡村文化发展中一个非常突出的问题,因此充分调动乡村干部与广大农民的积极性,不断提高乡村干部的文化建设领导能力及农民的文化创新能力,是确保乡村文化长效机制建立的重要保障,是保障乡村文化能够日新月异的不竭动力。

（二）不断夯实乡村文化基础建设

1. 进一步加大对乡村文化基础建设的资金投入,为乡村文化事业发展及乡村文化创新提供重要的资金基础

由于受各种历史因素的影响,当前我国广大乡村的文化基础建设还处于十分落后的状态,这就要求乡村各级政府及时制定保障和推动乡村文化事业发展的投入政策,并使政府投资的稳定增长机制进一步得到建立和健全,除此之外,在保证地方财政收入与乡村文化事业的资金获得稳步增长的同时,要确保文化事业资金投入的增长幅度不低于财政政策的增长幅度。

具体来讲,政府要加大对乡镇文化站以及村文化办公室的经费支持,使文化研究、文化创作、文化培训以及各文化基础设施建设能够获得足够的资金支持。除此之外,政府制定有效的补贴政策,加大政府对乡村放映、乡村演出的投入力度,并在相关的文化团体中引入有效的竞争机制,对国有和民营等各类专业艺术院团的乡村演出活动进行政策上的引导和资金上的支持。

在加大对乡村文化基础设施建设财政投入的同时,要在乡镇设立专

门的文化建设奖励基金,积极开展及时有效的表彰活动,调动社会各界力量,对农民以个人或合伙、股份投资等形式发展文化产业的行为进行鼓励,并鼓励企业进行招商引资创立文化产业,建立和健全多渠道的投资体系,使乡村文化基础设施建设得到开展。

2.建立和完善城市对乡村文化基础建设的援助机制

由于长期以来乡镇文化设施建设一直处于比较落后的状态,而各大城市无论是从经济发展水平还是从文化设施建设上来讲都大大高于乡村发展的整体水平,所以着力推进城乡文化统筹发展和城乡文化一体化,形成城乡文化优势互补、协同发展的格局,使城乡文化建设得到共同发展,就成为不断夯实乡村文化基础建设的必由之路。

(1)大力鼓励专业文化工作者深入乡村,为广大农民提供丰富的文化服务活动,使农民欣赏到更多反映乡村变革、喜闻乐见的具有浓厚的时代精神的文艺作品。与此同时,还要鼓励一些经济实体及社会团体积极参与到特色文化乡镇以及文化产业园区的开发和建设当中去,并使"三下乡"等活动形式得到不断创新,对农民的文化需求进行切实的调查,根据农民的实际需求制订详尽周密的计划,使"三下乡"活动真正起到密切党群关系、干群关系,促进城乡共同繁荣的作用,使乡村文化得到真正的繁荣,推动乡村文化基础建设的和谐进行。

(2)要使乡村文化工作仅仅依靠宣传、文化部门来搞的观念得到切实的转变,对乡村中的教育、科技、卫生、政法、旅游等部门进行积极的引导,使其广泛参与到乡村文化基础建设的活动中来,并对诸如民营企业家等一些社会力量进行鼓励,使其积极参与对乡村文化事业的捐助和支持,进一步推动图书室、文化站等乡村文化基础设施建设,并促进乡村公益性文化实体和文化活动的大力开展。

(3)建立和健全乡村公共文化服务网络以及乡村公共文化设施支持体系。在推动乡村公共文化服务网络得以建立健全的进程中,要将文化工程项目的建设作为前进的基点,建立健全乡村文化信息、乡村广播电视和电影服务网络,使其能够充分满足乡村居民日益增长的公共文化需求。在确保三大乡村文化项目的建设得以完成的前提下,还要建立和健全相关的长效机制,为其能够正常运行提供有力的保障。要大力推进"村村通"工程,积极开展乡村数字化文化信息服务,在探索乡村电影发行放映新机制的时候,要逐步建立以村为基点,以乡为重点,市场服务与公共服务相协调的乡村电影放映体系,努力探讨建立一种以国家文化信息资源共享工程为基础,"人""机"配套的激励约束机制。

具体到乡村公共文化设施建设,推动县、乡、村公共文化设施和阵地的配套建设,要与党和国家对社会主义乡村建设的总体规划相统一,在保证政府主导地位的前提下,发挥乡镇的依托作用,加强乡村中县、乡、村等文化活动场所和公共文化设施建设,积极引导社会各界力量广泛参与。通过政府与社会的紧密结合,建设网络健全、服务优质、发展均衡、结构合理的完备优质的公共文化设施体系。

3. 吸引社会资金参与到乡村文化基础建设的实践当中来,使广大农民公共文化产品方面的需求得到极大的满足

(1)加强乡村体育设施建设,为广大的农民提供休闲、娱乐、健身的场所。党的十六届三中全会以来,乡村基础设施建设在乡村经济发展中的重要意义已经日益引起乡村干部的重视,但是他们往往把乡村基础设施建设归纳为道路建设、信息化建设、饮水工程建设等方面,而对文化设施建设尤其是体育健身设施的建设却没有引起足够的重视。事实上,随着乡村经济的发展,广大农民的物质文化需求得到了满足之后,他们更需要满足一些精神上的享受,在这种情况下,体育与休闲已经逐渐成为他们日常生活中不可或缺的内容,将乡村体育设施建设纳入乡村建设的重要范畴,为农民健身、娱乐休闲提供功能健全的场地,是加强乡村文化基础建设的重要内容之一。

(2)吸引社会资金对乡村非物质文化建设的支持,地方政府要对其进行政策上的大力支持。根据党中央推行的有关政策表明,加强历史文化名镇名村保护、加强乡村文物及非物质文化遗产的建设,是建设社会主义乡村,使乡村文化得以繁荣发展的重要方面。随着中国城乡一体化进程的加快,一些乡土建设等文化遗产已经在所谓的乡村建设的过程中遭到了破坏或拆迁,一些乡村的地域文化特色正在加速消失,这对于中国取得全面和谐的发展来说,无疑得不偿失,所以在发现问题以后,对一些非物质遗产进行及时的保护,是一件刻不容缓的事情。各县级以及乡镇政府应该切实履行好自己的职能,将保护文化遗产与发展经济相结合,使经济生产、社会生活、城乡物质基础建设以及文化建设协调发展,开展非物质文化遗产的保护工作的同时使农民的基本文化权益得到保障,使其享受到文化遗产保护发展的成果。乡村非物质文化遗产的内容

是非常丰富的,因为它从本质上来讲属于公益文化产品的范畴,所以要将其纳入公共财政扶持的范围。

保护乡村非物质文化遗产,是农民有效应对现代文明和都市文化冲击的重要途径,也是乡村文化创新的必由之路,在保护乡村非物质文化遗产的过程当中,广大的农民不仅可以最大限度地发挥自己的主体作用,而且可以使自己在属于自己的特色文化体系中实现生活的意义。

（3）进一步开展"送戏下乡"和"送书下乡"等活动,同时满足中老年群体和青年群体的文化需求。根据有关调查资料显示,"送戏下乡"是受到基层政府部门和农民群众特别是中老年群体普遍欢迎的一种文化活动,由公共财政支持的"舞台流动车"已经成为乡村基层干部以及乡村中老年群体所讨论的热点话题,所以政府应该进一步加强对"送戏下乡"项目的支持力度。

对于乡村年轻群体来说,对有关庄稼种植以及科学养殖等一些农业技术知识的学习是非常必要的,但是就目前乡村的具体情况来看,乡村中与"三农"内容相关的图书和报刊的数量仍然非常少,一些村即使有一些相关的书籍,实用性也非常差并且价格也相对昂贵。从当前的中国国情来看,我国乡村不仅具有地域广阔的特点,而且在发展水平等各方面的差异也非常大,国家统一配送图书的方式在操作过程中会存在一些难以解决的技术性问题,针对这种情况,在广大的乡村中有必要大力开展"送书下乡"的活动,把该项任务分配给县乡一级的文化中心,将有关的图书送到村级文化室、文化中心和"农家书屋",并且在可能的情况下,在该工程项目中引进有效的竞争机制,对社会中介组织放开准入限制,使"送书下乡"的效率和服务水平得到切实的提高。

（三）积极扶持乡村专业和业余文化队伍

基于建设乡村文化队伍对于乡村文化事业、乡村文化创新乃至全面建成小康社会、积极构建和谐社会的重大战略意义,对于扶持乡村专业和业余队伍相关措施的探讨成为一项十分必要的工作。从总体上来讲,以下几项措施对于扶持乡村文化队伍建设具有十分重要的参考意义。

1. 提高乡村文化干部队伍的整体素质

在全面建成小康社会,构建社会主义新型乡村的大背景之下,相关的部门应该不断强化乡村文化干部的学习力度,提高其对文化建设的领导能力和组织能力,使之成为会管理、会组织、会经营、会公关的名副其实的文化建设领导者。要进一步加强各级文化干部对于"种文化"活动的重视,使与其相关的各项工作得到很好的落实,充分发挥各级党委以及宣传部门的领导作用,形成政府领导、各有关部门共同参与、整个社会全力支持、广大农民群众充分体现主体作用的喜人局面。相关部门的干部队伍应该充分发挥各自的职能,认真制订与文化活动相关的各种工作计划,落实好各项文化工作的责任,使活动能够得到有序的开展。

作为社会主义乡村建设的带头人,乡村基层干部的素质状况,对于整个乡村经济的进步、文化的繁荣,乃至整个政治局势的稳定都发挥着极其重要的作用,因此乡村干部群众较高的文化素质对于整个乡村的物质文明、精神文明乃至政治文明都会产生十分重要的积极作用,所以说乡村文化队伍的建设和培养,离不开乡村基层干部文化素质的全面提高,加强对乡村基层干部文化修养的培训,是乡村文化建设和乡村文化创新中的重要课题之一。具体来讲,首先,要加强乡村基层干部政策法律法规方面的培训,对于安全防灾、计划生育等方面的宣传教育工作要大力加强,使乡村基层中广大干部人员的"政策教导员"的作用得到充分的发挥。其次,要在广大的基层干部中大力开展实用技能培训,在开展此项工作的时候,要把握好乡村当地的地域特点,结合基层干部不同的需求以及当地特色产业发展的情况进行包括大棚蔬菜种植和畜牧养殖方面的分类培训,使乡村的文化干部发挥好乡村科学技术服务员的作用,带领广大的农民通过科学文化技术为农业发展做出贡献。最后,应该在广大的基层乡村干部中大力开展党的理论培训和文化教育培训工作,通过对典型人物事迹以及爱国教育电影等具有积极的感染和号召作用内容的播放,使乡村的党员干部受到党史以及社会主义荣辱观的教育,使乡村党员干部的爱国热情和创业激情得到进一步的激发;另外,通过在乡村设立党校和党员活动室等多种形式的教育培训形式,使乡村党员干部的文化水平得到切实地提高,担当起文化辅导员的责任。

2. 加强乡村本土文艺人才和文艺骨干的培养

对于乡村本土文艺人才和文艺骨干的培养可以从以下几个角度出发。

(1)各级政府要为民间业余文艺团体创造良好的发展平台,不仅要为民间业余文艺团体开展活动提供必要的场所,而且要为民间业余文艺团体提供交流、提高、展示、推介的载体。各级政府应该进一步加大对乡村文化设施及文化活动场所的重视,使乡村公共文化服务的网络得到有效的构建。对于文化、教育、科技以及其他相关活动场所要进行有效的规划和综合利用,最好使各种文化设施得到最大限度的共建和共享,使乡村中文化设施使用率低下的问题得到有效地解决,在条件允许的情况下,要使一些文化设施能够向民间业余文艺团体开放;各级政府领导应该积极履行自己的职能,积极举办一些民间业余文化艺术节,并通过相关的政策加大对专项或综合的业余文化艺术比赛和会演的支持力度,从各个角度加大对民间业余艺术形式的展示和推荐,使乡村中的各个民间艺术团体在充分交流的基础上得到不断提高和发展。

（2）增加对民间业余文艺团体的资金投入,使民间业余文艺团体发展的长效投入机制得到建立和健全。乡镇各级财政应该通过科学的统筹规划,不断地扩大公共财政在乡村的覆盖范围,通过设立专项的文艺基金,对于乡村中业余的文艺团体的创作进行及时的奖励和补助,对于一些公益性的文艺演出进行重点的扶持,并通过相关的政策和措施积极鼓励具有浓厚地方特色的重大文化项目和艺术团体。除此之外,还应该注意乡村文艺活动当中较强的自发性和民间性,对于一些民间项目的扶持工作要进行适当的监督,并且还要集中探索一些小型的文化项目直接申报的科学办法。各级政府在乡村中开展各类文化交流和比赛的过程中,要使民间艺人以及民间团体内部的人员享有与公办事业单位及其内部的工作人员同等的权力,使民间艺术团体以及民间艺人的积极性得到充分的发挥。

（3）建立健全民间业余文艺团体发展的服务体系,使民间业余文艺团体的发展获得重要的支持和保障。首先,要建立健全民间业余文艺团体的技术支持体制,对于广大农民自办的文艺形式,各级文化部门应该给予有针对性的业务指导和扶持,使相关的资源及人才优势得到充分的发挥,要在广大的人民群众当中大力开展艺术培训工作,通过多样的形式使乡村中专业或者非专业艺术人员的积极性得到充分的发挥,并且还要有计划地组织专业文化工作者深入乡村基层,对乡村群众进行专业性的艺术辅导,使乡村人民群众的演出水平和文艺技能得到不断的提高;其次,要为民间业余文艺团体提供有效的信息支持和良好的发展环境,为了民间艺术团体和民间艺人获得更加快捷和丰富的文化信息资源,要在广大的乡村中积极推进乡村文化信息资源共享工程建设,使乡村当中的文化信息网络服务体系得到建立和不断完善;最后,为了使乡村业余队伍的建设和发展获得良好的环境,各级政府要切实贯彻繁荣和管理同时抓的方针,使乡村文化市场得到及时有效的管理,对于一些传播封建迷信和色情内容的违法活动要加大处置力度,确保乡村文化队伍的活动得以健康有序地开展。

总之,建设一支庞大的、素质较高的文化工作队伍,是乡村文化建设取得不断进步的重要人力资源保障,对于建设社会主义乡村、全面建成小康社会、构建社会主义和谐社会都具有十分深远的意义。

# 第三章　乡村振兴战略下的乡村文化管理与建设

新中国成立后,党和政府一直重视乡村文化工作,为提高农民的政治觉悟和文化水平做了大量的工作,扫除文盲,发展教育,进行文化设施建设,开展乡村文化活动,成绩是显著的。但是,由于种种原因,从总体上看,乡村文化的发展还远远滞后于乡村经济的发展。乡村的文化生活还比较贫乏,远远不能满足广大农民群众的精神文化需求,乡村的管理工作还远远没有纳入科学管理的轨道。我们应该对乡村文化的建设与管理实践进行认真的总结,下大力气推动乡村文化工作的开展,以更好地适应建设社会主义新农村的需要。

## 第一节　乡村文化组织的建设

乡村文化组织是乡村文化在产生和演进过程中的组织体系、组合方法、组建规范、组成手段以及组织行为模式等。它是乡村文化的载体,制约并影响着乡村文化的起落兴衰,是做好乡村文化工作的保证。乡村文化如果没有一个科学的、合理的组织机构系统,乡村文化工作就不可能有组织地进行,乡村文化活动也就不可能正常地开展。研究乡村文化的组织形态,探寻其内在必然规律,掌握统驭乡村文化组织的艺术,对于发展乡村文化事业,建设具有中国特色社会主义乡村文化有着十分重要的意义。

## 一、乡村文化组织的结构

20 世纪 80 年代以来,我国乡村的改革、解放和发展了农业生产力,使广大乡村发生了历史性的巨变,乡村文化的组织形态也相应出现了新的变化,呈现出新的格局。当今我国乡村文化组织主要有如下几种形式。

(一)国办组织机构

国办组织机构包括领导机构、事业机构和协调机构三种类型。

(1)领导机构。既有党委系统的领导机构,也有政府系统的领导机构。党委系统领导机构是指党中央和其以下各级党委以及各级党委宣传部门,国务院和地方各级人民政府的群众文化行政领导机构,如文化部所属的群众文化司,省、市、自治区文化厅所属的群众(社会)文化处,地、市、县的文化局。基于直接从事乡村文化工作的范围界定,县、市文化局,乡镇文化站(现行为事业编制,然而它行使有一定的行政职能)为乡村国办文化组织中的领导机构。它们是县、乡两级政府下设的文化主管部门,接受当地同级政府的行政领导和上级文化主管部门的业务指导,通过结合当地实际,贯彻执行党和政府的文化方针政策,对乡村文化实施领导服务,包括指导乡村文化发展建设,管理乡村文化市场等。

(2)事业机构。为县、市文化馆,乡镇文化站和文化分馆。全国文化馆、分馆有 3000 多个,它们接受当地文化主管部门的领导和上级群艺馆的业务指导,它的主要任务是通过文化艺术活动向包括广大农民在内的人民群众宣传党的路线、方针、政策以及国家法令,进行爱国主义、社会主义和共产主义理想、道德的教育;运用文化艺术手段,普及科学技术和文化知识;组织辅导群众业余文艺创作和业余文化艺术、娱乐活动;搜集整理当地民族民间的优秀文化遗产。文化馆、分馆都有一定规模的活动场地和文化设施,进行各类文艺演、映活动,展览阅览活动,游艺、竞技活动。文化馆的工作重点在乡村基层,它一方面通过自己举办的各种文艺活动,进行示范和活跃当地群众文化生活,同时,将主要力量放在对乡村文化站的辅导指导上。全国的 51900 个乡镇文化站是国办文化组织在基层的神经末梢,它的工作职能与文化馆大体相同,只是在实践中更频繁、更具体地工作在乡村基层,进行乡村文化的组织活动和辅导。

（3）协调机构。为县、乡两级成立的各类文化工作委员会、文化市场管理委员会、文物保护委员会等。设立协调机构的目的在于弥补文化部门管文化的不足,调动社会有关部门对乡村文化齐抓共管。这类机构由政府牵头组织,由分管文化工作的党政领导负责,成员包括文化、教育、工会、共青团、妇联、公安、工商、科协、体育等部门的负责人,属协调性的组织管理机构。它的日常工作由政府文化行政管理部门担任,发挥组织、联络、协调、指导和管理乡村文化的职能作用。

（二）村办文化组织

这是目前我国一百多万个行政村中最为普遍的一种文化组织形式。它的名称为文化室,或为文化大院,或为农民俱乐部,或为农民文化教育活动中心等。这种组织是村级党组织和村委会下设的文化机构,直接对村级党政负责,接受上级文化部门的指导。它们有自己的文化设施和活动器材,有自己的骨干队伍,接受村政指令,经费由村政部门列支,其整体被纳入村政社会发展规划。它的负责人大部分由村级政权部门指定,其中不少是由村级政权组成人员兼任。这种文化组织以宣传社会主义思想、服务经济建设等党的中心工作为宗旨,以活跃农民文化生活为基点,活动保持经常性和广泛性,能调动和凝聚乡村中其他文化组织,承办较大型的文化活动项目,在上级文化部门的指导下,系统地进行传统民间艺术的挖掘整理和提高,成为现阶段我国乡村文化组织中的主干力量。

（三）民间社团组织

这种组织大体包括四种类型。

（1）戏剧、曲艺、杂技、驯兽等表演活动,具有较大的流动性和较浓的传统色彩。这些活动大多由民间艺人组成,活动时间不同,有长年活动的,有依照乡村季节活动的,也有在民间节日期间随时组成的,多以营利为目的。

（2）自娱社团,像民间社火、棋社、书社、画社、茶社、诗社、文学社、垂钓、集邮、养鸟一类的组织。民间社火在一些有古老文化传统的村寨较多存在,而其余的诸种社类,则在经济条件较好或位于城乡结合部的乡村普及。它们有自己固定的活动场地、人员、活动方式、内容及时间,虽大多属自发性组织,但聚合力很强。

（3）科普社团,内容包括带有文化宣传性质的科技推广服务、技术咨询等。有的就是各科技门类的协会小组等,其人员多为乡村中的科技能人,他们以文化为宣传媒介,推进科技普及,带来社会、经济双方面的效益。

（4）协会社团。其内容较为庞杂,有普法协会、计生协会、民调协会、喜丧事新办理事会、禁赌协会等。负责人多为乡村间在某方面担负责任并享有一定威信的人员。所进行的组织活动,融文化教育为一体,涉及社会的方方面面,牵扯乡村的每个角落,大凡政治空气较浓的乡村,差不多都数量不一地存在着这种组织。

上述四种类型的民间社团组织,其共有的特点是民间性质,资金自筹,场地自建,人员自愿参与,活动项目自选。由于这些组织活动的强烈内聚力,在整个乡村的文化覆盖面较大,他们在乡村中有立足之地,成为乡村文化中不可忽视的一支组织力量。

（四）宗法血缘组织

鉴于我国乡村数千年宗法观念一直延续不断,当今乡村中通过文化传承的宗法血缘组织存在较为普遍。这种宗法文化组织,以血缘关系为纽带,以宗族、宗亲为圆心,广罗组织成员。在一个村落里,族长往往是文化组织的首领。每个组织所进行的文化活动,一般都要受到族规族法的约束。活动内容除了一般文化娱乐项目外,有时还要服从、服务于本宗本族的有关祭祖事宜。活动目的在一定意义上是为了传扬和显示本宗族的荣耀与势力。这种组织一般都有较为久远的历史资历和较有特点的传统艺术项目。由于宗族血缘的深厚积淀,这种文化组织有很强的号召力。在组织活动时,往往宗族大旗一竖,或族长振臂一呼,便可聚拢来本宗族的男女老少,去实现预定的目标,为乡村文化的繁荣活跃增加热烈气氛。这种组织有着明显的排他性,即排斥外宗外族在内的其他组织势力,有时甚至造成不良后果。当然,需注意引导,防止走偏方向。

（五）宗教群体组织

随着党的乡村宗教政策的落实，一些宗教组织在我国不少乡村出现，通过宗教文化传播进行活动。这种组织的大多数成员为农民中的年长者、中年妇女，有不少地方青年人也广泛参与。他们在一定的教日聚集，诵教义、唱教歌，倾注自己的虔诚，寄托美好的向往。

（六）企业附属组织

一些乡镇企业以自己的经济实力为依托，办起了不同类型的文化组织。这种组织有着明显的行业特征，有文艺演出团队、模特队、书报阅览、球棋类比赛、舞会等。这种组织多为企业所办，企业将其视为特殊的组成部分，有的还将其作为企业精神文化的外在体现和企业综合实力的显示，亦有一些企业着意为宣传自身产品，提高企业知名度而组办专题文化宣传活动的。另一种情况是，有的文化组织仅仅得到企业的默许，虽依附企业，但企业不承担任何责任和义务，活动处于自发自流和时断时续状态。

（七）股份联合组织

这是近年来由于乡村经济结构变化而新产生出的文化组织形式。它吸取了社会上种种经济实体股份制的合作形式及管理方法，按照文化组织的机制运转。这种组织多能承办乡村文化娱乐活动，有的还办起专业文艺表演团体，走村串巷，或进入城镇演出。入股包括股金、文艺器材、文化场地等。股东拥有一定的资本，他们经营意识较强，把文化组织视为经济实体，大多为了盈利赚钱。由于以盈利为目的，一些组织在经营中往往忽视社会效益，也缺乏长远的建设计划。

上述乡村文化组织形态是一个有机的、开放的、动态的系统，它们各自都在随着乡村的发展变化而变化。由这些文化组织形态构成了现阶段乡村文化的基本框架。它们在乡村社会的客观环境下产生、繁衍，担负着组织乡村文化活动的重大使命。

## 二、乡村文化组织的现状

在我国乡村文化领域里,多种文化组织并存是一种客观现实,对其现状进行了解和把握,是搞好乡村文化建设与管理的基础工作之一。

### (一)乡村文化演进中文化组织的关系及调适

各种类型的乡村文化组织之间存在着较为复杂的关系,主要包括主从关系、并存关系、互补关系,同时,相互之间也有冲突和矛盾。

(1)主从关系。长期以来,乡村文化组织中的国办、集体办组织,在乡村文化工作中发挥着主导作用。然而,随着乡村改革的深入进行,多元结构的文化市场的形成,国办、集体办文化组织中的某些优势已经逐步消失,但仍须强调和发挥它们对其他文化组织的领导、指导和辅导的作用。这是由社会主义文化的性质决定的,是在乡村思想文化领域里保证党的领导的具体体现。此外,因其他类型的文化组织在组织、队伍、业务技能等方面虽各有所长,但从综合实力衡量,它们与国办、集体办文化组织是难以比拟的,国办文化组织和村办文化组织是乡村中最强有力的文化力量,它们的系统最完备,从上到下形成了有序的各级组织,它们有乡村大部分的文化设施、场地和相当部分的文艺骨干。可以预测,国办文化组织和村办文化组织仍会在乡村文化中居于主导位置,乡村文化组织中的这种主从关系,是现阶段乡村文化的客观存在,将会在乡村文化领域中延续相当长一段时期。

(2)并存关系。现行的各种乡村文化组织,因其性质、特点不同,它们都有意或无意划定了自己的责任范围,在实际活动中恪守各自的规程。国办文化组织,忠实履行党和政府赋予的职责,担负着领导普及和提高乡村文化的艰巨任务;集体办的文化组织,包揽着繁荣乡村文化事业的庞杂任务,它们一般仅限于完成村级政权部门交给的指令性工作,无意取代或干涉其他文化组织的活动;民间社团组织、股份联合组织大部分从获取经济效益的目的出发,忙于在乡村文化市场上争得一席之地,与其他组织的往来不多:企业附属的文化组织主要是在本企业的指令下活动,具有一定的独立性;宗法血缘组织、宗教群体组织和香火组织,由于其特定的凝聚力,它们只牵头承办本宗族、本宗教之内的文化事务,对涉及乡村中其他公共文化项目不多参与。这样多种形式的文化组织各有各的生存方式,各有各的活动招数,各有各的发展目标,并存于乡村社会之中,构成了当今我国乡村文化的一大景观。

（3）互补关系。乡村中的诸种文化组织,都代表着乡村中的一种文化,它们各有自己的优劣和长短,在经常的自然相处中往往借助文化的力量实行互补,达到融合。比如,村办文化组织因其活动代表着政府部门的意志,它所进行和开展的活动具有一定的权威性和可信性,只是由于管理体制的弊端和分配方面的问题,普遍存在管理人员责任心不强,活动不能保持经常性等问题,这就需要通过其自身的改革来解决,同时,需要其他文化组织的相对长处来补充。其他文化组织因地域、人缘以及政治、经济方面的原因,都不同程度地与村办文化组织保持或发生着较为密切的关系。例如,在某种情况下,企业附属的文化组织需要村办文化组织技术力量的帮助,而村办文化组织有时会因活动资金的筹集、活动场地的需要而求助于企业附属的文化组织的支持等,使这些组织间产生明显的互补效应,促进了各文化组织间的相互交流。

（4）矛盾关系。乡村各种文化组织各自代表的利益主体不同,在实现各自目标的过程中,矛盾避免不了。国办和村办文化组织代表的是国家、集体和农民三者的文化利益,它们服从于国家政府部门或村级政权的意志,担负着发展乡村文化事业,活跃乡村文化生活,同时还包括组织、管理乡村文化活动的职责。而民间社团组织和股份联办组织代表的是本社团和股东们的利益;企业附属文化组织依附于某个乡镇企业,自然代表着本企业的利益;宗法血缘组织的范围限于家族本身,其家族本身的利益自然由文化组织来体现:宗教群体组织和香火组织除了超世的精神外,也常常在成员间开展文化互助活动。这样当某一群体利益与其他群体利益不符合时,便会产生矛盾、摩擦和冲突,即便是同一类型的组织也会因利益问题而产生各种矛盾。这些矛盾大多表现在对文化场地、资金、出面组织称谓的纷争,而同类组织群体间的矛盾,大部分在宗法血缘组织、民间社团组织内不同势力、派系间发生。有时这种矛盾还较激烈,其导火索多为文艺竞技位次的前后高低,以及某一艺术项目传统专利权的归属等。某些宗族群体已把文艺竞技视为本宗族社会地位和社会势力的较量,不惜动员所有宗族血亲与对方一决雌雄。在这种情况下,文艺竞技被扭曲,有时会因组织文艺活动而发生械斗事件。一般情况下,乡村各文化组织间不存在根本的利害冲突,这是因为各文化组织间的活动目标和利益取向基本上是一致的。

### （二）乡村社会变革中文化组织的兴盛与迷茫

我国乡村的经济改革引起了乡村社会的巨大变化，影响并带动了乡村文化组织的嬗变。各种文化组织为乡村文化注入了蓬勃生机。然而，乡村文化组织的发展又存在着极大的不平衡性，有些地方乡村文化组织很健全，有的地方则残缺不全，或形同虚设。有些地方乡村文化组织的活动开展得红红火火，有的地方乡村文化组织却死气沉沉。

随着改革的深入，乡村市场经济新体制的逐步形成，文化馆、站沿袭旧的机制运作已经越来越显示出其不适应性：活动经费的紧缺，服务方式和对象的变化，经济意识突出而带来的文化氛围淡化等。这一切都为乡村文化的建设与管理提出了新的课题，应当引起关注。

### （三）乡村文化组织的基础——乡村文化队伍的状况

乡村文化队伍是乡村文化组织的基础力量，他们担负着具体组织乡村文化活动、繁荣乡村文化事业的重要使命，是乡村文化组织的基本组成部分。

乡村文化队伍的构成，包括专业干部队伍和业余骨干队伍两部分。专业干部队伍由县文化馆、乡镇文化站干部组成，他们主要来自四个方面。其一为文艺专门人才，从其他部门调入或招聘在文化馆、站工作。这部分人有一定的创作能力，他们的工作热情高，有的已在文化馆、站工作了几十年，成为单位的骨干力量。其二为专业文艺团体的演职员，一般都掌握一种专业技能，如表演、伴奏、创作、导演等，有一定的组织辅导能力。其三为院校毕业生，有较高的专业理论水平，大部分是近年从事群众文化工作的。其四为政策性安排或靠关系进入的人员，这部分人员中也有有专业才能、能适应工作者，而有相当大比例的人员与文化无缘，不能适应文化工作的要求。

业余队伍主要由三部分组成。一为乡镇文化站的兼职管理人员，村文化室（大院）的管理人员，乡镇村企业里诸文化组织中的文艺骨干人员。他们爱好文艺，积极参加各种文艺活动，在乡村文化中起着组织和引导作用。二为文艺社团人员，其成员大多以经营文艺为谋生手段，有经营意识,活动区域大,适应性强。三为文化个体户人员。他们以家庭为组织单位,其家庭成员为组织的主要支撑者,从事营利或非营利的种种文化活动。

　　乡村文化新的组织形态给乡村文化队伍带来极大的影响和变化。首先是队伍数量的扩大,乡村文化组织单一时期,队伍建设受到局限,现在各种文化组织纷呈,使乡村中更多的热心文化事业和文化活动的人根据各自的文化素养、爱好特点、参与欲望纷纷加入各种文化组织中来。其次是多种从艺人员参加到乡村文化队伍之中。过去的乡村文化队伍,因仅处于单一的组织之内,受其活动方式、内容所限,文化队伍大多为有一两种专长的青年农民,在时下的多种文化组织中,吸纳了包括演唱、创作、绘断、民间艺术、杂技、驯兽、垂钓、集邮、文体竞技、广告装潢等农民文艺人才,农民文艺队伍技艺面得到了拓宽。最后是文化队伍的素质在不断地提高。近年来许多地方举办的艺术节,有不少是来自乡村的节目,是由乡村文化组织中的农民文艺骨干参演的,亦有相当数量的农民文艺节目在全国和国际比赛中获奖,展示了当今乡村文化队伍的风采。

　　当然,乡村文化队伍中也存在着不少的问题。在国办文化组织中,有些专业人员因受社会经济浪潮的冲击,存在着严重的失落感,情绪低沉,消极等待;总体专业水平下降,不少人才外流,或弃文从商;相当一部分乡镇文化站专干被乡镇政府抽调打杂,一些地方乡镇文化站专干因生活待遇问题解决不好,生活困难,有后顾之忧。这些问题有待于妥善解决,以巩固乡村文化队伍,保证乡村文化组织的正常运转。

### 三、乡村文化组织建设的措施

　　乡村文化组织担负着繁荣乡村文化的历史任务。新时期乡村文化组织形态,涉及乡村社会的许多方面,其内在机制与外部环境都比较复杂。面对乡村文化组织形态的演进,促使乡村文化组织发挥最佳效能,无疑已经成为乡村文化建设与管理迫在眉睫的任务,为此要着重抓好乡村文化组织的网络建设和乡村文化组织的队伍建设两个方面的工作。

（一）抓好国办文化组织建设

这里的国办文化组织,主要是指文化馆、文化站。纵观新形势下的文化馆、站建设,为了适应社会主义市场经济,必须进行机制转换。

（1）工作中心的转换。几十年来,文化馆、站的工作中心一直是围绕政治形势,服务于党的各项中心,进行文化宣传活动,确实为社会做出了一定贡献。根据构建社会主义市场经济体制的需要,文化馆、站的工作中心也要进行相应的转移,这就是要转移到以经济建设为中心上来。一方面,要把工作的立足点,转移到服务乡村经济建设、服务乡村文化建设上,充分发挥文化的各种功能和作用;另一方面,文化馆、站要切实加强自身建设,在搞好乡村文化辅导、指导工作的前提下,组织好文化等经营活动。通过创收,增强经济实力,用以支持乡村文化事业,取得社会效益和经济效益的双丰收。

（2）生存支点的转换。计划经济体制下的文化馆、站体制,形成了文化馆、站对政府的依附心理。这么多年来,文化馆、站属于财政全供单位,文化馆、站的工作人员把生存的支点全部寄托在依靠国家财政供养上。然而,随着事业单位体制改革的深入,动摇了文化馆、站原有的生存支点,需要文化馆、站工作人员树立市场意识,以自力更生、艰苦奋斗的精神求生存、求发展,积极开展以文补文、多业助文,以弥补自身经费的不足,努力做到自我开发、自我积累、自我发展。

（3）服务手段的转换。回顾文化馆、站的服务形式,无论是自身的创作和辅导,还是组织群众开展的种种文化艺术活动,全是按照计划对群众进行供给式的服务。这些文化产品不愁销路,自然对质量问题不大讲求。现在的情况已大不相同,集体、个体、股份制文化已同文化馆、站形成强劲的竞争态势,使文化馆、站的服务受到了严峻的挑战。这就要求文化馆、站必须从农民的实际需求出发,研究农民文化的消费,提高自己的产品质量和服务质量,使自己的产品适销对路,在搞好公益型文化服务的同时,可以组建文化服务公司,使部分文化产品和文化服务进入乡村文化市场,开展文化经营活动,通过高质量的文艺产品来引导文化消费。

（4）管理方式的转换。很久以来,文化馆、站的管理是沿袭计划经济体制下旧的管理模式,人员流动困难,分配上实行平均主义大锅饭,缺乏激励机制,使文化馆、站事业呈萎缩趋势。必须根据新的形势,建立文化馆、站新的管理机制,包括对职工实行岗位责任制,将工作量化,进行考评,对工资奖金实行浮动等,激发文化馆、站职工的工作热情,充分调动大家的工作积极性和创造性。

（二）巩固和发展村办文化组织建设

村办文化组织亦即村政隶属的文化组织,是在村党支部、村委会直接领导下的村一级文化组织。从全国乡村情况看,这类文化组织大部分都是集党建、思想教育、科学技术普及、文体娱乐于一体,具有综合性、多功能性。一般都设有党员活动室、科学技术夜校、图书阅览室、计划生育宣传指导站、游艺室、广播室等。沿海发达地区、城市郊区和一些经济条件较好的乡村,村办文化组织还设有影剧院、剧场、舞厅、录像厅、游乐场等文化设施。这类文化组织适应乡村基层的政权建设、思想教育、科技普及和文化传播,有着极强的生命力。同时,这类文化组织又能对村中其他类型的文化组织产生很大的影响,所以搞好村办文化组织,加强乡村文化基础建设就显得尤为重要。

（1）把建设村办文化组织纳入村级政权部门的工作目标。应当通过多种渠道宣传,使村级党政部门充分认识到村办文化组织是本村文化活动的主导力量,是建设社会主义精神文明的重要方面,努力做到思想上高度重视,把建设村办文化组织、活跃乡村文化生活同发展村级经济摆在同等重要的地位,纳入本村经济社会发展规划和议事日程,本着文化经济并举的原则制定出切实可行的长、中、短期发展规划,以保证村办文化组织在不同时期都有明确的发展目标和具体的发展措施。同时,对村办文化组织的建设、管理和活动提出具体的要求,做出明确的规定,使其逐步走上正常化、规范化的轨道。

（2）进一步抓好村办文化组织的创建工作。当前,村办文化组织在全国乡村还没有全部普及,与乡村建立社会主义市场经济体系、建构具有中国特色社会主义乡村文化格局还有一定距离。在组织创建过程中,要科学规划,分类指导,注重实效,逐步发展,不要搞一个标准、一种模式。在发展水平上,经济条件好的地方,要坚持高标准、高起点;经济条件较差和尚未摆脱贫困的地方,可以先从较低档次的办起来,然后再创造条件,逐步完善提高。在建设方法上,可由村级党政部门出面筹建,也可委托村民联合组办,最后纳入村政隶属范畴,使村办文化组织在我国广大乡村尽快地普及开来。

（3）强化村办文化组织的业务建设。乡村文化活动开展的程度,是衡量村办文化组织的标尺。针对现在一些村办集体文化组织业务活动的状况,必须强调其适应乡村社会主义市场经济发展的需要,对业务活动的内容、方式和方法进行必要的调整和革新。在继承优秀传统文化的基础上,吸收外来文化,使所组织开展的文化活动更具群众性和地方性,更为农民群众喜闻乐见。村办文化组织还应当主动接受国办文化组织的指导和辅导,以不断提高业务活动水平,为乡村文化建设积累更大的能量,及时进行组织整顿,保证村办文化组织机制的顺利运行。从总体上看,乡村中村办文化组织大多数都是好的和比较好的,但是也有相当数量的村办集体文化组织存在一定问题,诸如组织不够健全,活动不够经常,有的是有名无实、形同虚设等。针对这种情况,应当在村党政部门的领导下,注意听取乡镇文化站的意见,对其进行必要的整顿。通过整顿,充实组织机构和人员,达到组织健全;采取措施,创造条件,促进活动经常进行;对徒具虚名的限期达标,或责令其停止……只有这样,村办文化组织才能始终保持旺盛的活力。

（三）促进乡村文化骨干队伍建设

在做好乡村文化组织建设的过程中,还要紧紧抓住队伍建设这个关键环节。关于乡村文化骨干队伍的建设,这是乡村文化组织建设中涉及队伍建设方面的重要内容,必须下大力气来抓。

（1）要善于发现骨干人才。乡村文化骨干,应是有理想、有道德、有文化、有纪律的社会主义一代新人。第一,文化骨干只有具有崇高的理想,才能热爱乡村文化工作。第二,有高尚的道德,才能在群众中有号召力。第三,有一定的文化基础,才能学习和掌握文艺活动的本领。第四,有严格的纪律、良好的作风,才能保证乡村文化的组织和活动沿着正确的方向发展。

（2）为骨干人才的成长创造良好环境。现在,乡村文化骨干队伍面临许多新的情况。因此,要做到如下几点。第一,要通过认真的调查研究,针对骨干人员流动频繁的现实,使各类文化组织采取措施及时吸收新的人才扩大骨干队伍。第二,对外流骨干,要鼓励他们在外学习异地文化,日后带回本地生根开花。第三,组织骨干人员学习培训,提高水平,增强自信心。第四,运用文化市场的调节作用,增强文化骨干的市场意识和文化竞争意识。通过这些努力,创造有利于文化骨干队伍成长的良好环境与文化氛围。

(3)努力提高乡村文化骨干队伍的素质。当前,乡村文化骨干队伍大体上说是好的,但有些较差,需要在提高文化骨干队伍的政治、业务素质方面做工作。第一,通过文化组织,运用多种形式向骨干队伍广泛宣传党的路线、方针、政策,组织他们学习中国特色社会主义理论,提高他们的思想政治水平。第二,通过组织培训、专业辅导、观摩学习、相互交流、座谈研讨,增进骨干队伍的专业技术知识和能力。第三,通过优秀骨干的传、帮、带,促使广大骨干队伍发扬乡村文化队伍的优良作风,在吸取现代文化的同时,弘扬民族民间文化的特色,更好地为乡村文化事业服务。

(4)注意选拔和培养乡村文化队伍的领头人物。乡村文化队伍的领头人物在文化队伍中的作用不可低估,他们是在长期的乡村文化实践中得到其成员认可的人物,是一个文化组织的代表。其个人的业绩、良好的形象、卓越的能力,以及他们个人丰富的知识和广泛的社会联系,都足以使他们在文化队伍中产生较高的威望,对成员的文化行为产生很大的影响。基于此,要十分重视乡村文化队伍中各种层面的领头人物,及时地培养他们,帮助他们学习和掌握党的文艺方针、政策,开阔他们的文化视野,提高他们的组织和业务能力。

# 第二节 乡村文化基础设施建设

乡村的文化设施建设,始终是乡村文化建设的难点和第一目标。新中国成立以来,乡村文化设施几乎是屡建屡毁。可以看到,中央和各地的规划中都把这一条放在了首位。我们知道,没有活动阵地,就无法开展文化活动,文化设施建设不好,会影响文化建设的正常运行和整体发展。①

## 一、乡村文化设施建设的现状

### (一)设施建设的网络化

在乡村文化建设中,县(市)级文化设施是龙头,镇、乡、区文化设施是枢纽,村街文化设施是基础,个体文化设施是补充。就全国而言,基本上都程度不同地注意到提高县(市)级文化设施档次的必要性,以增强对基层的文化辐射功能。文化馆、图书馆、影剧院、新华书店、活动中心等较为齐备,并配备有现代化的文化活动设备。乡(镇)中,按照有场地、有人员、有经费、有活动的"四有"标准,建立了文化站和乡村集镇文化中心、乡村文化俱乐部(室)和图书室,同时还涌现出大量电影录像、卡拉OK、业余剧团、台球游艺、图书借阅、书法美术等个体文化户。这些县(市)、镇、乡、村、户五级"宝塔式"的文化组织和文化设施网络的建设,使乡村基层文化阵地的日益巩固和健康发展有了保证。

### (二)文化设施的小康化

农民在物质生活实现丰衣足食的基础上,精神文化生活数量和质量也应得到相应的提高,达到丰富多彩、文明高尚。这种既适应经济建设的加快发展,又是在社会主义市场经济条件下文化建设的自觉的"小康文化",在苏南和沿海一些经济发达地区已不是一个口号,而是作为一个具体目标,即一套指标体系在实现。居全国百强县之首的无锡县(今锡山区)已经率先使乡村的文化设施实现了"小康"。据不完全统计,35个乡镇文化站阵地活动建筑面积超过了5万平方米,涌现了23个与乡村小城镇现代化建设相适应的规模宏大、建筑新颖、功能齐全的农民公园、农民文化宫或文化活动大楼;全县建有村、厂级文化室、俱乐部或青年之家、老年活动室400多家;5200多个乡镇企业大都建立了职工之家或俱乐部;全县开办了装潢美观、设施高档的歌舞厅40多家、录像放映厅(室)65家;35个乡镇都建立了藏书超万册的图书室。一方面满

① 王丹宇.乡村文化建设研究[M].长沙:湖南大学出版社,2014.

足了人民群众日益增长的精神文化需要,另一方面又可正确地引导人们的文化消费,这种努力建设以生产性、创造性和发展性的文化为主,为经济建设和改革开放提供强大的精神动力和智力支持,培养"四有"新人的多种类、多层次的文化设施建设结构,就是小康文化的设施建设结构。

（三）乡村乡镇企业文化设施的高档化

乡村在实现产业调整后,成千上万的人从农业这个单一经济中转移出来,特别是一支规模宏大的乡镇企业供销员队伍活跃在商品生产、商品流通的各个接触面上,他们既向乡村引进了社会化生产方式,又带回了进取的竞争意识和丰富多彩的文化生活方式,使乡村与城市在政治、经济、文化等诸方面的关系日益密切。城市文化对乡村的辐射,相当一部分被乡镇企业吸收。乡镇企业凭借自己的经济实力办起了各种球队、棋队、文艺队、时装队、铜鼓队、铜管乐队等群众文艺队伍。工厂有俱乐部、图书室、篮球场等设施,还有吉他、手风琴、电子琴、照相机、录像机等器材,电脑接收器等高级电子设备也开始进入乡镇企业。这种乡镇企业文化带领村户群众文化由低级到高级、由低层次向高层次发展的趋势,给乡村群众文化注入了新的活力。

（四）中原地带文化设施的庭院化

为了密切党群、干群关系,一些乡镇积极发挥文化导向作用,引导劝服群众遵纪守法,有效发挥文化传播作用,普及科学知识,传递信息,促进乡村商品经济的发展。例如,河南、山东两省的一些村党支部、村委会相继建立了适合自己特点的文化大院(含村级文化实体),把文化室、阅览室、科普室、计划生育指导室、青年之家、农民夜校、民兵之家等融为一院。这种文化大院是乡村政治、乡村经济、乡村文化相互渗透、彼此融合的结晶,它不是20世纪50年代乡村俱乐部的简单再现,而是新形势下对社会主义初级阶段村级文化形态的一种新的探求,它不同于一般的乡村文化户,而是一种显示集体力量的村级文化创造,它也不同于单纯的文化室,而是一种与村级政权建设相协调的村级文化建设。这种不就农业抓农业,而是通过抓乡村文化实体建立科技推广基地,依靠广大农民的积极性和科学技术释放出来的巨大能量推动农业和乡村经济的腾飞的庭院化文化设施建设,因投资少、场地利用率高、便于集中管理等优势,已经被视为取得社会效益和经济效益的有效途径。

（五）少数民族乡村文化设施建设的特色化

每个民族都有自己独特的生活习惯风俗。比如,回族群众信奉伊斯兰教,注重礼仪,善于经商;男性喜尚武术健身的体育活动,妇女则弹口弦,好剪纸、刺绣、编织;文化程度高者善阿拉伯经文书法,习文学创作;也有受传统影响,旧时练下好嗓口漫唱回族"花儿"的民间歌手,构成了独具特色的回族文化。宁夏回族自治区吴忠市人民政府在发展民族文化事业,兴建文化设施时,统一规划,协同发展,根据民族构成情况,分别设计、选择建筑造型,使其各具特色,不相雷同,具有一定规模、一定标准、一定数量,具有鲜明地方特点和浓郁回族特色的文化设施遍布于全市城乡。

除此之外,在文化设施建设方面,还有建筑风格的多样化、文化功能的一体化等特点,它代表了不同地域、不同经济背景、不同民族文化设施繁荣发展的趋向和模式选择。尽管不是很普及,但毕竟代表着乡村文化设施的某种发展方向。

**二、乡村文化设施建设的措施**

文化设施建设是乡村文化工作中的硬件,由于受社会状况、地理环境、人口素质以及财力、人力、物力等多种因素的制约,发展起来有许多困难。但是,如果领导重视,科学规划,措施得力,并有适当的政策保证,乡村文化设施建设将会取得较快发展。

（一）文化设施建设要列入各级政府目标管理

用行政手段保证设施建设的顺利实施是一条重要举措。在这方面,创建文化先进县成为促使乡村文化设施建设进一步发展的有效途径。目前,全国共有山东、江苏、内蒙古、辽宁、河北、天津、四川、宁夏等16个省（区、市）开展创建文化先进县活动,这些省（区、市）共有1317个县

（市），约占全国县（市）总数的60％。这些地域不但有沿海地区，也有内陆省份，还有少数民族地区。这说明，在经济基础不同、社会文化发展状况不同的地区，都能开展创建文化先进县活动，这在很大程度上取决于领导重视，做到了"思想发动到位，目标责任到位，硬件落实到位，领导工作到位"，文化工作的实绩成了衡量一个党政领导是否称职的重要因素。他们一级抓一级，统一领导，统一部署，政府部门协调，文化部门组织，使乡村文化工作由部门行为变为政府行为，由国办的单一行为变为社会多方面参与的社会行为，由少数人办文化的个体行为变为群众办文化的大众行为。乡村的文化设施列入各级政府目标管理，容易形成"合力"，容易形成"党政领导发动，文化部门主动，社会多方联动，层层落实行动"的局面。凡是开展创建文化先进县的地区，文化设施等硬件建设都一步到位。

由此看来，目标管理是一种科学、规范的管理方法，它任务明确，组织严密，责任清楚，有利于调动目标体系中每个成员的积极性，促使其主动完成目标任务。乡村文化设施建设是系统工程，它包括建设规划、资金筹措、土地使用、方案设计、项目施工、配套建设等，单靠文化部门实施显得势单力薄。如果将乡村设施建设列入各级政府的目标管理，使其进入政府工作程序，进行规范运转，那么建设中的每一项工作就有人问、有人管、有人落实。

（二）乡村文化设施建设要纳入城乡建设总体规划，有计划地向前推进

文化设施建设从总体上讲，属于基本建设的范畴，而基本建设工作是一个超前的事业，它的特点是周期较长，效益滞后。所以，要有一个长远打算，有规划、有目标、有措施。城乡建设规划是政府部门依据当地的总体实力及发展构想，经过科学论证制定的，是城乡建设和城乡管理的总依据，只有将群众需要的必不可少的文化娱乐设施建设纳入城乡建设总体规划，才能做到合理布局，统一建设。各地建设住宅小区，只有严格按照城乡建筑总规划要求，统筹规划文化娱乐活动场所，才能实行同步建设。

文化经济部门，在将文化设施纳入城建总体规划的同时，应从战略的高度，用长远的眼光规划乡村文化设施的宏伟蓝图，既要注意"打人

民战争",调动各个地方自己的力量普遍来搞,又要注意抓好联办的重点乡村文化工程,即以省、自治区、直辖市为主体,构筑文化重点工程。学习推广广西壮族自治区初步建立和规划建立北部湾文化长廊、桂中民族文化长廊、右江河谷文化长廊、柳梧国道文化长廊、千里边境文化长廊的经验,学习推广山东、江苏等省开展的文化工作先进县活动,福建省开展的文化事业"芳草计划",内蒙古自治区开展的"彩虹计划",吉林省开展的"金达莱计划"等经验,把城乡设施同队伍建设、经费投入、活动开展等一起纳为一体。

### (三)多渠道筹集资金,加速乡村文化设施建设步伐

乡村文化设施建设的关键问题是资金问题,也是难中之难的问题。这个问题不解决,一切都会化为空谈。在我国乡村的县、乡、村三级文化设施网络建设中,除一小部分富裕起来的乡村,因经济力量雄厚,文化设施的投入完全依靠自身的力量一步到位外,绝大多数的乡村,都不同程度地面临着资金困难这个问题。要解决这个问题,单靠文化部门是远远不够的,必须要依靠社会各方面力量。

首先要依靠国家投资。文化事业不单是文化部门的事业,而是全民族的事业,要加强文化建设,特别是加强文化设施建设,必须得到政府的投入。文化设施建设必须继续贯彻国家、集体、个人一起上的方针,调动三个方面的积极性来加快文化设施的建设。

其次要广泛开辟经费来源的渠道。除国家拨款和借贷款外,还要开辟文企联合渠道、城市维修费和建设配套费渠道、社会赞助和外来捐赠渠道、基金会和"以文补文"发展文化产业等渠道。

### (四)文化设施在建设过程中应注意的问题

我国乡村地域辽阔,而且各地经济状况、人口分布、地理环境、风俗习惯有很大差异。所以,各地应用"合理布局、因地制宜、量力而行、讲求实效"的"十六字"方针来指导乡村文化设施建设,搞出特色,抓出成效。

在规划上,要立足长远。随着城乡经济的逐步接轨,我国乡村单一的农业生产结构正向着高产、优质、高效等多元经济结构发展,农民的

生产方式、生活方式、思维方式、价值观念、道德规范、审美意识和文化消费需求也随之发生了很大的变化，这就使乡村文化由单一松散的文化结构向多元、多层、多变的方向发展。传统的"小文化"已被打破而向"大文化"转化。原来县文化馆的"吹拉弹唱"和乡文化站的"书报阅览"等，已不能满足农民"求富、求新、求美、求乐"的需求。在进行文化设施建设时，要把科技知识培训、戏曲、影视、书画、摄影、民间工艺、体育等内容考虑进去，既要考虑现有的基础条件，也必须着眼于将来的现代化、高标准要求。在选点上，要注意合理布局，应根据本地人口密度、交通条件和文化设施的功能、使用率、规模大小进行区域规划，既要考虑整体，又要注意局部，使文化设施分布符合当地的整体文化发展思路，或"点连成线"，或"点连成网"。

在建筑形式上，要因地制宜。我国乡村地广人多，而且由于地理环境、经济基础的差异，使生活在不同地区的农民在生产方式、生活方式上有很大不同。在建设时，要找出与本地群众的生产方式、生活方式相适应、与本地群众的文化心理相协调的建筑形式。如果牧民以放牧为主，生活游动性大，就可配备流动文化车，可定期拉上文化设备深入村户开展电影、电视、录像、录音放映，图书借阅、销售，图片展览，文艺演出等文化娱乐活动以及摄影、理发、家电维修、代销百货等服务活动，送文化、送服务上门。同样，渔民以打鱼为生，长期生活在海上；山区农民居住分散、交通不便；特区乡村经济发达、生活节奏快等，所以各地区在进行文化设施建设时，要强调针对性、可行性，本着方便群众、利于发展的原则，努力形成自己的特色。在建设规模上，要量力而行。作为国办文化事业单位，文化馆、文化站应当有一个统一标准，对此，文化部对建筑面积、必备设施、活动场地等作了明确规定，有条件的地区应努力做到。这是文化部综合考察了全国乡村经济文化发展情况后规定的一般量化标准，具有广泛的适用性。但对于经济落后或经济发达地区，不要脱离实际，追求统一，在保证必需的活动场所及设备的前提下，要根据自己的财力、物力、人力情况，自定文化设施的发展规模。县图书馆、文化馆是乡村文化网络建设的龙头，是全县开展文化工作的辅导中心、活动中心，一般业务用房面积不能低于2000平方米，文化馆不能低于1000平方米，两馆馆舍建筑设计规范应参照城乡建设环境保护部、文化部下发的《文化馆建筑设计规范》进行。为能保证两馆工作、活动正常运行，各地应通过多种途径，充实更新所需设备及按照有关规定配备的交通工具。逐步装备和完善扩（录）音设备、录（放）像设备、电（声）控游艺器械等现代化活动设备。条件差的地方，可添置扑克、棋类、球类等一般活动设备。乡镇文化中心、文化站是开展乡村文化活动的枢纽，是农民群众进行综合性娱乐活动的场所，要有一定规模和数量的设施、设备。当地政府可根据经济条件和需要确定其规模标准，一般应有多功能活动厅、书刊阅览室、游艺室、辅导培训室以及影剧场、体育场等。场所内应有计划地购置设备，逐步增加必要的现代活动器材，边远山区、牧区应配备相应的交通工具。村级文化是乡村文化工作的基础。它的发展依赖于村级领导的重视程度、本村经济基础的强弱。其建设规模、形式则更应注意分类设计。在实施步骤上，要以县城带乡镇，以乡镇促县城，城乡并举，城乡一体，同步发展。在使用管理上，要实行"二权"（即所有权、使用权）分离，明确管理职责。文化公共设施，属全民所有，任何单位和个人不得侵占和变卖。

# 第三节　乡村文化领导与管理建设

## 一、乡村文化的领导与管理的现状

在党中央、国务院及各级文化主管部门对乡村文化重视的影响下，各省、直辖市、自治区和地、市、县、乡、村都在加强对乡村文化的领导，一个全党动手、政府部门努力、上上下下齐抓共管乡村文化的局面正在形成，全国的乡村文化工作呈现出前所未有的大好局面。然而，由于种种原因，现在乡村文化的领导与管理状况仍然存在着许多不尽如人意的地方，具体包括如下。

第一，观念上的滞后。一些地方的部门及领导仍沿用过去计划经济体制下形成的领导乡村文化的思维模式和管理套路抓工作，如习惯于在办乡村文化组织上搞形式主义，或完全依赖政府拨款办事，或对新的文化样式不满，甚至实行禁绝政策，或搞封闭单一的小文化等。由于这种领导的管理观念与现实乡村社会文化的严重错位，与乡村群众的要求难以合拍，造成了一些地方乡村文化领导的乏力、被动，成为一种必须尽快克服的阻滞因素。

第二，管理上的无序。在一些地方，对乡村文化的领导与管理缺乏一定的规范，部门环节之间缺乏协调，有的多头管理，有的互相推诿扯皮，或者没有必要的量化标准，出现一些混乱现象，这在乡村文化市场管理上表现尤为突出，使有些乡村集镇黄色书刊、有害音像制品屡禁不止，封建迷信泛滥成灾。

第三，组织上的放任。在由计划经济向社会主义市场经济过渡的社会转型期，某些地方的乡村文化管理工作出现空挡现象，即在乡村文化由国家办、集体办向社会办转换的过程中，出现了放任撒手、由其自生自灭的情况，这种领导与管理上的放松，不利于乡村文化的健康发展。

第四，策划上的临时观点。乡村文化的基本宗旨和长远效益，在于通过文化手段，全面提高农民群众的文化素质，促进乡村社会的全面进步。在对乡村文化的策划方面，个别部门和领导者往往很少考虑或顾及长远利益，缺乏战略眼光，要么临时抓一把，要么头疼顾头，脚疼顾脚，要么抓活动多，抓建设少，如在活动中，抓表层活动多，抓深入人心的精神领域的活动少，有的甚至顾了眼前而损害长远。

第五，指导上的低标准。一些地方的文化主管部门、群众文化单位的领导、辅导者错误地认为，全党正在以经济建设为中心，乡村文化工作已显得可有可无，加上文化部门自身在社会潮流中所处的两难境地，对乡村文化的管理和辅导不愿再去艰苦努力，宁可把辅导计划一缩再缩，把所组织的活动项目一压再压，上下之间联系减少，深入基层工作越做越差，严重影响着乡村文化品位的提高。

对现阶段乡村文化工作的领导与管理状况，我们既要充分肯定成绩，又要清醒地看到不足，给予科学的估价，以便今后进一步做好乡村文化的领导与管理工作。

### 二、乡村文化的领导与管理的措施

要真正做好新时期乡村文化的领导与管理工作，应该以建设有中国特色社会主义乡村文化为前提，以社会主义市场经济为基点，不断加强和改善对乡村文化的领导与管理，调动方方面面的积极性，推进乡村文化健康发展，大体上可以从以下几个方面着手。

（一）更新观念

观念是行为的前导。在新的历史时期,科学的观念在很大程度上决定着乡村文化领导与管理工作的成败。几十年来的乡村文化工作,形成了乡村文化领导与管理的一套固定观念。这些观念产生于计划经济的窠臼,与社会主义市场经济在许多方面相悖。面临发展变化了的乡村文化形势和乡村社会主义市场经济体制,乡村文化的领导与管理必须相应进行观念方面的更新,按照社会主义市场经济需要构建乡村文化的领导管理体系,否则将会造成严重的不良后果。

（二）做好调查研究

调查研究是搞好乡村文化领导与管理的一项重要工作,只有通过调查研究,取得对实际情况全面深入的了解,才能做出正确的决策。①

第一,注重乡村经济、文化发展现状和趋势的调查研究。这是因为乡村经济是乡村文化的基础,繁荣的乡村文化总是以发达的乡村经济为前提的,这就要求乡村文化的组织领导者必须对乡村经济发展的现状和趋势,有一个系统全面的了解,否则就会使乡村文化的决策和指挥脱离客观实际。有了这种认识,在调查研究中,就会自觉地将乡村经济和乡村文化捆在一起来进行,为加强对乡村文化的领导和制定乡村文化政策提供全面、可靠的依据。

第二,注重对乡村文化资源的调查研究。乡村文化资源是乡村文化赖以生存和发展的底蕴,也是开发旅游、发展经济的财富。乡村文化资源包括:具有历史价值和地方特色的人文景观,有特色的自然景观,民族民间艺术,民间工艺品,独具风格的民居与生活习俗等。进行乡村文化资源调查的目的在于更好地了解和掌握文化资源的基本状况,为发挥乡村文化资源优势,

第三,搞好乡村文化经济建设服务。注重对农民经济意识与文化素质的调查研究。农民的文化素质决定着乡村文化的层次,农民的经济意识与文化素质互相关联。农民的经济意识包括市场意识、经营意识、竞

---

① 赵霞.乡村文化的秩序转型与价值重建[M].石家庄:河北人民出版社,2013.

争意识、金融意识、风险意识等,这些意识实质上是农民文化观念的客观反映,成为农民整个文化素质的构成部分。当然,农民的文化素质,除了经济意识外,还包括文化知识、价值观念、认识水平、观察思维能力、生活方式和行为方式等,对于这些方面的情况,要经常地、详尽地进行调查研究,拥有丰富的第一手材料,以便从实际出发,有针对性地做好乡村文化的领导与管理工作。

第四,注重对农民文化需求和乡村文化市场、文化消费、文化交流、文化活动状况及文化效益诸领域的调查研究。这些内容是乡村文化运作过程中的有机环节,它们是互为前提和互相制约的,缺少哪一个环节,都会给乡村的文化建设和发展带来损失。领导者如果不经常留心观察,就难免盲目地进行组织和指挥。高明的乡村文化领导者,应时刻关注处于不断变化之中的乡村文化,努力做到心底清楚,胸有成竹,使上述各个环节科学有序地运作,使乡村文化进入良性循环状态,取得最佳效益。

在乡村文化调查研究的过程中,要注意做到有目的、有准备,坚持实事求是的态度,力图做到全面、系统、周密,并善于抓乡村文化的主要矛盾,着眼乡村文化的发展。调查的手段,可采用典型调查法、统计调查法、书面调查法、抽样调查法等。对获得的大量数据和材料,进行分析综合,为决策提供依据,或研究制定出发展乡村文化事业的新的政策。

(三)讲究和改进领导工作方法

乡村文化的组织领导是乡村文化整个"管理场"的核心部分,领导者是整个管理活动的组织者,要有效地实现组织管理目标,就必须讲究和改进领导工作方法。

所谓乡村文化的领导工作方法,它是乡村文化领导者、指导组织者和工作人员为完成乡村文化任务而设计、运用的各种措施、规划和程序的总称,或者说,它是乡村文化领导、组织及其人员认识和解决乡村文化组织与领导问题的思想方法和工作方法的统一。在社会主义市场经济条件下的乡村文化领导与管理实践中,我们应当注意下述有关的工作方法。

1. 以民为本法

农民是乡村文化的主体,是乡村文化的直接参与者与受益者。在组织领导乡村文化的过程中,要牢固树立农民是乡村物质与精神文明的创造者和向农民群众学习的观点,坚持全心全意为农民服务的根本宗旨,把依靠农民群众作为全部工作的出发点和落脚点。

2. 典型示范法

这一方法即通过树立可供人们学习、模仿的乡村文化典范,号召影响农民积极向上,从而形成先进更先进、后进赶先进、大家同奋进的局面。长期以来,乡村文化工作比较注意采用这种方法,树立了一大批先进集体典型和先进个人典型。乡村经济体制变革后,乡村文化的典型示范将显得更为重要。在运用这种方法时,要注意如下几点。第一,要善于发现、培养、树立和推广典型。第二,对典型应实事求是,不能夸大,不能一好百好,否则会起到相反的作用。第三,鉴于我国乡村文化状况千差万别,任何单个典型都只能对特定的方面有具体指导意义,因此在典型的选择上,应注重代表性、针对性和多样性。第四,由于农民价值观念的变化,选择典型应根据农民新的价值观念来进行,反映乡村文化的时代特色。

3. 鞭策激励法

这是一种对乡村文化工作中某种思想、行为的肯定,使之得到发扬的工作方法。其主要形式有如下几种。第一,精神激励。弘扬文化的精义和价值,使农民认识文化在经济建设和社会发展中的重要作用,培养农民的文化兴趣,鼓励大家通过发展乡村文化为乡村的现代化建设提供精神与智力支持,产生强大的精神激励力量。第二,目标激励。乡村文化目标是人们希望达到的成功与结果,是人们从事乡村文化活动的内在动力。要同乡村基层组织、乡村文化工作者和广大农民一起编制当地乡村文化的发展战略,使他们看到乡村文化建设的灿烂前景,进而积极投身到实践活动中去。第三,荣誉激励。在乡村文化工作中,应通过多种形式,给予先进群体和个人以必要的荣誉,及时进行表彰,广泛宣传,鞭策先进群体和个人珍视自己的成绩和荣誉,把工作做得更好。当然,如果条件允许的话,除了荣誉奖励以外,还可以给予必要的物质奖励。

# 第四章 乡村振兴战略下的乡村文化活动与服务

在乡村振兴战略下，大力发展乡村文化事业，努力培养有文化、懂技术、会经营的新型农民不仅是新乡村建设的重要标志，也是推进新乡村建设的重要保证。而乡村文化活动与服务是乡村文化建设的重要内容。乡村文化活动是以广大农民群众为活动主体，以农民群众自娱、自教、自乐为主导动机，以满足农民群众自身精神生活需要为目的，由广大农民群众直接（以自身为主角）或间接（观赏他人）参与的一切文化艺术娱乐活动。乡村文化活动的内容和形式如此丰富多彩，可以说是"无穷无尽、无边无际"，涵盖了农民群众除物质生产、生活外精神文化娱乐生活的全部。加强对乡村文化活动的管理，在整个文化建设与管理中具有十分重要的意义。这是因为只有加强管理才能为活动的开展提供必要的条件，才能保证乡村文化活动的健康发展。基于此，本章就对其展开分析。

## 第一节　乡村体育活动与体育事业发展

作为体育亚文化的重要内容，乡村体育也是我国体育强国建设的重要内容，可以说乡村体育是体育强国战略下推动我国体育文化发展的重要力量。目前来看，我国乡村体育发展形势不乐观，是体育强国建设中的一个薄弱环节，严重阻碍了体育强国建设的进程。加快推进乡村体育改革与发展,为体育强国建设打好根基迫在眉睫。本节主要就体育强国战略下我国乡村体育的发展进行研究,首先阐述乡村体育的基本理论,之后在体育强国战略下提出推动我国乡村体育发展的策略与建议,为我国发展乡村体育指引方向、提供思路。乡村体育是我国体育文化事业的重要内容,通过加强乡村体育的发展,能为我国体育文化的发展奠定良好的基础。

### 一、乡村体育的概念

乡村体育是社会体育的组成部分,它是在乡村开展的以健身、休闲、娱乐为目的的身体锻炼活动。[①]乡村体育具有项目丰富、乡土气息浓厚、多在农闲时间锻炼以及分散锻炼等特征。对乡村体育概念的界定是从地理角度出发的,其与城市体育是对应的。乡村体育包括主要包括三个部分,分别是乡村群众体育、乡村竞技体育和乡村学校体育。这三个组成部分相互之间联系密切,而且相互影响,相辅相成。

### 二、乡村体育的特点

乡村体育是群众体育的重要组成部分,所以群众体育的特征乡村体育也具备,如健身性、广泛性、业余性等,除了这些基本特征外,我国乡村体育作为乡村社会的缩影,还具有自身的特性,具体表现在以下几个方面。

（一）广泛性和艰巨性

乡村体育面向的对象是庞大的乡村人口,遍布全国各地的数以亿计的乡村人口是乡村体育的参与主体,因此乡村体育具有广泛性。

乡村经济条件较差,城乡经济发展水平差距明显,很多乡村地区都不具备开展体育活动的基本条件,如场地少、器材单一,缺乏组织,再加上农民文化程度相对较低,村干部对体育重视程度弱,所以面向农民群体开展乡村体育活动的任务十分艰巨。

---

① 田雨普等.农民体育发展战略研究 [M].南京:南京师范大学出版社,2009.

（二）自发性和季节性

乡村人口参与体育活动往往是一种自发的没有组织和领导的行为，有些集体性的乡村体育活动也是在没有组织和领导的情况下自发开展的。喜欢体育与娱乐的农民相聚在一起，相互感染，临时组队开展体育活动，营造运动氛围，吸引更多的人参与，这种自发开展的乡村体育活动具有民间性、广泛性、生动性，自发性的乡村体育活动是乡村体育发展的重要基础。

农民大都是在农闲时间参加体育活动，在农忙季节主要是种地劳作，偶尔在休息时简单参与一些娱乐性的体育活动，时间上没有连续性，体育活动时间主要集中在农闲季节或重要节日，这反映了乡村体育的季节性特征。

（三）随意性和灵活性

现在，农民参加体育锻炼可以根据自己的喜好和需求自由选择参与项目，这体现了乡村体育的随意性。这一特征的形成与近年来乡村物质生活逐步改善、农民有了较多的闲暇时间、乡村人口中年轻一代文化水平提升、乡村体育活动越来越丰富等因素有关。

乡村体育的灵活性特征主要体现在乡村体育活动的组织形式上。人们既可以单独进行锻炼，也可以加入群体进行集体锻炼，体育活动即可以由农民自发组织，也可以由专门的机构组织，形式不统一，模式也不固定，这体现了乡村体育的多样性。

（四）松散性与单一性

乡村体育的松散性主要体现在组织管理方面。随着城乡一体化建设速度的加快、户籍制度的改革以及人们生活观念的变化，从乡村流向城市的劳动力急剧上涨，导致全国各地乡村空巢现象普遍存在。留守在乡村的一般都是老弱病残等弱势群体，乡村流失的人口大都是青壮年，二者对照鲜明。乡村人口大量流失使得乡村体育设施资源利用率低，乡村体育活动的开展存在很大的难度，而且管理起来也不方便，再加上缺乏专门的体育管理人才,所以造成了组织管理松散、管理不当的局面。

乡村体育的单一性质的乡村开展体育活动所需资金的来源渠道单一。在乡村人口出现大规模转移之前,人们自发组织体育活动,以个人捐款、自筹经费等形式支持体育活动的开展,农户们积极参与节日里的体育活动,其乐融融。但乡村人口大规模流失后,乡村开展体育活动就主要靠政府财政拨款了,单一的经费来源渠道造成了政府的财政压力,也不能满足乡村体育发展的需要。

（五）传统性和地域性

许多流行于乡村地区的体育项目经过长年的洗礼流传到现在,成为优秀的传统体育文化,如舞龙舞狮、赛龙舟、扭秧歌、扔沙包等。这些传统体育项目在乡村地区有庞大的受众群体。

乡村体育还具有明显的地域性特征,许多体育活动的地方印记明显,如北方的赛马、南方的龙舟等。此外,乡村地区流行的民族传统体育项目更突出体现了乡村体育活动的浓厚地域色彩,如比较常见的荡秋千、叼羊、珍珠球、木球、抢花炮等项目。

**三、我国乡村体育的发展策略**

（一）构建小城镇、学区、社区和家庭四位一体的乡村体育发展新模式

乡村体育发展模式指的是为与我国社会主义新农村建设的发展要求相适应,在既定外部发展条件的基础上,通过体育事业内部和外部的一系列结构反映出来的资源利用或发展的途径,对乡村体育发展的指导思想、基本原则、目标、内容的理论概括(图 4-1)[1]。我国乡村体育事业的基本发展模式如图 4-2 所示。

---

[1] 刘巍.新农村体育事业发展问题研究 [M].北京:中国物资出版社,2009.

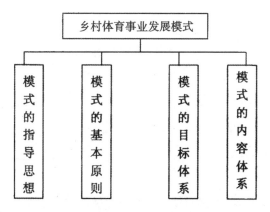

图 4-1　乡村体育事业发展模式

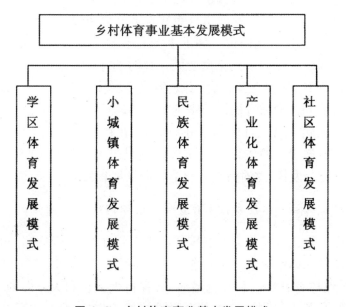

图 4-2　乡村体育事业基本发展模式

　　现阶段,我国乡村体育事业发展模式存在着资源不统一、全员参与性低、管理静态性等问题,为解决这些问题,在社会转型的关键时期,在乡村发展目标(全民健身服务目标、个体健康目标,乡村和谐发展目标,图 4-3)的指引下,改革传统模式,对构建与我国乡村发展目标相适应的体育事业发展新模式十分必要且重要。小城镇、学区、社区和家庭四位一体的乡村体育发展模式就是与乡村发展目标相适应的一种可行模式。

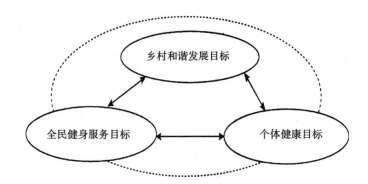

**图4-3　全民健身服务目标、个体健康目标、乡村和谐发展目标的关系**

目前来看,社会、社区和学校在为农民提供体育服务方面没有达到高度协调,在乡村体育发展指导思想与目标的指引下,我们应对小城镇、学区、社区和家庭四位一体的多元化乡村体育发展新模式进行构建。建立四位一体的多元化发展模式有助于打破各单位在体育服务方面的隔离现状,加强资源整合,有效解决乡村体育发展中的问题,使农民体育锻炼和体育教育的需求得到更好的满足。这种多元化发展模式综合了小城镇、学区、社区和家庭的优势,在社会网络大系统中纳入了之前组织分散设立的体育模式,形成了优势互补的格局,使新模式的功能得到了充分发挥,这对乡村体育的协调发展意义重大。

1. 建立四位一体化乡村体育发展的组织网络

四位一体化乡村体育发展模式组织网络如图4-4所示。该模式不仅能够使农民体育学习时间的连续性得到保障,而且可以延续农民的学习空间,使体育各部门相互沟通协商,保持大目标和大方向的一致性。此外,政府、社会、学校、家庭都会尽可能给予支持,满足农民的体育文化需求,进一步普及体育文化,提高农民文化生活质量。建立一体化体育组织网络有利于形成体育社会化局面,有助于形成多层次、多渠道、网络化的大体育格局,从而推动乡村体育事业的可持续发展。

2. 建立四位一体化乡村体育活动内容体系

在多元化乡村体育发展模式下,要实现乡村体育建设形式的多元化,要开发能够体现乡村与农民特点的内容。乡村体育活动内容要能够满足农民的体育需要,满足农民的兴趣爱好,要与乡村生产生活特点密切相关,既要有武术、秧歌等带有乡土气息的内容,又要有健美操、交谊舞等具有现代气息的活动内容。

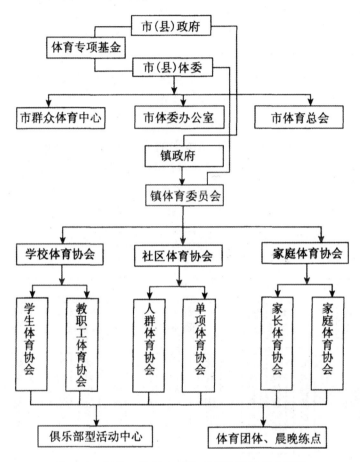

图 4-4 四位一体化乡村体育发展模式组织网络

农民对体育活动内容的选择会受到地理位置、气候、经济状况及人们生活习惯的影响。各地政府应从本地具体情况和人民的兴趣、需要出发,利用当地自然地理优势充分开发体育项目资源。东部地区经济条件好,可开展对场地设施要求较高且需要专业指导的项目(网球、游泳、旱冰、健美操等);在经济发展落后的地区,可以开展经济实用、可操作强、简单易行的项目(散步、跑步等)。西部乡村地区应充分利用西部大开发的机遇,整合当地自然资源和民族体育文化资源,在考虑当地地形地貌、气候等自然环境特点的基础上开发特色项目,如登山、攀岩、滑雪、探险、极限运动等,从而满足人们追求健康、刺激的体育需求。

### 3. 建立四位一体化乡村体育保障体系

为保障四位一体化乡村体育发展模式的可持续健康发展,以多元化体育发展的目的为依据,立足于学校体育、小城镇体育、家庭体育、社区体育发展的现状,将以资源和制度保障为条件作为发展思路,可将包括体育服务经费系统、体育设施保障系统、体育服务保障系统、体育人才保障系统及体育制度保障系统等在内的保障体系确定为多元乡村体育发展模式体育保障体系(图4-5)。

上面提到的乡村体育保障体系中的五个系统又各自包含自己的子系统,以四位一体化乡村体育发展目的为依据划分每个子系统的工作,确立每个子系统的职责与任务,使各个系统之间相互联系、协调配合,相辅相成,从而最大限度地发挥该保障体系的整体功能。

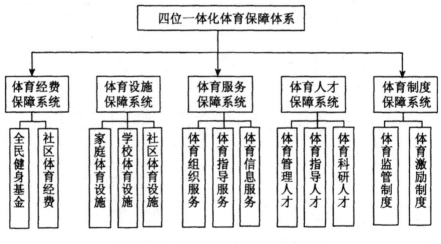

图 4-5　四位一体化体育保障体系

（二）拓宽乡村体育经费来源渠道

建设乡村体育场地设施必须要投入一定额度的资金,除了依靠政府财政投入外,还要面向社会筹集资金,开辟多元的筹资渠道。此外,农民可以自筹经费来贡献自己的力量,但前提是不要增加农民的经济负担。农民不管是投入资金,还是投入劳力,都必须是自愿的,政府要在这方面给予引导,使农民踊跃参与进来。构建稳定的资金筹集机制,开辟新的辅助性、补充性经费来源渠道,要注意以下几方面。

首先,主要还是要依靠政府投入体育经费,这部分经费是乡村兴建体育设施的重要保障。各级政府在财政预算和地方建设投资计划中要将体育经费纳入其中,将这部分经费真正用于乡村体育事业的发展上。

其次,来自社会的资金筹集渠道主要有企业赞助、体育旅游收入、体育彩票收入、场地租金等,不管是企业是单位,还是个人,在捐款上都应该是自愿的,政府不能强迫,但可以给予鼓励和引导。要重点在乡村拓展经费来源渠道,对潜在能量深入挖掘,强化乡村的自我造血功能,以农民之力促进乡村经济与体育的发展。

再次,在乡村体育场地设施建设中,政府发挥主导功能,但要依托乡镇,并将重点定位在"村"上,实事求是,积极响应国家号召,落实国家大政方针,使农民真正感受到身边的体育场地设施是为自己修建的,在乡村全面提高体育文化服务水平。

然后,设立专项资金用于建设乡村体育场地设施,这类专项配套资金是否真正专款专用,是否真正造福于农民,各级政府要做好监督工作,避免出现贪污与浪费的现象。

最后,提高体育经费的利用率,在投入资金后将农民体育健身工程打造成为真正利国利民的工程,对工程进度和质量进行定期检查,以了解经费是否落到实处。

（三）抓住体育强国战略契机,发展乡村体育公共事业

对我国乡村体育的发展来说,国家提出的体育强国战略是难得的历史机遇,在这一战略背景下。国家投入大量的财力、物力和人力资源来发展体育事业,所以必须牢牢抓住这个机会和有利条件,加快对乡村公共体育服务体系的构建,使城乡体育发展的差距尽可能缩小,促进城乡体育的统筹平衡发展,使城乡公共体育服务一体化的目标尽快实现。

政府部门要严格贯彻"以人为本"的准则,在这一理念与准则下确定城乡体育统筹发展的政策与规划,不管是什么政策,什么规划,都要尽可能保障农民的切实利益,这是乡村体育工作开展的出发点,也是最终归宿。在相关政策与规划的落实中,要根据实际情况进行调整,并不断健全与完善现有政策体系与规划,从而使乡村体育发展机制与科学发展观、中国特色社会主义核心价值观保持一致。

在乡村体育公共事业的发展中,要科学构建公共体育服务体系,并尽可能体现出体系的多元化,在多元化体系中体现出对农民体质健康的重视和对农民文化素质及幸福生活的关注,因为这些都是评价乡村体育事业发展水平的重要指标,争取通过发展乡村体育不仅使农民健康水平得到提高,也使其文化素质得到提升,使其生活幸福指数得到提升。

（四）提高农民的文化素质,强化其健身意识

体育的发展需要体育价值观念的引导,农民参加体育活动的积极性与自觉性直接受其体育价值观的影响。乡村人口是推动乡村体育事业发展的主要力量,他们的文化素质对乡村体育事业的发展高度具有决定性影响。我国农民人口数量占全国总人口一半多,对这一庞大群体的科学文化素质进行培养,促进其文化水平的提高,有助于我国实现由重大人口压力向人力资源优势的转变。为此,地方体育部门要立足乡村经济实际而开展体育工作,面向广大农民对科学健身的知识进行普及,普及方式有召开专题讲座、发放科学健身指南、张贴有关健身的宣传海报、发挥电视等现代媒介的宣传优势等。

需要注意的是,采用多元方式宣传科学健身知识的过程中,要将"生活奔小康,身体要健康"的理念体现在实践中,使广大农民真正树立科学的健身观和健康观,充分掌握体育健身常识,熟练基本的体育锻炼方法,促进农民体育健身意识、健身技能的提升,使其对体育健身的价值与功能有深刻的体会与感悟,这对于培养现代新型农民也有促进意义。

（五）解决乡村不同人群的体育锻炼问题,提高全体农民的体质健康水平

在构建社会主义和谐社会及建设体育强国进程中,农民群体的体质健康问题尤为重要,提高农民的体质健康水平对于和谐社会建设及体育强国目标的实现具有重要意义。我国在开展乡村体育工作中要按照不同群体的实际情况来解决实际问题,真正保护乡村不同群体参与体育锻炼的权利,切实保障全体农民的体质健康。具体来说,我们可以从以下几方面解决乡村人口的体育锻炼问题。

首先，面对当前大量青壮年从乡村流失而造成的普遍性的空巢现象，首要应对措施就是对新的乡村体育主体（如妇女、少年儿童、老人以及留守在乡村的少量的青壮年）进行培养，这是开展乡村体育工作的重要环节。

其次，走出乡村、进入城市打工的青壮年是乡村人口的重要组成部分，解决这一群体的体育锻炼问题非常重要。对此，可根据这一群体的生活习惯、作息时间、兴趣爱好来开展形式多样的体育活动，如体育赛事、体育表演、体育娱乐节目等，使农民工在参与和欣赏这些活动的过程中强身健体、愉悦身心，消除他们出门在外的孤独感和漂泊感，强化其对乡村的归属感，使其有所成就后回到家乡造福村民，为家乡经济贡献力量。

最后，对于乡村留守儿童的体育锻炼问题要给予特别关注。在乡村人口流动频繁的今天，留守儿童已成为广受各界关注的社会现象与问题，正确对待这一现象，处理好这一现象带来的种种问题，将关系到祖国下一代的成长与成才。解决留守儿童的问题，首先就是解决他们的健康问题，所以社会与学校要共同努力为留守儿童参加体育锻炼提供良好的条件与机会，在乡村体育工作规划中将留守儿童的健康问题放到重要位置，通过举办丰富多彩的体育活动来提高儿童的身心健康水平，消除儿童的孤独感，弥补儿童很少享受到的亲情依附和亲子教育。此外，这对于提高乡村留守儿童的表现力、自信心也有重要意义，可以改善留守儿童中普遍存在的自闭、孤僻、冷漠等性格问题，促进乡村下一代的健康成长。

（六）因地制宜开展乡村体育活动，突出乡土文化色彩与地方特色

开展乡村体育工作，促进乡村体育的发展，农民的需求是首要考虑因素。我国地域辽阔，在地理环境的影响下各地体育文化的区域性特征十分突出，所以必须在"以农为本"的理念下和科学发展观的指导下，在区域的土壤中（乡村）扎根来发展乡村体育，体现区域特色和乡村特点，使乡村体育真正亲近农民，给农民带来便利和福利。

开展乡村体育活动要坚持因地制宜原则，要将乡村地区的特色和文化气息彰显出来，具体要从以下几方面开展工作。

第一，对乡村的民族体育文化进行深入挖掘、科学开发、归纳整理以

及全面推广,因地制宜地发展如风筝、陀螺、秋千、摔跤等民族特征鲜明的项目和龙狮、龙舟、秧歌等地方特色突出的项目。

第二,走"引进来"之路,传播现代时尚多元的体育文化,使其慢慢在农民的日常生活中渗透,吸引与鼓励农民参与瑜伽、街舞、游泳等现代时尚流行的体育运动。

第三,以钓鱼、搬沙包、抛掷秧苗、插秧等这类与农民生活密切相关的接地气的活动为主题而开展娱乐性体育赛事,使农民在劳作中感受体育活动的乐趣,劳逸结合。

不管是开展什么类型的体育活动,都要以农民为本,首先考虑农民的健康和利益,使农民体会到乡村体育是为农民服务的,从而提高其参与和配合的积极性与自觉性。

# 第二节　乡村生态文化保护与生态文明村建设

## 一、乡村生态文化的内涵

大变革时代人类向新文化过渡,文化与自然的关系表现为乡村文化与自然相互渗透,以可持续的角度让农民转变传统的人类中心主义价值论。

为了更好、更深入地定义乡村生态文化的概念,引申其特征,揭示其内容,可以从人与自然关系的视角给乡村生态文化下定义。从自然价值属性的视角来看,乡村生态文化就是一种价值取向,它要求乡村各项事业发展过程中,必须赋予自然与人类同等的价值,指引乡村按照人与自然和谐共生的方向发展。从乡村社会发展的全面改进来说,乡村生态文化就是一种全新的制度安排,通过农民合作组织这种全新的形式,将分散的农民组织起来,让飘离的农民找到家的归宿。从物质生产的视角来说,乡村生态文化就是一种新的发展方式,通过发展生态农业代替传统的污染农业,实现农业生产的可持续。

乡村生态文化具有以下特征。第一,一以贯之的传承性。乡村生态文化是在长时间的生产生活实践中不断传承与创新而来的,是从农业生产"取之有节，用之有度"到"道法自然"中传承发展而来。中国广大乡村地区长期受家族思想的影响，对新事物和思维方式持有保守的态度，这在一定程度上让农民思维受到相当大的局限。第二，与时俱进的发展性。生态文化是在人与自然关系的不断协调中发展的，需要去追寻时代变化的脚步，文化建设在不断更新换代中产生了乡村生态文化，具有鲜明的时代发展性。乡村生态文化不是回归小农传统，而是把握生态系统的内在规律。第三，紧密相连的整体性。乡村生态文化与美丽乡村和乡村振兴战略作为统一协调的整体，需要与当地的经济发展水平和基础设施进行整体性改造和重新构建。

乡村长久以来处于脆弱和敏感地带，以农民为主体的传统理念是可以在生态文化的影响下焕发新生的，由此需要一个长久可行的制度、资金来保障进行，让生态文化在乡村地区牢牢扎根。

**二、乡村生态文化建设的意义**

生态文化是人类主体文化需求的一个方面，是生态道德建设的理论支撑，是现代化建设过程中的一种文化滋补，能够有效地避免边建设、边污染、边治理的不合理现象。要实现山川秀美的现代化，而不是穷山恶水的现代化。因此，加强乡村生态文化建设，让"环保风暴"尽快刮到农家，意义重大。

（一）生态文化是生态文明建设的基础

生态文明指的是一个有组织、自我调节的共生系统，是自然、城市、乡村、人形成的共生共荣的有机整体。从生态哲学的角度看，生态的价值取向是生态文明，即以维持自然平衡、实行人类持续和谐发展为取向的文明形态。从生态社会学角度看，生态文明倡导生态价值观、生态伦理以及自觉的生态意识，创造公正、平等、安全、舒适的社会环境。

生态文化恰好是调和人与自然矛盾的一个新兴的文化系统，倡导社会的可持续发展、资源节约型和循环经济的发展、绿色消费和人类自然的和谐共生，是生态文明建设的基础。

（二）生态文化建设是社会主义新农村建设的必然要求

为了体现社会主义新农村建设的要求，我们应该加强生态文化建设，从根本上改变乡村的生存方式、生产方式、生活方式，赋予人类的全部活动和文化存在以崭新的内容和形式。因此，生态文化建设在推进生态文明的过程中，必定会促进乡村生产力科学合理地向前发展，提高农民的环保意识，提高农民的身体健康水平，同时使乡村村容整洁、旧貌换新颜，有效地遏制乡村生态环境的恶化。乡村生态文化建设体现了广大农民群众的根本利益，是社会主义新农村建设的必然要求。

（三）生态文化建设是科学发展观的具体体现

所谓全面发展，就是要着眼于经济、社会、政治、文化、环境等各个方面的发展；所谓协调，就是各方面发展要相互衔接、相互促进、良性互动；所谓可持续，就是既要考虑到当前发展的需要，满足当代的基本需求，又要考虑未来发展的需要，为子孙后代着想。也就是说，人类应该均衡地分配生态利益，不能把发展看作是少数人的发展或少数国家中的一部分人的发展，不能只考虑当代人的发展，而忽视后代人的发展。科学的发展观主张人类要尊重自然、爱护自然、保护自然，实现人与自然的和谐发展。因此，加强生态文化建设，不断追求人与自然的和谐，实现人类社会全面协调可持续发展，是人类共同的价值取向和最终归宿。

**三、乡村生态文化保护**

生态文化保护不只是概念想法，更是一种方法途径，它可以通过一定的相关知识理论研究和具体的实践操作进行多方位把控，来完成对传统村落的文化保护设计。而本书所提到的的生态文化保护就是力求理论与实践相结合。传统村落本身的文化适应和发展大部分是依靠人类所处的自然和社会环境。因此，本书主要对传统村落文化与遗产保护展开分析。

（二）传统村落及其特征

### 1. 传统村落的定义

什么是传统村落？不同学科背景的学者对其的界定存在一些差异。例如，中国传统村落保护与发展研究中心的冯骥才从遗产学的角度对传统村落做了界定，他认为，传统村落是与物质文化遗产、非物质文化遗产不同的另一类村落遗产，三者共同构成遗产三大保护体系。因为传统村落兼有物质文化遗产和非物质文化遗产，村落里这两类遗产互相融合和依存，是一个整体。村落里不仅有乡土建筑，还有大量的历史记忆、宗族传衍、俚语方言、乡约乡规、生产方式等。费孝通从社会学的视角认为，"村落是一群家庭同住在一地方而产生的社会组织"，并认为，传统乡村聚落和传统城市是中国传统聚落的两大体系。

有关中国传统村落的特色，可以结合地方的地方性分析思路来进行分析。中国文化地理学者周尚意教授认为，每个地方具有地方的三个本性：第一本性，地方的真山真水，即地方的第一自然；第二本性，地方的建筑等文化景观，即第二自然；第三本性，地方发生的历史事件、地方居民的意识形态等。依据这个分析框架，中国传统村落的特色可以总结为：第一，村落特殊的自然地理环境；第二，村落的道路格局、民居建筑等人文景观；第三，村落中发生的历史事件、村民的意识形态、独特的民风民俗等。

例如，有学者分析了浙江省江山市清湖镇瓦窑村的特色。第一本性，利于制陶的泥土、优美的溪流水塘、丰富的自然植被、秀美的田园风光。第二本性，奇特的古窑遗址形成村落特色的空间肌理，目前瓦窑村保留有封建时期村民用泥拉壶工艺制作日用陶瓷的 150 座土窑遗址，当时这些陶器被运往杭州、宁波、江西、福建等地。第三本性，深厚的制陶文化，独特的制陶工艺与产品在制陶历史上占有一席之地。又如，有学者分析了皖南古村落的特色，如古村落的环境特色和民居建筑的特色。

### 2. 传统村落的特征

中国传统文化是植根于农耕社会的文化，在这里，人与环境、人与自然的关系问题始终是讨论的一个焦点。由于对自然的依赖性，造就了对自然的崇拜,培养了中国人朴素的生态保护意识,并体现在生产、生活的点点滴滴之中。

（1）自然崇拜

所谓"崇拜",就是对所信奉对象的尊崇和敬爱。中国先民历来有多元崇拜的传统,崇拜鬼神,崇拜人物,也崇拜自然。并且人们还通过各种庄严神圣的形式来表达这种崇敬之情,以求得被崇拜对象的感应,赐福给自己,帮助自己实现美好的愿望。

人们对自然的崇拜固然有对自己家园的珍爱之情,但不可否认也有愚昧迷信的成分,是出自对它背后的神灵的敬畏之心,就像吕思勉在其著作《先秦史》中提到的:"邃古之发,知识浅陋,外物情状,概非所知。不特动物,即植物、矿物,亦皆以为有神灵而敬畏之。"尽管如此,我们也不应抹杀由此带来的对自然保护的积极务实的效果。在传统村落中,自然崇拜集中地表现为"祭地神""敬田神""祭山神"和"晒龙王"。

①祭地神和敬田神。土地是人类赖以生存的最基本条件,是"万物之本",对于中国农民来说,没有什么比土地更值得珍贵、更值得尊崇的了。祭拜土地神的习俗由来已久,上至国家和州县政府,下至黎民百姓,都有自己的祭祀活动。传统村落乡村田野,土地庙处处可见,供奉着谁也不曾谋面、却始终存乎于心的土地老爷。祭土地的时间大多在春播前,在土地庙举行仪式,由族长或乡绅主持,目的是祈求一年四季风调雨顺,五谷丰登,添福免祸。土地神也叫社神,所以祭祀土地神的这一天也叫社日。据专家考证,社日从夏商周三代开始演变为节日,秦汉时开始逐渐兴起,魏晋南北朝继续得到传承,唐宋时达到高峰,元明及清时渐趋衰微。《荆楚岁时记》记载了社日的具体活动:"社日,四邻并结宗会社,宰牲牢,为屋于树下,先祭神,然后享其胙。"意思是说,在祭祀土地神的这一天,四邻族人都会聚在土地庙前,并在附近树下建临时房屋,杀牲宰羊,置备美酒。祭神仪式后,分享祭祀时供奉的酒肉。在传统村落中,除了建造土地庙、祭祀土地神之外,每到耕田时还要时刻敬田神。按照传统村落的习惯,每到耕作之时,要将三餐茶饭(早、中餐称饭,中餐前吃点心称茶)送到田头,农夫在用餐前,先要洒酒于地,叩请田神享用,然后自己方可食用。另外,每年于耘田之后收割之前,各村在田头要举行"禾斋"仪式,请师公诵经一天,用香烛酒礼荐享田神,以祈求田神保佑,获取丰收,这也叫"敬田神"。

②祭山神。传统村落中老百姓对山的感情十分复杂,喜爱、崇敬、恐

惧、怨恨,五味杂陈。村民知道,大山是财富。诚如《尚书大传·略说》所云:"山,草木生焉,鸟兽蕃焉,财用殖焉,生财用而无私为焉,四方皆伐焉,每无私予焉,出风云以通乎天地之间,阴阳和合,雨露之泽,万物以成,百姓以飨。"村民的农具、车船、房屋建材以及生活日用品很多都来自山里,也靠各种山货换取钱财。村民也知道,大山神秘莫测。它含泽布气,孕育风雨,即所谓"积土成山,风雨兴焉"。如果山不作怪,则风雨必和,反之,则灾难丛生。乡民认为大山暗含神机,因而敬畏有加,对山神顶礼膜拜。每到开山伐木之际也是祭祀山神的时刻,需要到山顶用雄鸡祭祀。此外,在山中劳作不能乱说话,特别禁忌不吉的话语,以免亵渎了山神。彼此打招呼也不能直呼其名,只能用"呜呼"二字拖长声音来呼唤。在山上的行为动作、获取的物品名称也都用"呜呼"代替,犯禁者要受惩罚。这大概是怕山神知道了何人在山上做了什么破坏性的行为或拿走了什么东西而遭到报复吧。传统村落盛产一种土纸,是用嫩竹作原料。每到春季新竹开枝之时,业主便雇请人手入山"削笋"备料,俗称"守木棚"。削笋禁忌颇多,入山之前郑重地祭祀山神是一项必不可少的仪式。

③晒龙王。"天皇皇来地皇皇,海里有个海龙王。广钦顺闽多厉害,旱涝丰欠由它掌。"这是过去农民在天旱时节请求龙王赐雨时唱的歌谣。龙在中国文化中占有特殊的位置,受到人们的特别崇拜。这是因为传说中龙是一种能兴云雨、利万物的动物,是水中之神,被赋予司水的职责。对于中国这样靠天吃饭的农业社会来说,雨水的多少和是否适时,会极大地影响一年的收成,正所谓"无水则旱,水多则涝"。可以说,在中国传统社会里,雨水与人们的生活甚至社会的稳定都有着密切的联系。正因为如此,古代中国祭龙求雨蔚然成俗,雨水多时请求减停,雨水少时请求给予,如此事例,史不绝载。比如,明代刘侗在《帝京景物略》中记载了全民动员祭龙求雨的情景:"凡岁时不雨,家贴龙王、神马于门……小儿塑泥龙,张纸旗,击鼓金,焚香各龙王庙,群歌云:'青龙头,白龙尾,小儿求雨天欢喜,麦子麦子焦黄,起动起动龙王。大下小下,初一到十八。'"在传统村落中,乡民将久旱不雨、庄稼失收视为鬼怪作孽所致,于是,每逢大旱,便烧香拜佛,祈求龙王"显灵"来降服鬼魅。若还不下雨,则聚众把龙王的像从庙里搬出来,置烈日下暴晒三天,让龙王感应天旱。再无雨,便择日请巫师做道场,乡民头戴柳条,抬着龙王游乡过洞,直至见雨方罢。此谓之"晒龙王"。如此的"晒龙王"让人颇觉好笑,

此时的乡民对龙王说不清是爱还是恨。

（2）生态保护

出于现实的生活需要和思想上的迷信,人们寻求与自然的和谐相处,养成了保护自然的习惯,善待山、水、植被和动物等。用今天的话来讲,就是具有生态保护的意识。

①培育和保护植被。明朝的解缙在《寿江水记》中曾赞叹道:"桂阳山水之秀为湖南伟观,顾者每每徘徊而不能去。"传统村落中的居民习惯种杉、松、油茶、油桐,房前屋后喜栽桃、李、梨、竹。"山林虽近,草木虽美,宫室必有度,禁发必有时",乡民反对对山林的过度开发,以便使森林永续利用,故有封山育林之俗。每年"季春之月,树木方盛",其时,族中绅老集合,商议封山育林之事。违禁者,轻则没收工具,处以罚款,重则荡其家产。日后进山伐木者,也要严守"勿伐幼木"的规定,以免破坏对幼苗树种的培植。用今天的观点来看,"封山育林""勿伐幼木"这些举措都是很有生态意义的。我们知道,植物资源是有限的并且其生态系统的调节恢复也需要一定的周期,如果不照顾到这一点,植物资源将很快消耗殆尽。古人在实际中认识到了这些,尊重自然、保护自然的意识也逐渐形成。荀子曾说:"天行有常,不为尧存,不为桀亡。应之以治则吉,应之以乱则凶。"强调了大自然运动规律的客观自在性,它不以人的主观意志为转移,而要求人对它的充分遵循。所以,对待树木只有"斩伐养长,不失其时",才能够"山林不童而百姓有余材也"。在传统村落中,保护森林树木的乡规民约常有所见,如外沙乡宋氏祠堂中厅两边的墙上就刻有与封山有关的碑文,其大意是:近来村中树木多次被盗,现令同众等商议重申严禁,不许大小登山砍柴割草挖根,如有犯者,罚钱千文,留取公用。尽管老百姓具有一定的生态保护意识,但在一些特殊的情况下,或出于牟利贪婪的心理,历史上传统村落也曾出现过森林砍伐过度、酿成严重后果的局面。例如,清代以后,由于人口大量增加,为求生计,百姓或毁林拓耕,或伐木开矿,朝廷也放松了对林木砍伐的限制。清乾隆《桂阳县志·物产》中记载:"桂邑田少山多,林麓蔓延,林木之利颇广。明时属本县招商砍伐,山谷之间,人迹罕至,名材大木,庇荫绵密。我朝任民自取,牟利者结篷其中,或种蓝靛,或蓄蕈耳,崇冈绝壑,砍伐殆遍。"其结果是,"今四顾童山、溪崑成沃土,贫民樵采资生者,穷日之力无所获,则炊薪如桂矣。"

如此这般,造成了生态环境的恶化和水土流失,灾害随之加剧。民国《传统村落县志》对水土流失造成灾害多有记述,如"清雍正三年(1725年),桂阳六月大水,文明山崩水涌";"清同治二年(1863年),桂阳大水,四月山裂,洪水溢出";"民国九年(1920年),自圭岗村后之东坑珑起,由东而南,至千江村背之正珑止,山崩水涌"。这些事例从反面给了人们以深刻的教训。

②保护动物。在传统村落中,家长会教导小孩子不要捕捞小鱼小虾,不要掏树上的鸟窝,不要打正学走路的幼小动物以及怀孕的母兽等。这些都是最为朴实的动物保护思想,认为只有保护幼鸟幼兽,才可以壮大其种群;只有保护雌性鸟兽,才可以有利于其种群的繁衍。这样,各种动物才能繁殖兴旺并最终有利于人类。对于有些特殊的家畜动物,乡民更是融入了深深的情感,如出于对牛的辛勤劳作的感念,传统村落乡民视耕牛为"宝",对耕牛严禁宰杀,认为杀牛有罪。对老、病等有必要杀的牛,也得请人下刀,所请之人多为"无后"之人。看杀牛者均反背双手,表示自己并未参与。因此,"看杀牛"在当地已成为众人对事袖手旁观的代用语。小孩及老年妇女忌吃牛肉,认为吃了牛肉会添灾减寿。农历四月初八被认为是牛生日,耕牛全部免役一天,有的还加喂鸡蛋,以示对其"寿诞"的祝贺,从中体现出对牛的关怀之情。

（3）节约举措

①节地。山区中的传统村落往往山多地少,平地显得尤为宝贵。居民为了合理分配和利用土地,在村落选址建设时,首先考虑的是置田,其次才考虑把那些不适宜耕种的坡地和台地作为宅居用地。村落的建筑密集,街道狭窄,是对山多地少这一环境特点的适应,体现出很强的节地意识。

②节水。尽管山区中的传统村落水源并不是很缺,但仍然注重节约用水。在村落中常见一种"三眼井",分为三个"井池",井水顺势由第一井池流入第二井池,由第二井池流入第三井池,上池饮用,中池洗菜,下池洗衣。这是合理利用水资源的佳例。

③节能。节能意识首先表现在村落及住宅的选址上,"负阴抱阳""背山面水",这就从总体上利用了自然资源,使整个居住环境享受到充沛的日照,回避了寒风,减轻了潮湿。这样顺应自然来营造一家一户和一村一寨良好的局部生态环境、减少能源损耗的节能思想,应当给予积极的评价。

（4）"和合"思想

①随形就势，不妄"改造"。中国古人对待天的态度是"尊"，是无可奈何地敬而远之，而对脚下的土地则怀有无法割舍的感情，用一个饱含深情的"亲"字来对待，并将其拟人化。例如，张华的《博物志》曰："地以……石为之骨，川为之脉，草木为其毛，土为其肉。"一方面是对自然的亲情，同时也由于生产力的低下，在传统村落中，建筑通常是因山就势，顺应地形，从不削山填谷去修建房屋。青瓦的屋面掩映在山野之间，显得恬静而美丽，不像今天有的地方在建设中大肆推山断河，人为地去改造地形。

②就地取材，循环利用。传统村落民居的建筑材料一般都遵循就地取材的原则，多选用木、石、砖、瓦等当地盛产的材料，并尽可能重复利用。传统村落民居的主要结构部件如立柱、横梁、标条和椽子等都是木制的，在做好防腐和防火的前提下可以重复使用，即便是遭受地震等极端事件，因为木材具有一定的柔性和弹性，相互之间的节点又普遍使用榫卯结构，如同动物的关节一样，能在一定范围内伸缩、扭转，所以在地震时能通过自身的变形吸收和消减地震的能量而不致被彻底毁坏。如果哪个构件损坏了，也可以单独替换而不影响整个结构。常常可以看到在老的房屋被拆除时，一些完好的木构件被用在新的房子上。[①]屋顶一般用小青瓦。小青瓦的蓄热系数比较小，虽然白天吸热快，但夜晚散热也快。屋面上的瓦如有破损可以随时更替。墙体可采用生土如土坯砖，也可用青砖、青石等，这些在当地都非常容易获得。由于这些材料的热惰性好，可使室内冬暖夏凉。墙体用砂浆黏结，它与现在的石灰浆有所不同，是用细沙、石灰和糯米等混合而成。别看这些材料原始，但是黏结性能极好，可保持民居上百年而不倒。除青石板外，村落街道常用卵石铺地。这种地面缝隙很多，雨水可以方便地渗入地下，在夏季，也利于地下湿气的蒸发，从而降低地面的温度。缝隙之中小草也可生存，从而增加了绿化面积。这与现代城市中使用的草地砖、渗水砖有着相同的生态原理。在传统民居中使用的这些材料，都可以回归自然或循环利用，符合生态学的要求。相比之下，现代的混凝土材料不可降解也很难回收利用，成为令人头痛的垃圾。

③建筑群体的和谐。在民间建房习俗中有一些宜忌规定，起着维护

---

① 刘沛林.古村落：和谐的人聚空间 [M].上海：上海三联书店，1997.

整个村落建筑群体"和谐"的作用。例如,并排建房子,要求"合山共脊",不允许赶前错后,也不允许高过别人,"严守前栋不能高于后栋,最高不能超过祠堂高度的旧习"。这就保证了先后建成的房屋整齐有序。再有,建房时不允许将墙角对着别人家的大门。因为开门见墙角,就是遇到了风水上所说的"煞气",会让人心理上感到非常难受。在传统村落乡村,后建的房屋如果无视这一条,公然将自家的墙角对准已建人家的大门,就会招致严厉的抗议和谴责。民居之间的协调和一致实际上是村民之间平等的一种反映。建筑不追求突出的单体表现,是作为群体的一分子而平等存在,不允许冲犯欺压他人。一家的屋宅首先是东邻的西舍和西舍的东邻,只有前后左右都照顾到,然后才能轮上"我亦爱吾庐"。在尊重他人的过程中自己也得到了尊重,这是中国传统村落建设中的"伦理"标准。有了它,才有了建筑群体的和谐和人与人之间的和谐。

（二）传统村落的发展演变

1. 传统村落的产生

所谓村落,主要指大的村落或多个村落形成的群体,常用作现代意义上的人口集中分布的区域,包括自然村落(自然村)、村庄区域。村庄是人类村落发展中的一种低级形式,在这里人们主要以务农为主,所以村庄又叫乡村。它们拥有少量工业企业及商业服务设施,但未达到形成建制镇的标准。而大的自然村落里,人口居住相对集中,由成片的居民房屋构成建筑群。村庄村落约起源于旧石器时代中期。随着人类文明的进步,原始人为了生存延续,单独生活是相当困难和危险的。起初一伙人聚在一起,为了更好地生存延续就形成了大群人聚集在一起生活。后来,在原始公社制度下,形成了以氏族为单位的村庄村落。虽然乡村村落始终是村落的主要形式,但是进入资本主义社会以后,城市或城市型村落广泛发展,乡村村落逐渐失去优势而成为村落体系中的低层级的组成部分。

村落由各种建筑物、构筑物、道路、绿地、水源地、田园等物质要素组成。村庄的最大特点是人们以土地资源为生产对象,"靠天吃饭"是其真实写照,按资源性质分类,可分为种植业村落、林业村落、牧村、渔村以及具有两种以上部门活动的村落等。因此,从这个意义上看,村庄一般是指居民住宅集中生活区域,通常主要分布在平原、盆地的居住地形。大的"村庄"可以包括一个、多个村(行政村),或形成集镇。很多村庄形成了现代意义的镇(行政建制镇)。

中国黄河流域仰韶文化早、中期的村落中,居住房屋都是半地穴式的,如甘肃秦安县大地湾遗址、陕西临潼姜寨遗址、河北易县北福地史前遗址、内蒙古敖汉旗宝国乡兴隆洼文化村落遗址等。青海省西宁市大通县长宁乡长宁村齐家文化遗址、内蒙古及辽西红山文化遗址等地的房屋,半地下式与地面式并存。这正是原始社会居住房屋发展的共同特点。

中国的长江流域,由于地理环境优越,早于黄河流域及华北、华东地区,在距今5000年前早已进入农耕文化时代,如湖南洪江地区的高庙文化遗址、湖南澧县城头山文化遗址、浙江余姚市河姆渡文化遗址、太湖地区余杭良渚文化遗址等地的村落,已在地面上建起榫卯结构的干栏式木房屋。

### 2. 传统村落的演变

奴隶制社会的夏王朝是由原始村落社会演变而成的国家,以统治据点城堡——"都"象征国家,这种国"都"是由中心村落发展形成的,围绕中心村落(城堡)外围广阔郊野的一般环壕村落,农业生产者居住耕耘的田野,被划定为鄙邑。

商王朝继承夏王朝的奴隶制,统治者聚居的城叫"中商",即大邑商(王都)为核心的王畿。王畿之外,则为商王朝分封的诸侯领地和附属于商的一些方国部落。

周王朝仍继承前代的等级制,分统治阶层、平民和奴隶三个层次的社会组织形式。周人更重视礼制,其礼制秩序在人们聚居环境上也有所反映:统治阶层贵族居城(国)中,中间阶层的平民居城近郊,而广大的农业奴隶(氓)被安置在郊外之野。周王朝按礼制开创营国制度的三级城邑建设体制。在全国构成一套以王城为中心,诸侯国都为次中心,卿大夫采邑城为基层据点的网络。在诸侯国内,又按同一组织方式,以诸侯都城为核心,各级采邑为外围据点,形成一个小型网络,作为全国大网络的一个组成部分。周代按礼制等级划分建设,在全国出现各种不同规模的政治军事城堡,而对于底层从事农业生产的奴隶社会的居住环境却没有纳入礼制范畴。但从我国奴隶社会都邑规划的演进情况看,夏、商、周的"都"是由中心村落转化而来,而"邑"或"鄙邑"是由一般氏族村落转化而成,形成了政治上城市统治乡村、经济上乡村供养城市的国野关系。这种城、乡经济的政治体制一直影响到近代,周王朝所开创的"营国制度"对我国封建王朝的城市规划产生了深远影响。周王朝进一步完善商代的井田制,周代实行按"夫"(即有家室的农夫——"氓")授田,其标准为一农夫授岁可耕种田100亩。这100亩地积即称为"夫",以"夫"(100亩)为计量井田地积的基本单位。田间有沟洫道路,各分五级,即习称之"五沟五涂",构成一套较为完整的农田水利及道路体系。史书上记载的农田水利规划井井有条,却没有谈到农夫居住的生活环境,这可能归咎于统治者对耕耘土地的奴隶们的生活漠不关心。统治者所关心的是土地种植农作物所创造的财富,土地属于王者,农夫只不过是被固定在田地里耕作的奴隶——农耕工具的延伸。

夏、商、周时期考古发掘的遗址只有都城的遗存,几乎见不到有关农耕奴隶们居住的村落环境。这也许是因为奴隶们居住的环境和房屋还远不如史前时期氏族村落的居住环境,简易的房舍在时代变革中很难保存下来。

从奴隶社会到封建社会早期,处于社会底层的农耕奴隶生活在最低劣的环境长达千年,只有社会发生大变革才有可能改变这种局面。春秋战国时期年年征战,动摇了周王朝的根基,打破了旧"营国制度"约束,为革新旧的统治体制铺平了道路。春秋中叶,齐、晋、楚、鲁为称霸中原,增强国力,改革旧制,如晋国废除宗周的土地分配制,"作爰田",将土地分配给国人;鲁国实行"税田",承认土地私有制,改革旧奴隶主贵族垄断土地的特权。政治、经济等改革促进了奴隶制的解体、封建制的诞生。战国时期,七雄并峙,积极变法,推进法制,取代旧的礼制,建立新的统治秩序。确立了中央集权君主专制的体制:整顿户籍,计口授田,征收赋税,摊派徭役,推行征兵制。经过战国时期各国一系列政治、经济、军事改革,奠定了新兴封建制国家的政治制度。

公元前221年,秦灭六国,统一中国,建立我国历史上第一个封建帝国。由秦到汉,世代被禁锢在土地上的农耕奴隶,人身和精神在政治大变革中获得一定程度的解脱。西汉致力于改进农耕技术,改善耕作农具,农业生产蒸蒸日上,农民获得丰厚的收成,交完税收剩余的财富,可用来改善生活,创建家园。从考古发掘的河南内黄县三杨庄西汉晚期的汉代庭院遗址及其周边的众多民居遗址,可窥视到中国村落社会摆脱奴隶社会的枷锁后,到西汉时期已开始复苏,不再被淹没在历史的长河中,建筑史的进程也不再局限在城市(都邑)的范畴里。从黑龙江七星河流域,发现汉魏时期遗址群村落已有600余处,可见三江平原自汉以后城镇和村落兴旺的盛况。

经历2000多年的历史演变,随着汉、三国、晋、南北朝、隋、唐、五代、宋、辽、金、元、明、清朝代更换,中国乡村房屋以木构为主体的农舍,也在不断地更新、维修、创造、演变。现存的建筑造型以明清时期为主,但建筑中的某些局部尚可以见到依稀的汉唐遗风。村落的总体布局仍因袭千年前初创村落的环境布局,有的古村内尚存汉、唐时期的石碑,可证实村落始建时代;有的古村还保存有氏族的族谱,更能说明它的历史。以氏族社会为基础的古村民风淳朴,由他们先祖创立的家训和管理体制为这个氏族社会树立值得称道的文明风尚。这些可贵的文化传统一直传承到现在。

### (三)对传统村落的保护的新认识

#### 1.传统村落院落的最大特点就是具有较强的调和性

以居住院落模式为例,从有利于居住者的实际生产生活出发,院落空间由原来的中轴对称变为非对称,居住行为也往往根据空间和环境的变化加以调整。例如,院里行为在冬夏之间就明显不同,居住院落尽管在功能的需求上非常复杂,需要考虑家庭的饮食起居、会客接待、宗教仪式、文化娱乐、生产劳作等诸多方面,但空间在功能的使用上是模糊的,这也有利于居住者方便地进行调整。许多家庭都有一间或几间耳房没有布置床而空置,这种空置实际上预留了农忙收获季节对重要农作物的存储空间,有的是为了适应农村老人在几户子女间轮流养老的需要。因而,居住院落所具有的调和性对村民家庭来说至关重要而不是可有可无的。

传统村落空间和行为的这种调和关系和现代建筑学的功能至上主义是恰恰相反的,建筑学的主流方法论常常注重设计与目标的"切合",以尽可能提高空间和其他资源的利用效率。但是传统村落的许多案例并没有追求这种空间利用效率的最大化,许多行为发生的空间并不固定,有些空间利用效率不高,往往通过增加更多的空间层次来获得私密性。这些看似"不合理"的空间利用方法恰恰反映了传统村落院落不同于现代城市建筑的特征。传统住宅和现代住宅的区分不仅是形象上的，而且是功能和观念上的。在功能上，传统住宅通过功能综合实现较大的功能适应性，而现代住宅在功能划分和优化的进程中逐渐丧失了功能变化的适应能力。在观念上，传统住宅采用的是以不变求永恒的持续发展的长远战略，而现代住宅则被急功近利、杀鸡取卵的短视心态所操纵。

正如阿摩斯·拉普卜特所说，文化与环境之间不必过分拘泥于切合，一味苛求会适得其反，有时候建成空间与人的行为保持一种"调和"的关系，更能够适应环境的变化而保持一种长久的支持力。因而，对于传统村落的建筑设计，应该采用一种更加调和、灵活、适应性强的开放性的设计方法，这种设计方法只是提供一种大的组织框架，而框架之中的空隙要由使用者来填充。

2. 传统村落的居住模式具有对特定群体的适应性

很多百姓受经济条件的限制，大多没有能力一次性建成构成传统合院的所有配房，有的极贫困的家庭，只有主房和周边的一些简易棚子，没有正式的围墙，用废砖或植物围合形成院落。另外，是因为农村建房用料和施工都较差，使用寿命和周期较短，现在的建筑都是多次修建，多次维修，各种材料混合。院落内外随处可见砖瓦等建筑材料，意图在适当的时机再次进行修建，建造时间永远处于未完工状态，是名副其实的"半拉子"院。

传统村落现有的居住模式适应了村民普遍低收入的经济水平，如果贸然引入城市住宅的居住模式，则可能超出村民的经济承受能力范围。特别是对于村落中的弱势群体，如一些孤寡老人和贫困家庭，在目前的生活居住条件下，他们还可以维持最低消费的生活，自己在院里种菜养牲畜，采用井水、柴火等不花钱的自然能源，尚拥有一些无形的社会资源。对于弱势群体而言，如果没有外界强力的经济支援而脱离目前已适应的生活居住环境，生活将面临更多的困难。

所以，传统村落的保护发展规划中应注重不同村民群体经济上的适应性，并尽可能照顾到贫困阶层、孤寡老人等弱势群体的利益，降低规划设计对各个阶层，尤其是弱势群体的利益侵害，让传统村落的发展成果惠及全体村民。

### 3. 在时空发展的历史视野中

传统村落人与环境形成的动态平衡体系因社会、家庭的延续性而具有历史传承的内在动力。作者发现,传统村落演化方式本身具有一定的历史传承性,分家使得居住院落获得使用者的历史延续,村落整体的演化也体现为一种新旧共存的形式。实际上,如果没有外界的影响,传统村落的演化也不是单向的脱离传统,而具有历史传承的内在动力。

综上所述,经过漫长历史的发展,传统村落的人和环境组成一个密不可分的整体,形成了人与环境相互渗透的动态平衡关系。在这种平衡关系里,空间和行为之间既调和又具有适应性,这对于传统村落环境使用者的生活具有积极意义;随着时间的变化,人与环境所形成的整个系统也随之变化。一方面,这种变化受到传统村落社会家庭本身延续性的影响,在演化的同时也具有历史传承的内在动力;另一方面,村落具有的内在因素也可能使村落的发展具有不同的模式。

传统村落中长期遭到忽视的一些内在因素,以及这些因素对于传统村落的可持续发展具有的重要意义,即传统村落现有的居住模式对于当前村落居住者具有积极意义,传统村落居住者的分家行为对于历史文化的传承具有积极意义,传统村落的村落原始空间和行为方式对于村落未来的发展模式具有重要意义。这提示我们在今后传统村落的保护发展中,要更好地关注村落目前的居住院落和村落整体空间状况,维护村落居住者的利益,让居住者参与到传统村落的保护发展中来。

对于传统村落的历史传承其实并不需要刻意去追求传统的形式或表现,有时候对传统院落的刻意保护反而限制了它的自然发展,这种实例在传统村落中比比皆是。例如,朱洼村对临洋寨实施了多年的严格保护,不允许村民对自己的院落进行更新,这既影响了村民生活,实际上也导致大批传统院落颓废失修,更严重的是大批传统院落的空置保护也影响了村落的正常发展。

对于传统村落的历史传承,应与当地村民家庭自身的分家继承结合起来,合理地规范、控制分家所带来的院落自身的进化或演化。只有村落居住者的代代相传,才能真正延续和传承历史文化,村落的生命在于其中世代定居的村民的活动,依附于人的村落才是有生命的,而那些经过了很好的保护却缺乏适宜村民活动的村落则迈向了死亡。因而,传统村落的历史传承应从物的视角转到人的视角,增强对村落居住者的教育、引导,促进历史文化的真正传承,帮助村落居住者对空间的传承而不是阻碍、改变村落居住者的自然延续。

### (四)传统村落遗产的价值与特点分析

#### 1.传统村落遗产的价值

《乡村振兴战略规划(2018—2022年)》明确指出,历史文化名村、传统村落、少数民族特色村寨、特色景观旅游名村等自然历史文化特色资源丰富的村庄,是突出和传承中华优秀传统文化的重要载体,要统筹保护、利用和发展的关系,努力维护村庄的完整性、真实性和延续性。乡村是中华传统文化的源泉和根基,也是囊括历史信息的重要载体,传统村落作为乡村中的特殊部分,孕育着农业文明,并产生、留存了其固有遗产的价值。

(1)传统村落是中国农业文明的产物

在工业化和城市化进程中,传统村落承载着中国传统文化的精髓,保留着中国文化的多样性和代表性,夹带着历史的厚重感,是五千年农业文明不可再生的文化遗产。传统村落是由古代先民在农业文明进程中,建立的一个规模较大、相对稳定的基本社会单位,其基础是民族部落和民族的生产生活需要。在这样一个拥有"原住民"大量生产、生活信息,以及物质和非物质文化遗产,还有丰富的历史信息和文化景观的村落,其具有丰富的历史、文化、科学、艺术、社会和经济价值,是中国独特农业文明留下的最伟大遗产。另外,村落可以具体地保存和反映数千年来中国人民的日常生活和文化内涵,在这里,我们可以看到在不同时期建立在各种科学技术以及哲学和艺术精神基础之上的物质环境(即村落格局)、住宅、学堂、庙宇、祖祠、道路等景观,也可以看到人地关系的表征,如原住民与自然环境的相处方式,抑或是各种行为准则,节日庆典和婚丧嫁娶等仪式,还可以感受到当地习俗中传承的仁慈、忠诚、孝顺等宝贵品质。

(2)传统村落是乡土之情的重要符号

城镇化是现代化社会的必然要求和主要标志,也是中国经济社会发展的重要进程和客观要求。然而,在高速城市化进程中,太多的传统村落和历史文化名镇(村)被过度商业化,大批传统村落或其依托的村镇被改造为摩天大楼。"见人见物见生活"的传统村落遭到破坏,与快速城市化进程相对应的是传统村落的迅速消失。

传统村落见证了中国农业文明、古代建筑和民俗的演变与发展,承载着中国宝贵的农业文化遗产,蕴含着深厚的历史文化信息,并记录了数千年历史中积累的文化符号,大量传统村落的消失意味着数千年传统农耕方式和乡土文化的消失,人们在现代化的过程中找不到怀旧之情和自己的"根",失去怀旧之情和乡愁记忆也意味着忘记传统的历史、文化和生产、生活、生态空间,这明显地背离了生态文明的概念和"美丽中国"的初衷。

在2013年于北京举行的中央城镇化工作会议上,正式提出了要以人为本,推进以人为核心的城镇化。过去,大规模拆除建筑以及人造城市兴起的城镇化理念被取而代之为新的城镇化理念,即尊重自然、顺应自然以及天人合一。依托现有山水文脉等独特的景观,让城市与自然融为一体,同时让城市居民望得见山、看得见水、记得住乡愁;融入现代元素使人们的生活更加舒适的想法体现在每个细节上,与此同时有必要保护和弘扬传统优秀文化,延续城市历史背景,在促进城乡统筹发展中,必须注意保持乡村原始风貌,在尽可能保留原有村庄形态的条件下改善居民的生活条件。新型城镇化进程不仅是对绿水青山承担更大责任,而且是对乡村文化多样性的发掘,也包括对传统村落景观遗产的保护。未来,传统村落将成为城乡一体化发展中保存记忆和文化遗产的重要载体和基础,保护传统村落将成为新型城镇化的重要任务。

（3）传统村落是中国珍贵的活态遗产

2012年中国传统村落保护工作正式启动,传统村落与物质文化遗产、非物质文化遗产成为中国三大遗产保护体系,传统村落也成为第三种遗产,作为生活着的聚落型遗产,既有物质文化遗产景观,又包含着丰富的非物质文化遗产景观;从村落空间属性来看,既有生产属性,也有生活属性,是具有准公共属性的聚落型活态遗产。

冯骥才在《传统村落的困境与出路——兼谈传统村落是另一类文化遗产》中强调,从遗产学的角度看,传统村落与现有的物质文化遗产和非物质文化遗产有很大的不同,它既是生产生活中衍生出来的遗产,也包含着带有乡土味道的生产生活方式。

第一,传统村落既具有物质文化遗产又具有非物质文化遗产的特征,两种遗产在村落中是融合和相互依存的,也是具有相同文化和审美基因的独特整体。如果仅将传统村落归入物质文化遗产范畴,那么这种情况导致仅关注对乡村建筑和历史景观的保护,从而忽略对传统村落精神文化内涵的保护,不利于传统村落的可持续发展与保护。

第二,传统村落建筑是人们生活和居住的"活态"建筑,它的选址、布局、装修风格等内容不会固定不变,而是一种渐进演变的状态,潜移默化地展现了具有聚落特色的人类活动的全貌。因此,传统村落建筑不同于文物和古建筑,不是固定不动的,而是需要不断修复甚至更新的,充满"生活着"的气息。

第三,传统村落是生活着的社区,不是固化的"文物保护单位",而是生产和生活的场所,在这个过程中积累了大量先人的经验,并通过建筑、格局、语言、经验等方面表征,如逐水而居、依山傍水等。

第四,传统村落蕴含着更多的非物质文化遗产方面的精神和文化信息,如具有独特地方特色的历史记忆、宗族传承、方言、村规民约、婚丧嫁娶习俗等内容,它们因村而生,因村而兴。

### 2. 传统村落的遗产特点

村落遗产既不同于文物,而且与新型遗产(如文化景观、文化路线和运河)和非物质文化遗产不同,在中国历史文化名城的保护体系下,传统村落是作为名镇名村进行保护的,但是从名镇名村意义上看,历史文化名村仍然与传统村落有所不同。历史文化名城的保护体系着眼于民居建筑的保护,也考虑了其他方面。确切地说,是为了保护"乡土建筑群",保护区不包括村落的农场、河流和山脉以及其他资源要素。因此,名镇名村意义上的村落保护,其实质就是保护村落里的文化遗产,而不是整体保护村落遗产,且现有的文化保护准则也不能完全适用于村落遗产的保护。因此,厘清传统村落作为遗产的特性是进行有效保护的前提。

（1）传统村落是历史悠久的聚落遗产

大多数传统村落都兴建于1911年之前,已有数百年甚至上千年的历史,悠久的历史为传统村落留下了深厚的文化底蕴。不同民族和地区的传统村落有着不同的文化内涵,每个村落有其独特的民俗风情。传统村落仍然保留了许多年前的生活状态和原始建筑外观,原住民实际上世代在此居住,并保留了传统习俗和习惯。因此,具有悠久的历史即"古",这是传统村落的基本特征。传统村落是历史悠久的聚落型遗产意味着村落中各种资源的多样性和丰富性,包括建筑与环境、人文与自然、文化艺术与科学技术、物质遗产与非物质遗产的并存。另外,村落中的重要资源(显性和隐性资源)和普通资源、村落名人和普通村民、重大历史事件和日常生活琐碎等,后者并未因为普通平凡而失去其原有意义,相反其印证了传统村落"生活着"的聚落型遗产特征,村落内的多种资源类型共同形成了一个相互融合和嵌套的系统,是不可分割的有机统一体。

个别学者在阐释传统村落是历史悠久的聚落型遗产的时候,强调其"整体性",但目前的"整体性"强调的是以建筑为核心,突出建筑与周边自然环境之间的相互协调,以及村落建筑模式整体风格的统一,仅仅是建筑学上的统一。从整体来看,仅从某一学科角度强调的"统一"必然是片面的,聚落型遗产不能机械式地理解为完整的传统村落建筑,即便添加了非物质文化遗产尤其是制度文化遗产,也仅仅是显性文化和隐性文化的堆叠,这样下去只会让其成为"固定式"的博物馆,从而失去其应有的价值。对于整个传统村落来说,应该从学科的综合性考虑,从村落原住民角度出发,从本质上讲,传统村落是村民的日常生活空间,他们世世代代生活在这里,通过利用、改造等手段达到人地和谐共生,村落资源为自己所用,并保留有各种风俗习惯、历史文化。

(2)传统村落是生活着的活态遗产

传统村落是以聚落形态存在的活态文化遗产,是至今还为人们生产生活而服务的村落,因此传统村落是乡村乡土文化的活文物,是有血有肉的历史遗存,而不是固定式的遗址。只有活着的传统村落才能延续文化遗产,传统村落"生活着"的特征决定了其保护的特殊性。传统村落集古建筑、文物、村落文化和原住民生活空间于一体,它不能通过凝固或文物陈列室来保护,而应该通过"见人见物见生活"的方式加以动态保护。"活"是传统村落的灵魂所在,也是其发展传统村落旅游的核心属性之一。传统村落除了独特的聚落布局和建筑艺术外,还保留着丰富的传统文化。例如,传统的生产和生活方式、生活习惯、当地手工艺品、戏剧、传说、习俗,村落遗产文化和非物质文化遗产是传统村落有别于一般遗产的核心内容。因此,传统村落的保护不仅要注重物质文化遗产的保护,还要注重非物质文化遗产的活态传承和原住民生产生活习惯的继承。而承载这些内容的基础就是传统村落,二者互为前提,相互依存。回到传统村落遗产上来,村落遗产本身就是活着的遗产,也是人类创造和建立的生产和生活空间,村落中所有的物质文化和非物质文化遗产都是人类创造和继承的结果。一个没有人的村落必定是一个失去生命力并最终走向衰落的村落,当前中国部分传统村落面临着年轻人流失的现状,村内以老人、儿童居多,这种情况不利于传统村落的保护。当今人文地理学转而强调对文化景观和人地关系的主体"人"的研究,传统村落遗产不仅是物质及非物质的遗产,更是人的遗产,村落遗产保护和研究不能仅仅停留在自然的村庄空间,而应该更多地关注人的方面,从利益主体、空间主体、旅游开发主体等角度出发,增加传统村落保护与发展的造血功能,让传统村落成为可持续的活态遗产。

（3）传统村落是聚族而居的文化遗产

作为一种聚落型活态遗产,传统村落因其历史、科学或艺术特色而受到重视,并具有主题鲜明的遗产特色和底蕴厚重的文化特色,同重要的历史古迹和文化遗址相比,传统村落很少承载和见证相对重要的历史事件,取而代之的是传统农业文明下平民百姓的日常生活:读书、耕种、结婚和生子。对于原住民来说,传统村落是一个不可或缺的空间,承载着他们的乡愁和乡情,即使他们暂时乔迁新居,仍然会保持对故土的依恋和情感,最终还要回到自己的故土。因此,村落遗产作为承载着一代又一代原住民的空间,是世代相传的日常生活记忆。直到今天,留存下来的传统村落大部分都以姓氏和宗族聚居,祖先的祠堂是村落的核心,族谱上记载着创始人的传说以及家族兴衰的历史,留存着祖先崇拜、宗族感情、耕读文化、祖训家规等宝贵文化遗产,并形成浓厚的村落凝聚力。例如,师家沟的形成及师家大院的闻名与师氏家族的兴衰密不可分,从师家始祖定居师家沟开始,师氏家族耕读传家,农商合一,兼营钱庄、当铺,放高利贷,滚动发展,资金不断积聚壮大,逐步跻身于晋商行列,并占有一席之地。因此,师家一度成为山西省中南地区的名门望族,清朝的时候师家沟就获得了"天下第一村"的美誉。

（4）传统村落是和谐发展的原生态遗产

农业自古以来就在中国历史的进程中发挥着基础性作用,重农抑商的思想在古代中国贯穿始终,农耕文明作为重要的原生态遗产是上述大背景下形成的重要文化产物。农耕文明强调人与自然的和谐统一,人地关系的和谐发展。因此,传统村落在选址、布局和建筑构造上充分利用了自然环境和自然规律,村落在适应自然、尊重自然规律的条件下应运而生并繁荣发展,反映了中国传统文化中的"风水"和"天人合一"的理念。大多数中国传统村落都适应当地自然条件,因地制宜巧妙地利用自然环境,并与当地环境和谐相处,在人—村落—环境之间形成了和谐有机的整体,共生发展,传统村落的生产、生活和民俗都是适应环境的产物,所谓"一方水土养一方人",传统村落作为原生态遗产,其和谐发展的特点是传统村落遗产传承的生命之源。涉及原生态遗产的未来,部分人认为随着传统农业生产方式和生活方式的消失,传统村落将不可避免地走向消失,从物质属性看,如果仅将传统村落视为传统文明的遗留物,之后因为这些遗留物逐渐失去其实际功能并退出历史舞台,由此就断定传统村落必然将会消失,这是片面的,从机械、静态的角度看问题。造成传统村落消亡的原因是多方面的,首当其冲的原因是传统村落的自然破损,村落建筑材料大多就地取材,以木材、泥土、石头等材料为主,随着时间的推移,材料逐渐破损,部分村落建筑呈现出破损、坍塌态势;其次是大量村民进入城市工作,城镇化以及城市生活的优越性导致了村落的灭亡。但是,我们不能完全放弃拥有深厚文化底蕴和记忆的家园,许多村民不知道自己村落的珍贵和村内建筑物的独特性,当他们大部分搬离自己从小生长的村落时,村落形成的传统文化和习俗就瓦解了。

我们不能否认传统村落的迅速消失主要是由上述因素造成的,但是不能得出所有传统村落都将这样消失的结论。尽管部分传统村落会消失在历史的长河中,但总会有一部分传统村落继续存在并遵循历史规律、向前发展,在当今社会转型与发展的前提下,村落要带着自身固有的属性和状态完成其转型与更新,完成生产、生活方式的转变,以及村落文化的更新,现代文明背景下传统文化的复兴和改造,并实现传统与现代的逐步融合。过去的村落体现了当时的文明,随着时间的推移,该村落将不可避免地在新时代完成其转型,村落的庙宇仍然会存在,对神灵的信仰仍然存在,但是人们崇拜神灵的目的和愿望会随着时代的发展而变化,同样情况下庙宇的功能也会发生更新与变化,仍然会发挥其信仰、祈祷、寄托情感的功能。此外,庙宇也会成为人们确认自己村落文化身份的表征。村外的游客、学者和专家将庙宇视为一种神圣、宝贵的符号和象征,村民也可以从"局外人"的眼光中确认他们的文化身份,如山西阳泉市平定县移穰村每年正月十五的移穰龙灯舞,承载着当地人对来年的期盼和对风调雨顺的希冀,时至今日尽管规模不如以前,但是人们对该习俗的最初需求并没有改变。很多传统得到维护并做出适应当今社会的悄然改变,得到进一步发展。

### 四、生态文明村建设

中共中央总书记习近平同志指出：中国要强，农业必须强；中国要美，乡村必须美；中国要富，农民必须富。他还强调，要继续推进社会主义新乡村建设，为农民建设幸福家园和生态文明村。生态文明村对于城乡一体化的实现是至关重要的，同时建设好生态文明村就是在给乡亲们造福，乡村不应该变为荒芜的、留守的和记忆中的；不仅要对城镇化进行发展，也要发展新乡村的建设和农业的现代化也要进行发展，这样的发展才是平衡的。我国在现代化建设上，生态文明村是其重要的组成部分，是城乡统筹发展的重要举措，是"三农"问题解决的金钥匙，是乡村的建设、农业的强化和农民的富裕的基础工程与重要手段。

#### （一）生态文明村的内涵

从本质和总体上来看，生态文明村不仅仅是针对外表的，也是针对内涵的。山清水秀但贫穷落后，这样的乡村不是生态文明村；奢靡浪费但有着严重的环境污染，更不是生态文明村。生态文明村要保证环境是文明、秀美和赋予的，还要保证其是可持续发展的，其生态较好，对于本民族的文化进行展示的同时又能做到与世界接轨。这就是与十八大中提出的乡村与生态文明"融入经济建设、政治建设、文化建设、社会建设各方面和全过程"的要求相符合。这样的乡村也是和人们的期盼相符合的。生态文明村建设这一工程是具有高度综合性的，其涉及很多领域和基础建设都。

生态文明村不仅要对其外部的环境优美进行强调，同时还要对其内在美进行重视。乡村的"美丽"不应该只在物质上表现，同时还应该在社会文化和精神上体现。生态文明村不仅需要实现人与自然的和谐相处，同时也要提升农民本身的生活品质，大力推进乡村的生态人居体系，实现对乡村生态环境体系、乡村生态经济体系和乡村生态文化体系的建设，从而实现乡村的乡村产业结构、农民生产方式和乡村消费模式上的可持续发展，对于乡村的多方面建设，实现其社会系统工程的聚集，这一民生工程是关系着千万群众切身利益的重要工程。

"美"即要求在生态文明村中应该生活美好、生产发展、文化传承、村庄和谐、生态可持续。"生活美好"应该是构成生态文明村的重要基本条件;"生产发展"应该是实现生态文明村的重要经济支撑;"文化传承"是生态文明村应该具有的重要灵魂支柱;"村庄和谐"体现了生态文明村的精神文明;"生态可持续"是美丽村庄所应该具有的核心本质。生态文明村建设包括四个方面,也就是"生活美""生态美""生产美""文化美"。

生态文明村是规划科学、布局合理、环境优美、人与自然和谐的秀美的乡村;是家家能生产、户户能经营、人人有事干、个个有钱赚的富裕的乡村;是传承历史、延续文脉、特色鲜明的有魅力的乡村;是功能完善、服务优良、保障坚实的幸福之村;是创新创造、管理民主、体制优越的具有活力的乡村。

（二）生态文明村的建设背景

在我国在工业化和城镇化不断推进的同时,很多乡村的劳动力也慢慢流入城市,导致农业劳动力的减少,也使得城乡在居民收入与其公共服务水平上具有一定差距,显然,乡村发展变得缓慢。

1. 城乡收入差距过大

新型城镇化在战略上是不断推进的,同时我国城乡居民的收入差距也在逐渐变小,但是从总体来看,城乡居民的收入差距依然不小。国际上通用的基尼系数反映了居民收入的差距指标,而我国的基尼系数是不断下降的。

城乡居民的实际收入从1978年开始不断上升,其中的差距也越来越大。如果对城镇居民的教育补贴和医疗补贴等多个因素进行考虑,其所存在的差距将会变得更大。若是城乡收入差距过大,会导致我国的国民经济发展受到一定的障碍,对于我国来说是一项巨大的挑战,不利于我国从追随型经济向着创新型经济发展转变,对于经济增长的质量和数量也会产生一定影响。这样的城乡差距是过于悬殊的,导致不同收入的居民会有一定的心理对抗和心理隔阂,导致社会的凝聚力削弱,严重时可能导致社会发生动荡。除此之外,城乡居民在就业上的机会也是不平等的,这违背了社会公正的目标。

城乡收入的差距越来越大,其中的原因就是城乡劳动力的收入水平存在一定的长期性差距。同时,受资金、人才和技术多方面的影响,乡村的地方经济发展困难,广大农民不得不离家,来城市寻找工作;对于农民工而言,一般情况下,缺乏专业性的高级技能,同时又受到一定的行业限制,这就导致其所能从事的工作大多是"次属劳动力市场",一般来说环境和待遇都较差,同时农民本身的工资比较低,有着较大的流动性。与此同时,很多大城市没有把农民工纳入社会保障体系,对于农民工来说,其缺乏相关权益和社会保障。除此之外,乡村居民收入过低,基础教育设施比较差,导致其缺乏职业和技术教育,所以劳动者很难提升其素质。

2. 城乡公共服务水平差距比较大

长期以来,我国基本建设的投入明显为"重城市,轻乡村",与城市相比,我国乡村基础设施普遍落后。

同时,城乡收入差距不断扩大使城乡之间的矛盾越来越突出,乡村基本公共服务的短缺限制了农民的发展,影响了乡村人口的结构与质量,降低了乡村抵御农业生产灾害风险的能力,从而进一步加剧了贫富差距,并导致社会动荡和不稳定因素增多。

(三)生态文明村建设的原则

城乡统筹规划[①]主要包括城镇体系的规划、城市规划、镇规划、乡规划与村规划。乡村规划是小城镇与城镇之间统筹规划的一个十分重要的组成部分。乡村规划都是乡村建设与乡村社会经济得以迅速发展的蓝图,也是政府管理、指导乡村建设十分重要的依据,同样也是切实做好乡村建设首要的保证与努力实现乡村建设可持续发展的有效途径。

生态文明村规划是一个涉及面广、涉及具体因素众多的复杂而系统的庞大工程,不仅要充分考虑统筹城乡发展的一体化,还需要考虑村镇中各行各业的全面发展,更为重要的一点是要考虑全面,包括村镇长远

---

① 城乡统筹规划:"城乡统筹"字面上解释是"城""乡",在一定的时代背景中,互动发展,以实行"城""乡"发展双赢为目的的发展格局。充分发挥工业对农业的支持和反哺作用、城市对农村的辐射和带动作用,建立以工促农、以城带乡的长效机制,促进城乡协调发展。

发展的远大目标。生态文明村的科学规划，必须要遵循下列几方面的原则。

### 1. 规划先行原则

做好生态文明村的建设最为关键的一步就是要能够搞好科学的规划。做到规划先行，才能决定生态文明村建设发展的根本方向，也是生态文明村建设得以实施的"大纲"。规划先行，一定要坚持近期发展和中远期发展相结合的结构布局，以便能够适应生态文明村在每个不同时期建设与发展的需要。

规划先行，即规划内容需要做到全面，不仅是乡村建设规划方面的单一规划，同时需要涉及未来快速发展、产业规划以及文化规划等多个内容。

规划先行，实际上就是决定该造就造、该改就改的方式，该复原的一定复原，绝不可以实行"一刀切"的方案。

规划先行，最为重要的就在于其可操作性、可实施性，及时建设好一大批配套齐全、设施完善、具有典型区域性特色与乡村特色的生态文明村与新小区。

### 2. 城乡统筹规划，促进农民增收原则

科学实施规划还需要着眼于城乡统筹发展，切实做到生态文明村建设和城乡发展之间的相互协调，形成一种城乡发展一体化的"复合系统"，进一步促进长期稳定地从事一、二、三产业的乡村人口朝着城镇发展转移，合理而有效地促进城市文明朝着乡村不断发展延伸，营造出一种各具典型特色的城镇和乡村的发展格局，以便能够推动城乡间的协调同步发展。

乡村规划主要是工业化、城市化发展内涵的扩展与进一步延伸。生态文明村的科学规划主要体现于城乡"一盘棋"，城乡统筹兼顾、相互依存、相互融合。

# 第三节 乡村教育事业发展与农民文化意识提升

## 一、乡村教育

对乡村教育概念的界定是研究中国乡村教育振兴的逻辑起点。学术界对于乡村教育的概念有多种意见,但是从宏观上看,乡村教育是指服务于乡村建设和乡村经济发展的一切教育,"既包括乡村的学校教育,也包括其他非正式、非正规的乡村教育活动,以及城市里的直接或间接服务于乡村发展需要的普通高等教育与中等、高等职业教育等"[①]。因此从理论上讲,乡村教育既包括广大学龄儿童、青少年的学校教育,也包括成年村民的成人职业教育和技能培训教育。从微观上看,乡村教育主要是指乡村的学校教育,主要集中在义务教育阶段,包括学龄前教育,小学、初中的九年义务教育。它们是现阶段进行的有组织、有目的的以学龄儿童的全面发展为目标的教学实践活动,是我国乡村教育的重要根基,决定着我国乡村发展的整体教育水平,影响着乡村社会、经济、文明的发展速度和发展程度。

关于乡村教育,我们可以从以下两个视角来理解。

(一)空间视角

空间视角主要指的是从地域的维度来理解和解读乡村教育,以地域视角来看,乡村教育有别于城市教育,乡村主要是指城镇地区以外的其他地区,我们平时所说的集镇和乡村等都属于乡村的组成部分和内容。其中,集镇主要是由集市发展而成的作为乡村一定区域经济、文化和生活服务中心的非建制镇。乡村指集镇以外的地区。此外,国家统计局《关于统计上划分城乡的规定》指出,"乡村是指本规定划定的城镇以外的其他区域,包括乡中心区和村庄"。也就是说,乡村教育是指乡中心区和

---

① 田静.教育与乡村建设:云南一个贫困民族乡的发展人类学探究[M].北京:中央编译出版社,2013.

村庄的教育,这一部分是我国整个学校教育的重要组成部分,对于我国的社会主义现代化建设具有重要的意义。

## (二)价值视角

从价值视角来分析乡村教育具有重要的现实意义,目前很多专家及学者主要持以下观点。第一是以肯定的视角看问题,从这一视角来看,乡村教育的历史传统和文化底蕴更加浓厚,这是城市教育无可比拟的,其发展得好坏在一定程度上影响着中国教育的质量。第二是以否定的视角看问题,受中国封建传统思想的影响,中国的乡村教育也呈现出落后、野蛮的一面,它比较排斥现代文明,在一些地方与现代文明显得格格不入,因此加以改造是不可避免的。为适应现代社会发展的形势,乡村教育要加快改革与发展的步伐,努力向城市教育看齐,不断完善自身才能为社会培养大量的高素质人才。

乡村教育是我国教育的重要内容和组成部分,其发展无论对于国家还是个体都具有非常重要的意义。乡村教育的健康发展有利于我国的社会主义现代化建设,有利于人民群众的和谐稳定与团结,对于个体的文化涵养和人格塑造也起着非常重要的作用。综上分析可见,乡村教育的重要价值与意义,乡村教育不仅是我国社会教育的重要内容,也是我国乡村社会的有机构成部分,对于乡村儿童的健康成长,对于美丽乡村建设,对于社会的和谐稳定均具有不可磨灭的作用。

乡村教育的内涵非常丰富,我们可以从宏观、中观及微观意义上来理解。宏观的乡村教育主要是指为乡村建设和发展服务的一切教育,其教育对象不仅仅是指乡村的学龄儿童和村民。中观的乡村教育主要是指乡村地区的教育,它既包括通常意义上的学校教育,也包括乡村地区的其他一些文化、风俗等教育活动,其目的是促进乡村儿童的健康成长与发展,促进乡村的教育与社会发展。微观的乡村教育主要是指乡村的学校教育,主要是对适龄儿童进行有目的、有组织的身心教育的一种实践活动。

### 二、乡村教育的特征

（一）乡村教育内容的实用性

乡村教育有着多种多样的功能,如传承民族文化的功能、普及科学知识的功能等。这些功能是乡村教育发展之初就有的,对于整个人类社会的发展起着重要的作用。但对于一般的乡村居民而言,乡村教育的这一功能并没有得到很好的彰显,他们更加注重乡村教育的经济功能,即子女上学的主要目的在于考取好的学校,有好的出路,能改善自身的生活质量等。这在一定程度上表明了村民们对科学技术知识的渴求,也反映出乡村教育功能的实用性特点,因此说实用性是乡村教育的一个重要特征。

我国是一个人口大国,其中乡村人口占据非常大的比例,因此重视乡村教育的改革与发展非常重要。与城市家庭中的子女相比,乡村中接受高等教育的学生处于一个较为落后的局面。很多乡村学生在接受完九年义务教育后选择务农或进城打工。针对这一情况,乡村教育部门应认真细致地研究教育的模式,大力培养实用性的乡村人才,解决乡村学生"升学无望,就业无路,致富无术"的问题。因此,乡村教育要高度重视教育的实用性特点,这样才能提高乡村教育的质量,促进乡村教育的发展。

（二）乡村教育文化的多元性

我国是一个多民族的国家,历经各个时期的发展,中华民族形成了无比灿烂的文化,而我国的乡村教育文化就属于中华民族文化的重要内容和组成部分。教育与文化之间的关系非常密切,二者相互交融,共同发展。一方面教育能够传承和创新文化,促使文化代代相承;另一方面,文化又在一定程度上制约着教育的发展走向,促使教育向着符合时下文化思潮的方向发展。

教育文化的多元性取决于文化的多元性。我国的传统文化是以儒家文化为主体,但也融合佛、道文化的内容。我国社会主义文化是以提高人民大众文化水平为目的的、民族的、科学的、大众的文化。在遵循社会主义文化要求的同时,还必须审慎地对待各民族文化的特点和各地城乡文化的差异。除此之外,教育者还要学会利用新技术,加强教育创新,做好各民族文化的改造与发展。这样我国的乡村教育才能从中散发出迷人的魅力。

### (三)乡村教育地位的基础性

乡村教育还具有基础性的特点,这一特点主要从以下三方面得到体现。

第一,我国乡村教育层次较低,即九年义务教育阶段的教育,在这一阶段,乡村学生接受学校的教育,村民们也能从中受到一定的文化启蒙。

第二,我国是一个人口大国,也是一个农业大国,乡村人口在全国人口中占有很大比例,因此加强乡村人口的素质教育非常重要。据粗略统计,我国有一半常住人口在乡村,他们主要接受乡村学校教育。因此,可以说我国乡村教育的发展非常重要,我们要结合时代发展的形势,不断加强乡村教育的改革与发展,促进乡村居民文化素质的发展和提高。

第三,我国地域辽阔,人口众多,乡村可以说是一种永久的存在形式,乡村教育在我国社会主义现代化建设中发挥着非常重要的作用。我国地广人多,有很多边疆地区,这些地区的地理位置比较特殊,存在着大量的乡村,某种意义上而言,这些地区的村民就是站在"固疆守土"第一线的战士,因此加强他们的素质教育非常重要,这些边疆地区的乡村教育也具有了国防教育的性质。这也是我国乡村教育基础性作用的一个重要体现。

### (四)乡村教育形式的多样性

乡村教育还具有多样性。伴随着时代的不断发展,目前我国乡村经济结构正在由单一的、粗放型的传统小农经济结构与形式转向多元的、科学型的现代大农业经济结构与形式。在当前社会背景下,乡镇工业逐渐崛起,农业生产方式得到了极大的转变,科技含量大大提升。在这样的情况下,我国的乡村社会结构也发生了重大变化,农民的身份不再单一,他们成为亦农亦工亦商的现代农民,这是时代发展的必然和表现。

### 三、乡村教育的目的

（一）乡村教育目的的演变

不同国家、民族和地区由于政治背景、经济水平、文化风格等存在差异，因此各国、各民族和各地区的乡村教育的目的也存在差异，主要表现为目的侧重点的差异。乡村教育的目的随着国家的发展而不断演进，大体上经历了下列三个发展阶段。

第一阶段以服务政治为目的。西方发达国家乡村教育发展早期，为了使国家政治更加稳固，国民素质得到提高，在全国范围内大力推动义务教育的普及，乡村集聚了大量的人口，也同样推行义务教育，并以服务政治为目的。

第二阶段以服务经济为目的。随着人们认知水平的提升和实践经验的丰富，关于乡村教育的研究也不断深入，从单纯研究乡村教育的教育价值向研究教育的经济价值不断深化，并提出乡村教育对促进乡村经济发展的重要意义。基于对乡村教育经济价值的深入认识，乡村职业教育得到重视，乡村职业教育在基本文化学科的基础上融入满足生产需要的教育内容，对乡村职业培训给予高度重视，从而提升了农民的文化水平和农业实践操作技能水平，进而促进了农业经济的发展。为了更好地发挥乡村教育的经济价值，使其为国家经济发展做出巨大贡献，一些发展中国家建立了乡村综合教育基地，将乡村义务教育与职业技术教育有机整合，从而更好地促进经济的发展。

第三阶段以服务乡村发展为目的。20世纪90年代开始，世界各国的乡村经济逐渐发展起来，但随之而来的是乡村生态环境遭到严重破坏，在这一背景下，乡村教育促进乡村社会可持续发展的价值被挖掘和重视，乡村教育目的逐步由服务经济转向服务乡村社会发展，这里的乡村社会发展不仅指乡村社会经济发展，也指改善乡村人口的生活环境和生活质量。

（二）乡村教育目的的构建

1. 乡村教育目的以人的发展为旨归

教育目的有两种层次类型：一是个人本位，二是社会本位。发展人的个性是个人本位下教育目的的重要主张；为社会发展服务，促进社会进步是社会本位下教育目的的重要主张。随着全球教育的不断发展，这两种层次的教育目的渐渐走向融合，因为社会的进步与发展离不开无数个体的推动，而推动社会发展的人应该是符合社会需求的新型人才，既具备专业知识和专业技能，又具备实践能力和创新能力。所以，根本上而言，教育的目的终究以人的培养与发展为旨归。因此，我们判断乡村教育目的的实现情况，最终要以受教育者的发展为落脚点，为推动受教育者在乡村教育中实现全面发展，必须坚持科学指导思想，即"以人为本"和"全面发展"。

（1）"以人为本"指导思想

在乡村教育中坚持以人为本的指导思想，就是要结合受教育者的乡村生活而进行教育，使受教育者深刻认识到乡村教育就是为自己开展的教育，通过乡村教育而提升受教育者的文化素质与生存技能，使受教育者的精神世界更加丰富，综合素质得到提升。这才是以人为本思想在乡村教育中的真正贯彻落实。

乡村教育在以人为本指导思想下应强调教育的人性化、生命化，克服传统教育异化和物化的弊端，不再将乡村教育当作工具，而是对乡村教育本身存在的价值进行探索，将功利化内容去除，留下本真的内容，通过实施这些教育内容而促进受教育者的发展。在人本主义视角下进行乡村教育改革和教育实验，应对乡村生命价值予以尊重，遵循乡村生活规律，突出乡村教育的人性化和个性化，使乡村受教育者看到自己的价值，明确自己的未来目标，最终实现自我发展价值。

（2）"全面发展"指导思想

在不同历史时期，因为社会条件的不同，人的全面发展的内涵和层次也各有差异，但不管我们在不同的历史时期如何理解全面发展，"不断追求自身的完善"作为全面发展的实质是始终不变的。全面发展中的全面并非绝对的概念，而是相对的概念，主要指的是人发展的自主性、多元性和各种可能性。我国教育事业的发展一直都以马克思主义的全面发展学说为指导思想。在全面发展观下,我们将人的全面发展的内容概括为五个方面,分别是德、智、体、美、劳,并围绕这五个方面展开全面教育。全面发展学说对乡村教育也具有重要指导意义,我们在全面发展视角下开展乡村教育工作,但因为乡村教育之前很长一段时间被作为功利主义的工具,而且受到城市中心主义的影响,所以我们只是机械或片面地理解乡村教育目的的全面发展,并没有真正做到包含德、智、体、美、劳在内的全面教育,这就导致乡村受教育者的发展不仅不完整,而且还千篇一律。

需要强调的是,乡村社会在不断进步,乡村教育也在不断发展,不同历史时期的乡村社会实际和乡村人对教育的需求是存在差异的,因此我们必须随着乡村社会的演进而不断更新乡村教育目的中的全面发展的内涵,立足现实而重新审视乡村教育目的中的全面发展,同时要始终坚持人的全面发展的本质来努力促进各个历史时期乡村人的全面发展。

2. 乡村教育目的服务于乡村发展

在中国特色小康社会的全面建设进程中,我国高度关注"三农"问题,与"三农"问题息息相关的乡村教育问题也受到普遍关注。乡村教育问题中有一个"离农"教育的问题,即为培养高水平技术人才,以城市为中心,培养离开乡村进入城市、融入城市主流文化的人才,而不是培养回归乡土文化的人才。"离农"教育为乡村学生涌入城市接受城市教育而提供了可能性,最终导致乡村地区人力资源严重缺乏,加剧城乡不平等。"离农"教育也导致乡村教育与乡村社会渐行渐远,最终对乡村的发展造成阻碍。

除了"离农"教育的问题,乡村教育中还存在一个"为农"教育的问题,即让乡村学生扎根乡村,将来为促进乡村建设和乡村社会发展而服务。但是我国乡村家庭基本都希望孩子们能够走出乡村,在城市扎根,因此使"离农"和"为农"成为城乡二元结构下的一对矛盾。如果从乡村社会自身的发展来看,乡村教育倡导的是"为农",强调乡村教育的目的是为乡村社会建设与发展服务,缩小城乡教育差距,并以教育为突破口将城乡二元对立结构打破。所以,要制定合理的、服务于乡村社会发展的乡村教育目的。

教育目的对教育活动的开展有导向作用,这个导向作用具体体现在促进受教育者知识和技能提升、综合素质提升、生活改善以及自我发展等方面。在"离农""为农"的矛盾中,我们应尊重受教育者选择的自由,在此基础上对个体与社会的关系进行协调,促进个体发展和社会和谐。但鉴于乡村教育的特殊性,我们发展乡村教育,必须面向世界和未来,将城市与乡村的需求兼顾起来,使乡村教育在相对稳定的基础上保持适度灵活,并以此为基础对乡村教育中不符合实际的办学目标进行改革,培养能够使乡村发展需求得到满足的人才,体现乡村教育对乡村社会发展的高度负责。

乡村社会的发展离不开乡村人才,更离不开创新型人才,即掌握了先进知识和先进技能的新型人才。因此,设定乡村教育的目的,必须对乡土教育资源加以整合,对创新型乡村人才进行培养。现代社会科技高速发展,传统农耕方式难以满足现在的生产需求,因此必须在新时代背景下对新型农民进行培养,这是制定乡村教育目的要考虑的重要方面。结合我国教育体制对乡村教育进行改革时,必须加强对乡村教育资源的开发利用,在这个重要的支撑条件下推动农民发展,使其掌握现代农业生产技术,提高农业生产率,促进乡村经济发展。

### 四、乡村教育的价值取向

（一）乡村教育的价值取向及其时代境遇

1. 乡村教育价值取向的解释

（1）概念

乡村教育价值取向是指乡村教育活动主体从自身教育价值观出发,在面对或处理与乡村教育活动有关的矛盾、冲突、关系时秉持的基本价值倾向。这些矛盾、冲突、关系等是与乡村教育主体、主体的不同方面及不同时间在有关乡村教育的需求及目的、所面临的条件及环境方面所存在的综合性联系。[①]

---

① 李森,崔友兴.社会变迁中的乡村教育[M].福州:福建教育出版社,2017.

（2）特点

主体性、稳定性、制约性是乡村教育价值取向的基本特征。除此之外，乡村教育价值取向还有典型性特征，这主要表现在乡村教育的特定教育对象上。

（3）作用

乡村教育价值取向的主要作用在于，对乡村教育活动主体进行正确的价值选择并予以引导，为乡村教育活动主体参与乡村教育的所有相关活动提供科学指导。

### 2. 乡村教育价值取向的时代境遇

乡村教育价值取向是一种教育价值观，得到了社会大多数人的认可，具有自身的优势和特点，能够将时代进步和社会发展的基本情况反映出来。不管在什么历史时期和社会背景下，乡村教育都需要在乡村教育价值取向的引导下走向未来。所以，一般要基于对乡村教育发展的社会条件与时代背景的正确理解来进行乡村教育价值取向的分析与研究，如此能够对乡村教育价值取向的走向有真实而确切的判断。在国家现代化、新型城镇化、人类全面发展等现实背景下，乡村教育价值取向要对这些现实问题与现实需求全方位关注，并基于此来引领乡村教育向前发展，进而使这些现实需要得到满足，推动国家、社会、人类的可持续发展。

现代化是中国近代以来的历史主题，是我国不断追求的伟大理想，中国现代化发展离不开教育这股基本力量的推动。当前我国现代化发展处于重要转型期，即两次现代化发展叠加，在还未彻底实现工业时代（第一次现代化）的同时迎来了知识时代（第二次现代化），国家经济出现工业经济、知识经济并存的现象。在这一特殊的历史时期，乡村教育价值取向要引导乡村教育同时为这两种现代化服务。中国现代化进程使乡村教育价值取向适应工业化、城市化的发展需求，促进乡村现代化。此外，随着人的现代化及人类精神文明的发展，教育改革不断朝发现人、解放人的目标前进，在这种新的诉求与趋势之下，乡村教育价值取向需要回归乡土，赋予村民乡土气息，引导村民认同乡村文化，进而鼓励村民为乡村建设而服务。

（二）乡村教育的主要价值取向

1. 国家层面的价值取向——新型城镇化价值取向

所谓新型城镇化，是一种包含大中小城市、小城镇以及新型乡村社区在内的各方共同协调发展的城镇化，其主要特征表现为城乡一体、节约集约、产业互动、城乡统筹、生态宜居、和谐发展等。这里所说的"新"，体现在从对城市空间和规模进行扩张和扩大的片面追求，逐渐过渡到全面提升乡村和城市的公共服务、文化品位等，从而促使乡村和城市逐渐提升为具有较高品质适合人们居住的场所。

新型城镇化是一种逐渐实现社会信息化、区域城镇化、新型工业化和农业现代化的循序渐进的发展过程。其核心就是着眼于农民，关注乡村，致力于实现城乡公共服务和基础设施均等化和一体化，从而更好地促进城乡经济社会得到和谐、繁荣发展，最终实现城乡共同富裕的目标，它不以牺牲环境和生态、粮食和农业为代价。

从上可知，新型城镇化就是通过将资源进行有机组合和相对集约，从而促使乡村和城市的内涵得到提升，以实现城市和乡村社会经济一体化，更好地引导城市和乡村社会经济得以全面、健康、可持续发展。从这一层面来看，乡村教育所应具有的价值取向需要进行以下调整。

（1）始终秉持新型城镇化所孕育的精神和内涵

在过去，二元思维，即非此即彼的思维方式，在乡村教育价值取向中体现得淋漓尽致，这导致其在"城市中心"和"乡村中心"之间摇摆不定。此外，在以城市为中心的城本主义和以乡村为中心的农本主义的影响下，使得乡村教育价值取向基于城本主义和农本主义在价值选择上出现了矛盾，也就是说，乡村教育以农本主义为基础来谋求发展，但在其具体的发展目标中却站在城本主义一方。因而，乡村教育价值取向需要在新型城镇化的引领之下，回归到基于农本主义和服务于农本主义的立场，促进乡村儿童的健康发展。

（2）要重视兴农

在新型城镇化中，新型乡村社区建设以及小城镇的培育是其着重强调的，要关注农民，关注乡村，实现"三农"现代化。这说明，促进乡村振兴、健康可持续发展，以为城乡和谐发展服务，是乡村教育价值取向的重要体现。

2. 社会层面的价值取向——社会发展价值取向

就目前来看,导致乡村村民远离乡土的根本原因,就是原有的乡村社会已经无法对其产生吸引力。由于受到工业文明的强烈冲击,乡村社会所建立起来的农业文明已逐渐丧失其所具有的社会竞争力,原有的乡村社会文化、经济、政治等在工业文明的冲击下解构,但在工业文明背景下新的农业文明的再生尚没有完成。这就造成了乡村社会无法像城市社会那样能够提供给村民更多的机会,为了更好地生存和发展,越来越多的村民开始远离乡土到城市打拼。由此可以看出,从某种程度上来说,乡村社会只是给村民提供了能够留下来的可能性,只有乡村社会获得较好发展,村民才真正愿意留下来,甚至可以让那些已经远离乡土的村民重新回到乡村发展。

社会主义新乡村建设要求乡村社会要实现乡风文明、生活宽裕、管理民主、生产发展和村容整洁,这就需要乡村教育要在其中积极发挥其作用,从文化、政治、经济等方面来促使乡村社会获得更好发展。

第一,乡村中小学要对学校周围以及乡村所拥有的课程资源进行积极挖掘,从而构建起社区和学校共同进步的教育模式,从而促使社会经济得以更好发展。

第二,对于乡村发展来说,教师在乡村文化、政治生活中扮演着极其重要的角色。这就需要乡村教师能够积极走出校园,带领学生为乡村社区提供力所能及的服务,从而在弘扬乡土文化、推进乡村民主、纯化乡风民俗等方面做出应有贡献。

第三,结合乡村发展的具体实际情况,对乡村职业教育学校和农民教育机构进行建设,为农民开展生活技能、生产技能等方面的服务。

3. 育人层面的价值取向——公民价值取向

目前,城乡发展存在较大的差距,这种差距还会长期存在。在乡村出生、成长并接受乡村教育的儿童,往往带有天然的乡村气息和属性。在不断地摆脱乡村、走向城市的过程中,对于自己身上的乡村气息,乡村儿童通常采用回避的态度,甚至刻意回避自己是村民的身份,通过追求城市生活和城市风尚来对自己进行改造,使自己拥有城市居民身份。但是,在公民社会里,市民和村民都是公民,都是社会中平等的一员,可以依据自己的需求对城市生活和乡村生活进行自由选择。社会主义新农村建设要求乡村要从村民组织转变为乡村社区,使乡村从落后的状态转变为适合村民生活居住的美丽的乡村,这些都使得乡村生活在一定程度上得到了很好的体现。积极倡导村民与市民均作为国家公民是平等的理念,这就对乡村教育提出了要求,其应站在国家公民的角度上来对乡村儿童进行教育,使他们具有良好的公民素养和意识。通过接受乡村教育,乡村儿童应正确认识和理解乡村是一种独特的自然存在,从国家的角度来看,乡村和城市居于同等重要地位,村民是国家公民的重要组成部分,也是不可或缺的一部分。为此,乡村学校课程知识需要更多地融入乡村知识和乡村文化,像城市知识和城市文化一样赋予它们同等重要的生活意义。要重构与城市文化和知识相关的学科课程,使其符合乡村儿童的学习习惯和认知特征,帮助乡村儿童站在乡村生活的基础上更好地理解世界。

通过接受乡村教育,乡村儿童应具备作为一名合格的好公民所应具备的基本素养,这主要包括道德素养、法律素养和知识文化素养等。特别是要帮助乡村儿童对乡村的发展历史、文化传统以及风土人情等有一个深入理解,根据国家公民基本素养相关要求,使乡村儿童培养具备适应乡村生活的公民素养。

### (三)乡村教育价值取向的实现路径

#### 1. 对乡村教育价值取向的系统功能予以明晰

在社会现代化进程中,乡村为城市发展输送了大量的人力资源,在发展方面,乡村也在一定程度上复制城市发展模式,乡村农业现代化在一定程度上被城市工业现代化遮藏。在此影响下,乡村教育有了更加明显的城市化取向,因此需要对乡村教育价值取向的系统功能予以明确。

（1）明确价值取向上的引领性

国家根据整体的发展需要对乡村教育提出了具体的价值诉求,这对乡村教育价值取向系统来说具有引领性。乡村教育唯一的价值取向,要对国家现代化、国家安全、新型城镇化等方面的具体要求进行系统考虑。

（2）巩固社会层面价值取向的发展性

由于乡村教育越来越倾向于城市教育,其已经与乡村社会相脱离,这使得在乡村社会发展方面乡村教育所具有的促进功能和作用变得越来越弱。因此,乡村教育价值取向应使乡村教育逐渐回归到乡村社会,使乡村教育为乡村社会的健康、快速、可持续发展提供服务。

（3）强化育人层面价值取向的核心性

对于乡村教育来说,其价值核心就是要为生长和生活在乡村的儿童提供适宜的教育,帮助儿童得到健康、和谐发展。

2. 对乡村教育价值取向的合理范围加以设定

从某种角度来看,乡村教育价值取向代表了相应时期内人们对乡村教育所提出的具体诉求,能够促使乡村教育向着美好、理想的方向发展。但要想实现乡村教育价值,必须要坚持理想追求和现实条件的统一,不能与现实相脱离。这使得乡村教育价值取向的产生、作用、效果等需要基于乡村教育主体的生存发展需求、现实境遇、历史传统等。例如,乡村文化传统、乡村社会发展水平、村民对乡村教育的支持与认识等都会对乡村教育价值取向的具体落实产生影响。从实质上来看,这种情况对特定时期乡村教育主体的总体需求和获得乡村教育的客观属性体系的满意程度进行了调整。

**五、乡村教育的现状与发展困境**

在我国全面推进科教兴国战略和人才强国战略的背景下,乡村教育受到高度关注和重视。乡村教育是我国教育事业的重要组成部分,落实乡村教育改革事宜,推动乡村教育发展,对实现乡村振兴的战略目标及提高中国教育改革成果具有重要意义。在乡村教育改革与发展中,首先要从宏观上全面了解中国乡村教育的现状、面临的困境以及存在的问题,然后基于现状采取具有针对性的改革与发展策略。其次,还应从乡村教育改革与发展的历史经验出发总结出科学的发展规律与发展趋势,为乡村教育未来持续健康发展提供科学有效的指导。下面重点从中国乡村教育的现状、困境两大方面出发探讨中国乡村教育的改革与发展情况。

（一）中国乡村教育的现状分析

1. 乡村教育与乡村振兴的互动发展

我国乡村教育的发展与乡村振兴之间存在密切的关系，下面从两个方面来分析。

（1）乡村振兴要求优先发展乡村教育

乡村振兴离不开大量的优秀人才，而培养人才则依赖教育。因此，要推进乡村振兴战略的实施，就要将乡村教育置于重要位置并予以重视、优先发展。通过大力发展乡村教育，对科学知识进行传播与普及，培养优秀人才，使优秀人才在乡村建设中做出贡献。总之，乡村教育在乡村振兴中的重要地位和作用是无可替代的。

（2）乡村教育为乡村振兴服务

乡村能否实现振兴目标，关键在于教育，因此在乡村振兴计划的实施中，要优先发展教育。如果忽视乡村教育，则不可能振兴乡村经济。青年一代直接关系着国家的前途、民族的命运，只有重视对青年人的培养，才能从根本上解决乡村发展的问题。搞好乡村教育，培养乡村青年人才是乡村振兴的第一要务，乡村青年人才既要对优秀的乡村文化成果进行传播与传承，对乡村文明予以维护，又要主动学习与接受现代城市文化，将乡村文明与城市文明结合起来，为乡村文明注入新鲜的因素，从而提高乡村教育质量，推动乡村教育的现代化，更好地为乡村振兴服务，早日实现乡村振兴战略的宏伟目标。

2. 乡村教育正在全面发展

随着国家相关教育战略的实施和乡村振兴政策的推行，乡村办学的积极性大涨。和城市教育相比，乡村教育的范围明显缩小了。随着我国城市化进程的加快，乡村人口大量涌入城市，乡村教育也受到影响，表现为乡村学校以小学和初中为主，学生初中毕业后进入城市读高中。乡村教育中义务教育更受重视，因此政府对乡村教育的投资大部分用于小学和初中这两个义务教育阶段，可见在乡村教育中，九年制义务教育得到了保障。义务教育制度的实施使得乡村适龄儿童的受教育权得到保障，这也是他们必须履行的义务，义务教育政策的落实有效减轻了乡村家庭的经济负担。近年来,大学生进入乡村支教的现象越来越普遍,大学生的支教行为颇受国家支持,这一方面解决了基层教育师资缺乏的问题,提高了乡村教育质量,另一方面也使大学生的就业压力得到了一定的缓解。

随着乡村振兴计划的推进和"三支一扶"等政策的实施,每年都有很多大学毕业生去乡村从教、从医,一定程度上解决了乡村发展中的教育与医疗问题,促进了乡村人口素质和健康水平的提升。我国一些地区注重对基层人才的培养,每年会分配一定数量的教师(以年轻教师为主)进入乡村从事教育工作。年轻教师的教学思想先进,知识较为丰富,他们在乡村任教中发挥自己的作用,让乡村孩子们感受知识的力量,认识外面繁华的世界。此外,年轻教师在授课时使用标准的普通话,能用先进且有趣的教学方式传授丰富的教学内容,从而使学生在课堂上集中注意力,进而提高了乡村教学质量。

现阶段,国家对乡村教育颇为重视,不仅从师资层面提供重要的优秀人力资源,而且提供必要的资金和教育设备,从而提高乡村教育水平,使乡村教育达到素质教育的要求,缩小乡村学生与城市学生的差距,为国家培养优秀的栋梁之材。

总之,乡村教育的改革是全面的,从教育理念的转变、教育制度与政策的实施、政府提供师资和教育设备支持以及改革课程教学等都充分体现了乡村教育正在全面改革与发展。在政府与全社会的共同努力下,未来乡村教育的发展空间将会越来越大,发展水平也会越来越高。

### (二)中国乡村教育的现实困境

#### 1. 乡村教育与新农村建设相脱节

##### (1)缺乏"为农服务"的意识

乡村教育具有乡村建设功能,即通过乡村教育能够促进乡村建设。乡村教育的这一功能在 20 世纪二三十年代的乡村教育活动中是广受重视的,当时开展乡村教育活动很大程度上是"为农服务"的,乡村教育在乡村建设中被放在重要的地位,受到广泛重视。中华人民共和国成立初期,乡村教育的政治功能和社会功能广受重视,但因为当时我国"重工轻农",导致乡村社会发展停滞不前,可以说,我国的工业化发展是以牺牺乡村社会发展为代价的。

改革开放后,乡村教育的社会服务功能尤其是经济服务功能受到重视,我国积极发展乡村教育来振兴乡村经济,拉动乡村社会发展。但在城乡二元结构的影响下,城乡差距越来越明显,甚至造成了城乡对立的严重后果。我国提出社会主义新农村建设的政策与规划后,乡村教育改革有了准确的方向和侧重点,乡村教育对促进新农村建设的重要作用再次受到重视,政府强调要通过发展乡村教育而使其更好地"为农服务",但由于乡村教育发展的价值取向不明确,在发展中不管是办学理念,还是办学目标,都有城市化倾向,即以城市化教育为指向办学,乡村教育仅仅是为了将更多的学生输送到城市,向着城市化教育的方向与目标改革乡村教育,导致乡村教育失去了自身的内涵,没有起到传播乡土文化的作用,甚至冲击了乡土文化,歪曲了乡村教育的本真价值与意义,最终使乡村教育出现边缘化倾向。因为边缘化问题的存在,乡村教育与乡村建设的结合不够紧密,乡村教育在乡村建设中没有起到应有的作用,从表面来看,新农村建设与乡村教育的关系不密切,"离农"的乡村教育在新农村建设中显得有些格格不入。

（2）乡村人才培养与需求脱节

乡村人才培养与需求相脱节是指,乡村教育培养的人才不符合乡村建设对人才的要求或不满足乡村社会发展的实际需要。

首先,无人才可用。乡村教育十分重视升学率,将提高升学率、向城市输送人才作为学校教育的主要目标。那些走出乡村,进入城市的学生在大学毕业之后普遍不愿意回到家乡,所以造成了这样一种局面,即乡村政府大力兴办学校,投入大量的资源来推动乡村教育的发展,以培养栋梁之材,但乡村人才都涌向发达的城市,存在严重的人才流失问题,很少有人学有所成后自愿返乡参加建设,为新农村建设添砖加瓦,也就是说乡村教育的投入多,回报少,二者严重失衡,导致乡村建设中少有本土人才的参与,无人才可用。上述现象反映出我国乡村教育和乡村人才培养理念本身就存在一个矛盾,即乡村办学以提高升学率为目的,旨在使乡村的青少年走出家乡,进入繁华的城市,在城市站稳脚跟,闯出一番天地,这样必然会导致乡村人才流失,严重制约乡村建设与乡村社会发展。青少年有追求梦想的自由,毕业后他们有留在城市的自由,我们不能阻碍他们,但同时我们也不得不面对乡村建设中无人才可用的现实困境。

其次，与所需人才不相称。并不是所有在城市中求学的人都能在城市扎根，有的大学生毕业后或在城市工作几年后因为种种原因而选择返乡，但他们在城市上学或工作的这些年心理早就发生了变化，被迫回到乡村的毕业生心理更加复杂。经历过城市的繁华，年轻人的心难免会有些浮躁，他们在乡村建设与生活中难以做到脚踏实地，心无杂念，甚至有些人从根本上对乡土文化是很排斥和反感的。乡村教育投入大量资源好不容易培养的人才纷纷涌向城市，难得回到家乡的少数人短期内又难以排除杂念，一心一意为乡村建设而服务，心存杂念或排斥乡土文化的年轻人即使参与乡村建设，也难以充分发挥自己的作用，为家乡建设做出巨大的贡献。乡村教育投入与回报的不匹配加剧了乡村教育的困境，乡村教育用有限的资源培养出的人才不能为乡村建设服务，导致乡村人才培养与现实需要的脱节及乡村教育与乡村社会发展的严重脱节。

（3）乡村教师参与乡村建设的积极性不高

乡村教育具有为乡村建设服务的功能，在乡村教育改革中，要充分发挥乡村教育的这一功能。这就要求乡村教师不仅要教书育人，还要为振兴乡村、推动乡村建设服务。乡村教师应从内心深处接纳乡村文化，融入乡村生活，做好教书育人的本职工作，同时积极致力于乡村建设中，从而使乡村教育的社会服务功能得到充分发挥。但目前在我国乡村教育发展中，一些乡村教师尚未真正融入乡村生活，参与乡村建设的意识较弱，积极性不高。首先，乡村教师与乡村社区基本上处于隔离状态，因此乡村教师在乡村教育工作中也难以充分发挥自身对促进乡村建设的重要作用，乡村教师的教育工作与乡村建设工程的实施尚未形成合力，这对乡村振兴是极为不利的。其次，乡村教师在乡村社会中是不稳定的人力资源，他们流动性较大，缺乏稳定性，因此在乡村教育和乡村建设中也只能起到短暂的、有限的作用。乡村教师对乡村传统文化缺乏深入了解，有时不能从乡民的视角出发处理他们的诉求，乡村教师在乡村建设中的作用受到限制，再加上教师与乡村文化、乡村社会生活之间的隔阂，最终影响了乡村教育为乡村社会发展服务的能力。

2. 乡村教育投入不足，经费使用不合理

（1）经费投入少，存在较大缺口

我国乡村教育有一个非常显著的特征，即教育环境差，这与整个乡村社会环境建设水平低有直接关系。当前虽然我国对乡村经济建设、文化建设、产业改革等较为重视,但依然存在很多瓶颈,导致乡村基础设施条件差,配套设施缺乏,因而乡村教育设施也得不到保障,基础设施的缺乏严重制约了乡村教育的发展,也限制了乡村教育在促进乡村建设方面的功能的发挥。乡村教育基础设施落后的直接原因是缺乏资金支持。乡村教育发展的经费来源主要是政府拨款和收取的学杂费,随着教育体制的不断改革,政府拨款在经费来源中所占的比例减少,而学杂费成为至关重要的经费来源,但学杂费毕竟较少,不足以完全支撑乡村教育的发展,难以满足乡村教育发展的需求。有限的经费,短期内难以改变乡村教育基础设施条件落后的现状,长此以往,经费缺口越来越大,教育设施问题越来越严重,乡村教育与城市教育的差距也会越来越大,乡村教育本身发展受限,更无法在乡村建设和乡村振兴中发挥重要的价值。

(2)资源配置不合理,经费使用效益低

我国教育经费既要投入城市教育,也要投入乡村教育,要根据城乡教育现状和社会需要而合理分配经费,达到一定的平衡,从而保障城乡教育的协同发展。但目前我国教育经费的投入存在区域差异,主要表现为东西部差异、城乡差异,一般情况是东部地区多,西部地区少,城市多,乡村少。此外,我国教育经费的投入也存在结构差异,主要表现为基础教育和高等教育之间的差异,即在高等教育中投入的经费所占比例较大,而在基础教育方面投入的经费占少数比例。此外,教育经费在教学设施、师资建设等方面的投入也存在不合理的地方,有限的教育经费并没有得到最大化利用,从而影响了乡村教育的整体发展。

3. 乡村教师稳定性和专业性差

(1)乡村教师稳定性差

乡村教育的发展离不开稳定而优秀的专业师资队伍,乡村教师是发展乡村教育及促进乡村建设的重要力量和可靠保障。但现阶段我国乡村教师的稳定性较差,流动较为频繁,教师人才流失问题严重,离职率居高不下。我国各级政府为推动乡村建设和乡村教育发展出台了一系列政策,其中有些政策文件与乡村教师队伍培养和建设息息相关,尽管有一定的政策保障,乡村教师队伍依然不像城市教师那样稳定。部分乡村教师被城市生活吸引,身在乡村,心在城市,抓住一切进入城市的机会,这样乡村教师队伍就很难维持稳定。

（2）乡村教师专业水平较低

乡村教师是乡村教育助力乡村振兴战略的重点和关键,乡村教师学历、专业水平的高低直接关系到乡村教育的质量。乡村教师相较于城市教师来说,学历层次普遍偏低,职称级别也普遍不高,而且还有大部分教师没有获得职称,职称获得率较低。由此可见,乡村教师的专业化水平明显低于城市教师。此外,一些乡村教师的实践操作能力与教学水平较差,难以结合现代教育的基本诉求开展信息化、现代化教育,依然采用传统教学方法和模式进行教学,而且教学理念落后,从而直接影响了教学效果。

## 六、优秀传统文化与农民文化意识提升

中国历史悠久幅员辽阔,是一个由多民族组成的文明大国。多元文化的共存造就了中华文化的丰富性和多样性,各个民族、各个地域都有其独具特色的文化传统,在历史的演变过程中,不同文化之间又发生着互动和彼此影响,产生了极其丰富、博大的文化生态。尤其是我国广大的乡村地区,它们既是文明的发源地,也是至今仍保存着大量文化传统和文明生态的土壤。在乡村教育振兴的研究中,传统文化是一个无论如何也不可能绕开的重要因素。中华文化对乡村教育具有双重影响,几千年孕育的乡土文化凝聚着优秀的文化传统和民族精神。和城市相比,乡村社会更为封闭和自成体系,因此受到传统文化的影响也更为深远,然而这种影响是一把双刃剑,既有文化精髓,也有文化糟粕,既对乡村教育给予了深厚的传统文化的加持,也在乡村教育的现代化改革中存在着一定的制约作用。

（一）传统文化对伦理道德的规范

中国的传统文化蕴含着丰富、质朴却放之四海而皆准的道德观念。比如,《大学·礼记》中的"修身齐家治国平天下""格物致知",《论语》提出的"己欲立而立人,己欲达而达人""己所不欲,勿施于人"的思想观念,都是中华文明的伦理道德的核心思想。

### 1. 对社会伦理道德的规范

传统文化中的社会道德伦理,包括安邦定国、诚实守信、兄弟义气、礼貌待人、尊老敬贤、慈悲博爱和容仪有整等,都是要求个人在社会生活中要遵循的道德品质,它也是我国几千年文明实践的道德精华总结,至今仍然是国人社会生活中自觉遵守的最核心的道德修养行为规范。同时,中国传统文化中对道德规范采取一种宽容和发展的先进思想,它并非清规戒律般要求人们只能服从不容有任何过失,而是尊重人的思想认识的发展规律,给人以很大的成长空间,因此它还强调知耻而后勇,给人以改过自新的自我道德拯救,它倡导人会"自知屈辱,继而发奋图强"。总之,中国传统文化提供的社会道德伦理是一套完整的指导个体在社会生活中的道德约束体系,也体现着中庸、包容的中华文化的特色。今天,在我国乡村地区的社会生活中还能看到非常明显的这样的社会道德约束的例子,如乡村生活中有更为浓厚的睦邻友好、生产互助、隆礼重德的传统。乡村的人情味更浓,农闲时亲戚邻里之间相互串门、走动、拉家常以增强感情;而在农忙时,大家齐心协力互助生产,不计报酬地抢种抢收,以争取时间和提高效率,努力获得最佳的农耕效益。有些特别贫困的地区,一家的孩子考上大学,全村集资凑学费等现象屡见不鲜,这些都是优秀的传统文化对道德规范的。

### 2. 对家庭伦理道德的规范

家庭是社会的最小单位,家庭伦理道德规范是社会运行中的重要纽带。在家庭伦理的内容无论大事小事都有明确的安排和规范,如"妻子好合,如鼓瑟琴""宜尔室家,乐尔妻帑",是形容家人之间如果能相亲相爱,那么就像弹奏琴瑟一样能弹奏出和谐动听的音乐,兄弟朋友之间要相亲相爱、和睦友好,培养出融洽的感情,那么家庭生活一定会幸福安康。对家庭的道德规范还包括对长辈要尊敬孝顺,对晚辈要慈爱疼惜、教养有方。可见,对于家庭伦理其实具有更全面和具体的主张和要求,同时也有相应的惩罚,如在《唐律》中有"十恶",它们分别是谋反、谋大逆、恶逆、谋叛、不道、大不敬、不孝、不睦、不义、内乱之罪,其中"恶逆""不孝""不睦"三项都是和家庭孝道有关。在宗亲家族内,如果发生"恶逆""不孝""不睦"的行为,会视为与谋叛、谋反等一样,为不赦的死罪。

（二）传统文化倡导和谐自然的发展观

在两千多年前,中国古代的思想家、哲学家庄子,就提出天人合一的哲学思想观。尊重自然客观规律、不违农时地进行农业生产是我国传统乡村文化的重要内容,主张人们的生活生产要顺应天道,所谓的天道就是自然规律,这体现了我国古代朴素的唯物主义思想,在民间自古有"百亩之田,勿夺其时""不违农时,谷不可胜食也"的思想和观念。人们遵循自然规律安排农事活动,以自然节气的规律指导着种植业、畜牧业等的发展。顺应天时、和谐自然地生活与生产是民间最朴素的文化价值观。比如,清明前后点瓜种豆;春分时节,早稻先后浸种、催芽、覆膜育秧、晴天播种;端午节前后,收割小麦,储水准备插秧。民间还有春季不打鱼狩猎的说法,就是要因循动物繁衍的自然规律,无论耕种打猎都讲求时节,才能延续衣食有余,让子孙后代都能享有大自然的恩惠。

（三）传统文化所附带的局限性

1. 个体意识与平等思想缺位

中国的传统文化成熟于封建社会,当时的底层劳动人们没有自由、人权、平等这些观念。在由封建思想统治的乡村社会里,人们的思想意识被驯化为符合皇权统治阶层的需要,如君为臣纲、夫为妻纲、父为子纲,如人有贵贱之分、男尊女卑等陈腐思想观念长期占据着乡村社会文化的统治位置。即使在现代乡村社会,类似的纲常思想和愚孝愚忠的现象也仍然存在,更普遍的是家长作风,族群本位意识,以及以传宗接代、延续香火为婚姻的主要诉求等观念也同样存在。在乡村社会文化中,个体意识较淡薄,人们更普遍的是以宗族为单位的集群开展生活活动的。个人意志要服从家庭意志,家庭又要因循族群的规范行事,因此个体意识始终处于被忽视甚至被压抑的状态。在一些较为落后的地区,至今还有很重的重男轻女的落后思想,比较突出的例子是,在贫困家庭人们会优先培养儿子读书,忽视对女儿的教育。

2.封建迷信文化根基牢固

封建迷信思想是封建社会的文化遗留,也是传统文化中一个不可忽略的组成部分。封建迷信文化曾在中国古代社会具有强势地位,从村野莽夫到王公贵族无不是封建迷信思想的信奉者和传播者,卜卦算命、看风水等至今仍在民间流传。在科学缺位的年代,这些思想大行其道,并且在民间发展出极深的根基,涉及人们生活的方方面面,从求学、婚配、就医、安宅,到艺术创作、娱乐等都或多或少地有迷信文化的踪影。这在当今的乡村教育振兴中,也是不容忽视的问题,有时会推进科学活动的无形的阻力,因此应当引起一定的重视。

# 第五章　乡村振兴战略下乡村
## 文化资源开发与经营

　　我国历史悠久,地域辽阔,资源丰富。5000千年来的发展历程,创造了中华民族古老厚重而独具特色的文化历史,而承载人民赖以生存的农业生产和乡土风情的乡村文化,又成为我国文化历史发展的主脉。乡村文化资源经历了岁月的洗礼,蕴含着丰富的历史信息。长期的积淀留下了无数的民间文化遗产,弥足珍贵。它凝聚着丰富的人文主义思想和民族精神,打上了深深的历史烙印,是传承历史文明的重要载体。对于后人探寻先辈文化,吸收先人的文明智慧和优秀文化传统,研究人类发展脉络,培养华夏儿女的爱国情感都具有极其重要的价值,是人类社会的宝贵资源。

　　乡村文化资源不仅是一种自然存在,还具有文化价值、精神价值和思想价值,同时具有经济价值、使用价值和消费价值,是可以转换的文化经济。充分利用传统乡村文化的历史、情感、文学价值,能够促进乡村文化与农业产业化经营的结合,延长特色农产品生产的产业链,培育和打造农业产品特色品牌。因此,我们要提升对乡村文化资源开发以及传承的重视度,给予文化开发以更多的支持,鼓励农村地区发掘自身独特的文化。具体来说,乡村文化资源的开发与传承,可以保护文化多样性,促进各民族、地区的发展。随着城市化的不断发展,人们在建设城市文化的同时,也不能忽视传统乡村文化,更不能全面否定乡村文化。社会发展需要保护文化的多样性,要使乡村文化在新时代焕发出别样的光芒,从而提升大众的文化认同感和自豪感。

　　乡村文化要想发挥更大的影响力,必须建立完善的乡村文化传承体系,为乡村文化的长久发展提供保障。当前我国乡村文化丰富,但是传承效果以及质量并不乐观。例如,一些古代工艺,传承的弟子越来越少,导致工艺中蕴藏的文化也随之消亡。因此,需要建立文化传承体系,提升大众对传统文化的认识,使文化得以长久传承。

本章就来分析乡村振兴战略下乡村文化资源开发与经营的相关内容。

# 第一节　乡村名人故里与历史文化资源开发

## 一、乡村名人故里开发

### (一)名人故里开发的重要意义

旅游经济是一种最具发展潜力且最理想的特色经济。作为中华历史名人,他们的思想及对历史的影响都值得后人去探讨、学习、借鉴,这是发展乡村名人故居旅游的现实基础。在此基础上,发挥名人效应,以旅游业作为切入点,以最大限度地提高故居的知名度,进而推动当地乡村产业结构调整,实现乡村跨越式发展,有力地推动乡村经济的发展。

### (二)名人故里开发的几点策略

#### 1.把握资源优势

把握资源优势是发展旅游业的前提。乡村名人故居游能否在旅游市场上占有一席之地,既不取决于它是否是国家重点文物保护单位,也同它所处的地理位置无直接的因果关系,明确故居的真正内涵及外延是开发成功的关键。

虽然名人的故居是传统的,但名人故里的旅游开发是现代的。发展名人故里旅游,应该千方百计保护名人故居,并挖掘名人故里和故居的文化教育功能、历史教育功能。名人故里博物馆一般包括人物博物馆、事件博物馆和综合博物馆。不管何种博物馆,通常包含故里、故居、旧居、旧址、遗迹、宗庙、祠堂等。作为以博物馆为载体的名人故里,首先,必须有以文物为重点的文化遗存；其次,应举办陈列展览；最后,还要开展宣传教育。由此,实现名人故里博物馆"以物说话,传播知识"的基本功能,吸引更多游客。

### 2. 实行市场导向

发展名人故里旅游要以市场为落脚,为此,首先要树立市场导向,要打破一些行政体制带来的桎梏。其次要模式到位,回答"名人故里到底在卖什么"？其卖点应该是名人的精神,而不是简单的名人的影响。此外,发展名人故里旅游应突破传统的纪念馆模式,通过培育产业链条和产业体系研究更多广受市场欢迎的旅游形式。

当前名人故里发展面临几大问题：市场开发启动难问题、故居泛滥化问题、文化抽象化的问题。目前,三皇五帝、重要历史伟人、风尚人物、传奇人物、财富人物、名人集中区域六种类型的名人故里在未来旅游发展中引领时尚。新的历史形势给名人故里旅游联盟赋予了新的内涵,它应该是一个共同打造主题板块、共同构建研究网络、共同建设营销网络的联合体。

名人故里的开发思路可按故居—故里—故事来进行。目前不少地区仅在故居上做文章,这是远远不够的,而且也很难为市场所认同。名人故里旅游发展的核心是：故居为原点,故里为主题,故事为产业链,尤其应注重在产业链上延伸。

### 3. 创新融资思路

旅游产业是一种朝阳产业,旅游投资热已席卷全国。在此大背景下,一般故居游难以吸引投资,因此应认真总结,力求在思路上有所突破。比如,以故居的旅游开发经营权换取建设资金。在全国范围内公开拍卖故居的旅游开发经营权,以换取急需的故居修复建设投资。拍卖能否成功不在于该点子本身,而是取决于拿出什么水准的旅游开发权威规划并给投资者以信心的政策保障措施。又如,具体操作上,可以先以特色小项目切入,待故居的品牌打响后,再来完善基础设施建设与投资建设大项目,千万别妄想一口吃成大胖子。先树知名度,再以其知名影响力吸引投资,这既是故居旅游开发的现实选择,也是一种融资策略。

## 二、乡村历史文化资源开发

### （一）乡村历史文化资源开发的重要意义

在中华文明上下五千年的历史中,乡村作为社会上最为基础的组成单位,为文明的发展做出了巨大的物质与精神贡献。它们所做的不仅是养活了这个全世界人口最多的国家,也以其独特的方式推动了历史的进程,同时又创造出了绚烂多彩的文化。在文化历史的长廊中,乡村文化作为最重要的组成部分,蕴涵着千年的历史积淀。时代发展到今天,人们已越来越多地注重到乡村文化在现实经济与社会发展的重要作用,也在各个阶层和广大人群中形成了统一的认识,拯救村庄文化,延续乡村历史,成了人们的共识。

要想将已有的乡村历史文化世代延续下去,就需要将它重新注入活力,使其适应当代经济高速发展的现状,这不仅可以传承文化,还可以使文化随着历史的变迁继续发展下去。我国的乡村历史文化源远流长且丰富多彩,具有巨大的可开发潜力,一旦将这些历史文化资源开发出来并且妥善经营,将会使其成为乡村经济发展的新的增长点。

文化资源是一种特殊资源,它蕴藏在历史文化传统之中,存在于社会文化状态之中,弥漫在整个物质生产、精神生产的创造过程之中。乡村文化资源是整个国家的文化资源中最为重要的一部分。若要开发乡村历史文化资源,则必须做到将历史文化资源开发成历史文化产业。

### （二）乡村历史文化资源开发的重要途径

乡村历史文化资源,包括有形历史文化资源和无形历史文化资源,它是乡村历史文化产业发展的重要基础。乡村历史文化资源开发可以通过乡村历史旅游产业和休闲娱乐产业实现。

#### 1. 乡村历史旅游产业

#### （1）宗教朝圣旅游

宗教朝圣旅游即宗教信徒因朝圣而引起的旅游。很多宗教信徒都有着朝圣的习俗,像我国的四大佛教名山、著名道教名山等都吸引着千百万信徒前往朝拜。这就形成了千年不衰的宗教旅游潮流。宗教旅游是一种特殊的历史文化旅游,也是宗教文化传播的方式之一。而在我国,曾先后有佛教、道教、伊斯兰教等存在,因而有许多的宗教旅游胜地存在。以这些宗教旅游胜地为依托,开发乡村宗教文化,便成为乡村历史文化产业的重要内容。

（2）历史古迹文化旅游

作为旅游的一个种类,历史古迹文化旅游是为了顺应人们追溯历史、怀古好奇的心理而组织的。人们往往把历史古迹、革命遗迹作为民族的精神和象征,这是开展历史旅游的条件和心理基础。我国乡村地区有许多名人古迹,游览古城风光,参观历史名城的保护区、博物馆、建筑物、古迹文物等都是乡村历史旅游的常见项目。

（3）红色旅游

红色旅游是指以从中国共产党成立至1949年新中国建立这一历史阶段形成的包括红军长征、抗日战争、解放战争时期的重要革命纪念地、纪念馆、纪念物及其所承载的革命精神等为旅游资源开发和利用的条件而发展起来的旅游。我国绝大多数红色旅游景点在乡村,国家大力发展红色旅游产业,便可形成带动革命老区乡村经济发展的优势产业。

2. 乡村休闲娱乐产业

我国的乡村历史文化灿烂,有着许多可以演绎开发的东西。例如,以特定历史背景和特定地点拍摄的电影和电视剧,像《井冈山》这样的影片,不仅可以寓教于乐,对于井冈山当地的宣传也有着促进作用。

此外,历史上从我国乡村地区走出大量名人,他们有些留下了大量的文学作品,有些留下了诸如书法、戏曲等形形色色的艺术形式。今人可以以此发展起具有浓郁地方特色的影视业、出版业以及音像业,这些产业同时又能够促进当地的历史文化产业的蓬勃发展。

# 第二节 乡村传统工艺与饮食文化资源开发

## 一、乡村传统工艺开发

### （一）乡村传统工艺的意义

民间传统工艺是民族文化中的另类宝藏，是千百年来民族传承文化极具特色的部分，是本民族文化不可或缺的部分，民间工艺不仅丰富了民族生活，便利了民族生活，它更是民族文化的一种象征，从中我们可以窥见一个民族的生存方式、审美意蕴、生活态度及民族与自然和谐共处的场景，工艺的发展映射出民族的演变。工艺是民族物质文化象征的载体，它动态地演绎出一个民族的审美意蕴、价值取向、生活方式、思维模式、精神信仰和生存的境况。工艺又是同一个民族的自然环境和人文环境相适应的产物。保存民间传统工艺，就是保存了民族的象征，就是保存了民族的特色。它可供我们了解不同民族的风土民情、社会制度、礼仪风俗和文化特征，它又是研究一个民族物质文明、精神文明和造型艺术的重要依据，民间工艺具有不可再生性，一旦失去就很难复原。

### （二）乡村传统工艺文化的开发路径

#### 1. 手工陶艺

陶艺是一门伴随人类进化成长的、既古老又现代的艺术，历经数千年，至今仍在不断地提高和发展。它包含造型设计、图案设计、现代美术、民间美术、书法艺术等多种学科知识，采用纯净柔和、可塑性强的天然陶土为载体，经过人们加入主观意识的艺术加工、造型，再经过高温烧制，成为各式各样的装饰陶艺、观念性陶艺等，深受人们的喜爱。陶瓷艺术具有无穷的魅力。在大批量的工业产品快速发展、充斥市场的同时，传统的陶瓷艺术正受到消费者的青睐。从当前世界器皿市场的情况看,陶瓷器皿占据着金字塔的高端,显示出尊贵的本质,工业产品占据着金字塔的下端,显露出实用、价廉的特色。随着经济的不断发展,人们生活品质的不断提高,人们对器皿的要求绝不会仅限于盛物,对器皿艺术价值的追求与欣赏会成为主流。就像茶道不仅是为了解渴一样,精神的抚慰更显珍贵。现代陶艺是介于雕塑、绘画和建筑之间的一种新文化表达方式,是艺术家借助陶瓷材料,或以陶瓷材料为主要创作媒体,远离传统,表现现代人的理想、个性、情感心理、意识和审美价值的作品形式。

传统陶艺的基本特征是以实用和装饰为主,作品的外在形式蕴涵着传统文化的意蕴,在造型上以同心圆为主,含蓄而内敛,倾向批量生产,有统一的模式规定,主要是受他人所托制作,缺乏个性。在这一点上与现代陶艺是两个极端。当然,中国传统陶艺特征并不能简单地由兵马俑、唐三彩等具有传统特色的形式符号来概括。

当前,应该从如下几点开发陶艺文化资源。

（1）加大陶瓷艺术文化的宣传力度

我国是陶瓷文化艺术的发源地,瓷都景德镇可谓是家喻户晓,但陶瓷艺术经过几千年的历史发展到现在多元化形式的陶艺,还处于发展的初级阶段,人文接受环境还很差,要想改变这种现象不可忽略新闻媒体广告宣传的作用。在信息传播高速发展的当今社会,对陶瓷艺术的宣传却较为落后,接触陶瓷艺术知识机会较多的也只局限在为数较少的陶瓷产地或学校。陶艺在报纸、杂志、广播、电视以及网络等方面的宣传少之又少。这些问题也是陶艺界所关注的问题,陶艺要改变目前的人文接受环境,有赖于加强对陶瓷艺术进行一系列宣传,这样才能使现代陶艺成为家喻户晓的大众艺术。

（2）走我国自己的陶艺之路

日本的陶艺高度发达,这与日本以强大的经济后盾为基础有关,更主要的是与日本的民族文化特色、生活习惯、审美观念等有关。日本的陶艺以食器、酒具、茶具居多,而日常生活中日本人保留了许多传统的饮食习惯,陶艺制品在日常餐饮中大量使用,这种最与生活贴近的陶艺文化普及,是促使日本陶艺发展迅速的一个重要原因。

发展生活陶艺,不仅仅要继承传统、学习国外,还要与现代所处的时代特点联系起来,要根据现代人的审美个性要求、消费观念、生活习惯等找准发展方向,更深入一点说是要找准陶艺与市场的契合点。如今一些陶艺家正是从这方面出发,在传统的基础上吸取西方与日本陶艺中的营养,做起了艺术含量很高的日用陶瓷器皿,如花插、花瓶、茶具、饭具,甚至烟缸,这些艺术化的日用品投放市场后赢得了消费者的青睐。这应该是开创我国陶艺之路的先锋,也让我们看到了陶艺市场发展前景的曙光。发扬了传统,加强了国际陶艺交流,不断培养壮大市场,我国陶艺将走出一条属于自己的道路。归根结底,我国的陶艺是人们适应社会物质、文化生活的需要,是人类物质文明和精神文明有机结合的产物。它的发展过程将是曲折的,但它有着以深厚文化底蕴为基础的广阔发展空间。可以说,陶艺因生活而张扬,生活也将因陶艺而丰富,陶艺产业将在大众化的趋势之下不断发展。

2. 剪纸

剪纸是我国最普及的民间艺术之一。剪纸材料易得、成本低廉、适应面广,最适合妇女闲暇时制作,既可作实用物,又可美化生活,因而广受欢迎。它发源于黄河流域,由当时的农耕民族所创,因此融合了中国农耕社会的民族文化特色,具有鲜明的民族性与地域性色彩。陕西窗花风格粗朴豪放;河北和山西剪纸秀美艳丽;宜兴剪纸华丽工整;南通剪纸秀丽玲珑等,反映了不同区域百姓的生活内涵和文化差别,具有浓郁的民俗特色。这种古老艺术反映了各地人民在气质、风俗、生活、宗教祭祀等各方面的差异,也反映了不同时代的历史特征。在艺术上,其造型特点也很值得研究。

剪纸可分为下述几类。按作者分类,有民间剪纸、艺人剪纸和文人剪纸;按用途分类,有装饰类、俗信类、稿模类、其他类;按用纸及表现技法分类,有单色剪纸、阳刻剪纸、阴刻剪纸和阴阳结合剪纸。

其表现手法为:

剪影:通过物象外轮廓来表现形象,所以它最注意外轮廓的美和造型。

彩色剪纸、套色剪纸:套色剪纸是剪纸艺术中应用较为广泛的一种表现方法,一般多采用已完成的阳刻主稿拼贴上所需要的各种色纸。

比如,柘荣县的发展可以作为一个示范。柘荣县是中国民间艺术之乡,柘荣剪纸被列为福建省首批非物质文化遗产。2007 年年初,柘荣向文化部申报柘荣剪纸为国家级非物质文化遗产。近年来,柘荣县政府从扶持发展剪纸商品的产业开发入手,找到了一条以文化产业发展来带动非物质文化遗产保护,实现"非物质文化遗产保护"和"文化产业发展"双赢的好路子。一是成立民间剪纸艺术研究会和民间艺术工作办公室,出台《柘荣县"中国民间艺术之乡建设规划"》等政策文件。二是组织广大民间文艺工作者分赴河北蔚县、山东潍坊等全国各地考察剪纸市场,开发剪纸产品 100 多种,变艺术优势为经济优势和产业优势。三是成立"柘荣县剪纸产业中心",引导剪纸作品的作者、文化商品经营者联合创办股份制的经营实体,不仅在当地开设剪纸产品专营店,还在北京、上海、浙江、福州、厦门、广州等地开设有柘荣剪纸商品代销窗口,并通过"9·8"厦门贸洽会、海峡旅游博览会、广交会、深圳文博会等平台,将剪纸商品推向国内国际市场。

　　为了进一步加快柘荣剪纸产业发展,眼下柘荣县正积极扩大规模,建设剪纸产业基地,力争成为福建省文化产业示范基地,并认真筹备参加厦门"9·8"贸易洽谈会暨海峡旅游商品博览会。柘荣剪纸正朝着以民间文化艺术发展带动剪纸等非物质文化遗产的保护与传承,达到社会效益与经济效益双赢的方向迈进。

**二、乡村传统饮食文化开发**

（一）乡村饮食文化

　　饮食文化又称食文化、食品文化、饮馔文化、烹饪文化、厨艺文化、餐饮文化、美食文化或膳食养生文化。它是指食物原料开发利用、食品制作和饮食消费过程中的技术、科学、艺术,以及以饮食为基础的习俗、传统、思想和哲学,即由人们食生产和食生活的方式、过程、功能等结构组合而成的全部食事的总和。

　　乡村饮食文化是在乡村中发展起来的饮食文化,乡村的饮食文化是我国传统饮食文化中的重要内容。

　　在我国传统文化教育中的阴阳五行哲学思想、儒家伦理道德观念、中医营养摄生学说,还有在文化艺术成就、饮食审美风尚、民族性格特征等诸多因素的影响下,形成博大精深的乡村饮食文化。华夏农民的饮食生活体现了传统文化的特性,研究我国农民的饮食生活不仅是研究乡村文化的重要组成部分,甚至可以成为研究我国传统文化的一把钥匙。

　　总之,乡村饮食文化是一种广视野、深层次、多角度、高品位的悠久区域文化,是中华各族人民在千万年的生产和生活实践中,在食源开发、食具研制、食品调理、营养保健和饮食审美等方面创造、积累并影响周边国家和世界的物质财富及精神财富。

（二）乡村饮食文化的特点

中国的饮食文化丰富多彩、博大精深,烹饪技术更是独领风骚,风靡世界。了解中国饮食的结构与烹饪是做好饮食文化翻译的必备条件。

中国的物产丰富,从而造就了中国人民丰富的饮食内容与结构。通常而言,我国用以烹制菜肴的原料主要分为以下六种类别。

瓜果类。瓜果类的种类也很丰富,包括瓜类食品如黄瓜、丝瓜、冬瓜、南瓜、西瓜、甜瓜等;包括能制作干鲜果品的枣、核桃、栗、莲子、松子、瓜子、椰子等;还包括多种果、核、壳类食料,如苹果、葡萄、柑橘、菠萝、香蕉、桃、李、梅、杏、梨、石榴、柿子、荔枝等。

蛋乳类。这类食料是指由家禽派生出来的蛋类和乳类,如鸡蛋、鸭蛋、牛奶等。

蔬菜类。蔬菜类可分为两种:一种是可食用的野菜,一种是人工栽培的各种可食用的青菜。就目前而言,人工栽培的各种可食用的青菜是人们主要的菜肴原材料。蔬菜的种类广泛,既包括白菜、菠菜、韭菜、芹菜等茎叶蔬菜,也包括土豆、甘薯、萝卜莲藕等块根、块茎的蔬菜,还包括蘑菇、木耳等菌类蔬菜,番茄类和笋类的蔬菜以及葱、蒜等。

油脂类。主要是指由家禽和鱼类提供的脂肪以及植物种子榨取得来的可食用油。

调味类。主要是指各种调料,如姜、辣椒、花椒、桂皮、芥末、胡椒、茴香、盐、糖、醋、酱油、味精、鸡精、料酒等。

鱼肉类。鱼肉类作为菜食原料是对古食俗的传承,主要包括家畜中的猪、牛、羊以及家畜中的鸡、鸭、鹅的肉以及大部分内脏,也包括野兽以及野禽的肉(受保护的珍禽野兽除外),还包括水产中的鱼、虾、蟹等。

在中国人的饮食结构中,素食是主要的日常食品,即以五谷(粟、豆、麻、麦、稻)为主食,以蔬菜为辅,再加少许肉类。

除了以素食为主外,中国人还喜欢热食、熟食。在中国人的餐桌上,只有开始的几道小菜是冷食,随后的主菜多是热食、熟食。在中国人看来,热食、熟食要比冷食更有味道。中国人对热食、熟食的偏好与华夏文明开化较早和烹调技术的发达有很大关系。

中国饮食制作精细,烹饪方法多种多样。如果把上述六种食料用不同的方法烹饪,可以做出成千上万种不同风味的菜肴。以下我们主要介绍一些中国饮食的烹饪技术。

精细的刀工。加工食料的第一道工序是用刀,用刀要讲究方法和技巧,也就是刀工。日常的刀工主要有以下几种:切、削、切片、切丝、切丁、切柳、切碎、剁末、去皮、去骨、刮鳞、去壳、刻、雕等。

各种烹调方法。中国的菜肴烹调方法有 50 多种,但常用的主要有以下几种。

炒。这是最主要的烹调方法。

爆。这种方法与煎大致相同,但所放入的油更少,火更大,烹饪时间更短。

煎。这种方法就是在锅内放少许的食用油,等油达到一定的温度后将菜料放入锅内煎烹。

炸。这一方法就是在锅内放入更多的油,等到油煮沸后将菜料放入锅中进行炸烹,经过炸烹的食物一般比较香酥松脆。

烧。这也是烹调中式菜肴时最常用的一种方法。所谓烧,也就是在锅内放入少量的食用油,等到油达到一定的温度后,放入菜料和佐料,盖上锅盖进行烹煮。

蒸。这种方法操作如下:将用配料以及调料调制好的菜料放在碗或碟内,再将其放入锅中或蒸笼中隔水蒸。

煮。这种方法是指在锅内放入食材和一定量的水、佐料,在文火上烧。

炖、煨、焖、煲。这几种方法操作如下:将菜料放在水或汤中,用文火慢慢加热熬煮。

白灼。这种烹调制法的操作如下:将食物放在沸水中烫煮,然后取出来放佐料拌制或用热锅炒制。这种方法通常用于烹制海鲜食品。

烘、烤。烤是指将菜料放在火上或火旁烧烤;烘是指将菜料放在铁板架子上或密封的烘炉里烘,食物不与火直接接触。

熏。这种烹调制法是指将宰杀的家禽或野味,用调料或香料调制好以后,将其用特殊的树木柴火进行熏烤,经这种方法烹制的菜肴往往风味独特,如五香熏鱼。

（三）乡村饮食文化的多样性发展路径

第一，风味多样。由于我国乡村面积大，地大物博，各地气候、物产、风俗习惯都存在着差异，长期以来，在饮食上也就形成了许多风味。我国一直就有"南米北面"的说法，口味上有"南甜北咸东酸西辣"之分，主要是巴蜀、齐鲁、淮扬、粤闽四大风味。

第二，四季有别。一年四季，按季节而吃，是我国烹饪又一大特征。自古以来，我国乡村饮食一直按季节变化来调味、配伍，冬天味醇浓厚，夏天清淡凉爽，冬天多炖焖煨，夏天多凉拌冷冻。

古代的中国人特别强调进食与宇宙节律协调同步，春夏秋冬、朝夕晦明要吃不同性质的食物，甚至加工烹饪食物也要考虑到季节、气候等因素。这些思想早在先秦就已经形成，在《礼记·月令》就有明确的记载，而且反对颠倒季节，如春"行夏令""行秋令""行冬令"，则必有天殃；当然也反对食用反季节食品，孔子说的"不时不食"，包含有两重意思：一是定时吃饭，二是不吃反季节食品。西汉时，皇宫中便开始用温室种植"葱韭菜菇"，西晋富翁石崇家也有暖棚。这种强调适应宇宙节律的思想意识的确是华夏饮食文化所独有的。

第三，讲究美感。乡村饮食的烹饪，不仅技术精湛，而且有讲究菜肴美感的传统，注意食物的色、香、味、形、器的协调一致。对菜肴美感的表现是多方面的，无论是一个红萝卜，还是一个白菜心，都可以雕出各种造型，独树一帜，达到色、香、味、形、美的和谐统一，给人以精神和物质高度统一的特殊享受。

第四，注重情趣。乡村饮食很早就注重品味情趣，不仅对饭菜点心的色、香、味有严格的要求，而且对它们的命名、品味的方式、进餐时的节奏、娱乐的穿插等都有一定的要求。中国菜肴的名称可以说出神入化、雅俗共赏。菜肴名称既有根据主、辅、调料及烹调方法的写实命名，也有根据历史掌故、神话传说、名人食趣、菜肴形象来命名的，如"全家福""将军过桥""狮子头""叫花鸡""龙凤呈祥""鸿门宴""东坡肉"等。

第五，食医结合。我国的烹饪技术，与医疗保健有密切的联系，在几千年前有"医食同源"和"药膳同功"的说法，利用食物原料的药用价值，做成各种美味佳肴，达到对某些疾病防治的目的。

# 第三节　乡村景观文化与民情民俗文化资源开发

## 一、乡村景观文化开发

### （一）乡村景观规划

乡村景观规划,简言之是对乡村地域内的各种景观要素进行整体规划与设计,使乡村景观要素空间分布格局、形态与自然环境中的各种生态过程和人类观瞻协调及和谐统一的一种综合规划方法,其目的是充分实现乡村景观所应具有的生产服务功能、生态功能、文化和美学功能。鉴于乡村景观规划的多目标要求,以及我国乡村景观的现实特殊性和全面实现小康社会乡村发展的内涵,乡村景观规划中所依据的基本理论有以下几种。

#### 1.景观生态学理论

生态学所研究的对象包括大气、土壤、水以及动植物,所研究的内容是这些对象之间的相互关系,所研究的空间具有相对均质性的特征;景观生态学所研究的对象为自然环境和生物,所研究的内容是这些对象之间的相互关系,并且这些对象来自同一个地区,但其存在的空间单元是不同的。也可以说,景观生态学作为一门科学所研究的内容就是自然环境和生物之间的相互关系,但研究的生物主要是来自具有异质性特质的土地地域,而该异质性主要是由许多不同的生态系统组合而成的。

景观生态学一共包含了两个部分的内容:第一部分是关于地理学,相关的研究内容是自然现象在空间中的相互作用,并产生的水平途径;第二部分是关于生态学,相关的研究内容是自然现象在功能上进行的相互作用,并产生的垂直途径。有一些问题在低级生物组织层上是没有办法得到解决的,但这些问题都可以利用景观生态学来解决。和生态学相比,景观生态学所研究的范围要更加的宽泛,在研究的过程中还加入了人类活动的内容,有一些景观受到人类活动破坏比较严重,针对这些景观给出了有效的解决办法。而人们之所以要对景观生态学加以研究,主要是因为人们在建设景观生态工程的过程时需要该理论的辅助,才能满足人类对该工程提出的各种需求,从而实现人与自然和谐共处,建设和谐美好的家园。

景观生态学的提出者为德国著名的植物学家卡尔·特罗尔( Garl Ttoll ),因此景观生态学的起源地便是在欧洲,该学术理论作为综合性科学,主要是在说明两个方面的内容:一方面是从景观学的角度出发,对区域之间的差异进行对比研究;另一方面是从生态学的角度出发,对结构的功能系统进行研究。

从 20 世纪 70 年代开始,人类活动变多,对社会产生的影响也在加大,并在全球范围内出现人口问题、资源问题以及环境问题等,这就要求我们在做相关研究时,需要开始从全球整体的角度出发。也正是因为如此,景观生态学才重新走进了人们的视野,作为一门综合学科,结合了人文科学、地理学以及生态学的内容,让其互相之间进行互补并实现统一。

如今,对于景观生态学的研究已经有许多国家都在进行着,我国开始重视景观生态学是在 20 世纪 80 年代。当时每一个国家都在朝着城市化和工业化的方向发展,并且发展的速度极快,其最终产生的问题就是对自然景观生态系统造成了破坏,针对这种现象,人们所想到的办法是创造人工的生态系统或结合自然与人造重新创造景观生态系统。随着这样的发展与变化,人们的生活方式以及思维方式都受到了一定的影响,同时人与自然之间的关系也在人造景观生态系统中逐渐发生了变化。因此,目前最重要的研究内容是怎样才能控制人工在生态系统上不再增多,怎样才能在新的时代背景下让人与自然能够和谐发展。实际上,景观生态学只是一种人类的思维方法,或可以将其看成一种研究的途径,这种观点的独特之处,就在于它的景观水平、在生态学研究过程中形成的整体观,还有它包含了许多不同学科在景观问题上所进行的研究。

从景观生态学的角度来说,在地面上,镶嵌于生态系统中的就是景观;在自然等级中,比生态系统还要再高一个等级的就是景观;在人文生态系统和自然中作为载体的地,就是景观。景观生态学也因此有了另一个名称——地生态学。

乡村区域是一个复杂的生态经济系统,由自然环境—生物—社会经济组合成并协同发生作用的复杂大系统。这个大系统及各子系统是开放的,在能量、物质、信息不断地输入输出中变化和发展。制定乡村区域发展规划,应正确认识生态与经济之间的对立统一的辩证关系,必须同时确定生态和经济两种目标,兼顾经济效益和生态效益。

2. 人地协调理论

地球环境是人类赖以生存的地方也是谋求发展的地方,人类与地球环境之间的关系,就是人地关系,这种关系是在人类出现之后开始出现的,主要表现为主体与客体之间的关系。当人类社会不断发展,人类社会活动不断增多,人类生产活动不断进步,人地关系也在发生着变化,同时发生变化的,还有人类针对这种关系所产生的观念。

在原始时期,人类社会的生产能力水平并不高,人类主要依靠着自然界来生活,并且在很长的一段时间内,人类对于大自然是十分依赖的。当社会开始发展,并达到一定程度后,人类对于自然环境的依赖程度便开始逐渐减弱,并开始学会对环境进行利用和改造,让环境在变化发展的同时还能满足人类的各项需求。当人类出现在地球上之后就开始学着适应自然,并尝试对自然进行预判。

地球上的生态系统是由环境和存活在地球上的生物所形成的,并且该生态系统始终保持在稳定的状态,在该生态系统中存在一种能力可用于自动调节,这种能力就是使其保持动态平衡的主要原因。生态系统中的动态平衡是十分重要的存在,如果这种平衡遭到了破坏,地球将会遭受灾难,严重的话甚至会使生态系统消失。因此,人类不管在进行什么样的活动都不能打破这种动态的平衡。

人类在地球上所占有的空间是十分有限的,地球所承载的环境与自然资源也都是有限的。如果人类想要维护自身的利益,想要为自己的后代留下一个能够支撑其生存下去的良好条件,就需要人类控制人口的增长,控制废弃物的排放,控制自然资源的过度索取,让生态系统保持在稳定和平衡的状态。要知道,自然环境本来就是一个整体且具有有机统一的特征。自然界作为一种自组织系统,其内部的有序性得到提升时,自然界的整体性也得到了发展,而自然界结构组织之所以能够从整体上得到优化和发展,是因为它的减熵现象。

在人地系统中,人类始终都具有两种属性:一种为自然属性,一种为社会属性。人类既承担了生产者的身份,又承担了消费者的身份;既承担了建设者的身份,又承担了破坏者的身份。自然系统是没有办法从根本上被人类改变的,但人类干预地球的能力依旧是巨大的。但人类在影响地球的同时,也在影响着自己。所以,当人类在改变环境时,需要依照自然界发展的客观规律,即保证其能够按照对人类产生有利影响的方向发展,如果没有按照规律进行活动,就会对地球造成不利的影响,从而使人类自己受到自然界的惩罚。

### 3. 系统工程理论

在系统科学中存在一个名为系统工程的应用分支学科,这门学科实际上是一种组织管理技术,并带有综合性质,其研究的对象主要为大型的复杂系统,研究的主要内容是将这些复杂的系统进行研究和设计,规划与管理,并保证这些系统在运作时能够获得最佳的效果。系统工程始终都坚持把对象系统当作一个整体来看待,其整个研究的过程也同样当作是一个整体。人们将该系统看作由多个不同的子系统结合而成的,也是以这样的观念对系统进行设计的,因此在设计时最先考虑的问题就是子系统的技术是否能从整体的角度实现技术的协调,这种协调主要用于调节整体系统同子系统之间所产生的矛盾,以及子系统同子系统之间所产生的矛盾。

在系统工程中,为了使不同的技术在应用的过程中可以协调配合,就需要对不同学科以及不同技术领域中的成就内容进行综合的运用,这也是系统工程一直都在强调的内容。由此可见,在系统工程中能够用来对社会经济上的问题以及社会技术系统上的问题进行解决的最佳方式,就是将社会科学、自然科学以及技术科学结合起来。系统工程所包含的关于技术方面的内容有很多,它既要研究不同系统之间的共性特征,还要研究每一个系统各自的特征,因此系统工程也是各类不同组织管理技术的统称。

通常,在系统工程内一共包含五个方面的内容。第一个方面是关于运筹学的内容,包括全面规划系统内容、统筹兼顾系统以及对系统中的资源进行合理的运用,并且这些内容都是在固定的条件下完成的,统筹学作为一种数学方法主要用于实现最终的目标。第二个方面是关于概率论的内容,主要用于研究众多随机事件中所蕴含的基本规律。第三个方面是关于数理统计学的内容,主要用于获得数据,对数据进行分析与整理和建立数学模型。第四个方面是关于控制论的内容,主要是对不同的控制系统所表现出来的相同的控制规律进行研究,并对动态优化系统状态的内容进行详细的研讨。第五个方面是关于信息论的内容,主要是通过利用计算机对提取信息、传递信息、交换信息、存储信息和流通信息进行研究。

系统分析的主要目的在于收集充足的信息提交给控制系统;分析的对象包括系统的机构、系统的功能以及对系统的要求等;在系统分析的过程中会遇到许多的约束条件,包括环境条件、状态条件以及资源条件等,在这些条件的约束下设计出不同的方案,在设计的过程中还要注意满足系统突出的各项要求。在得到分析结果后,还需要对其进行评价,其评价的依据是评价准则,最后形成满意的解释。

### 4. 产业空间布局的区位理论

（1）古典区位理论

在人类社会中,针对经济活动所做的空间布局规律各有不同,人们在研究这些规律时提出了许多理论,区位理论就是这些理论的统称,主要内容为在区位选择和经济论证时对生产进行的布局以及对城市进行的布局。区位理论按照不同的研究对象一共可分为三类:第一类为农业区位理论,理论研究的代表作品为农业区位论,作者是杜能（Johann Heinrichvon Thunen）;第二类为工业区位理论,理论研究的代表作品为中心地理论,作者是克里斯·泰勒（Chris Taylor）;第三类为商业服务业区位理论,理论研究的代表作品为市场区位论,作者是廖施（August Losch）。下面对第一类和第二类进行介绍。

①农业区位理论。杜能是德国的经济学家,他是第一个提出农业区位论的人,并在该理论中表明了农业地域的特征,随后他编著了《孤立国》,在西方农业区位论中作为基础内容。该理论主要是针对农业用地的不同经营方式所进行的阐述,认为其经营方式不是由土地的自然特性所决定的,社会经济的空间需求对其产生的影响更大,其中造成影响最大的是不同用地同农产品的消费地,即农产品市场之间的空间距离。杜能为让他人对该内容更了解,他做出了一个简单的假设:"孤立国"就是乡村区域,中央位置就是唯一的一座城市,同时是唯一一个农产品市场。"孤立国"的四周都是荒地,和外界并没有任何的联系,在国内,各地区的土地条件和气候条件都是相同的;农业生产者的生产技术和经营能力是一致的;市场的价格,为工人发放的工资以及资金产生的利息

等内容也都是相同的;去市场所使用的交通工具是马车,运输所使用的费用和与市场之间的距离成正比的关系。这些内容都是研究"孤立国"的前提,也就是"孤立国"的模式,即各条件均质、唯一的中心、自由的竞争、运输费用一致,并且是一个封闭的区域。在做出假设之后,以农产品生产的成本、农产品销售的价格、农产品运输的成本以及农产品利润的均衡关系作为研究的出发点,推断出农业土地经营方式的规律,即在封闭的市场中心里,农业分布地带的中心为城市,分布的形式为以同心圆的形状向外扩散,农业土地经营方式的规律也同样呈现出同心圆的形状,其形成的是空间规律,形成的依据是集约化的高低程度。这些地带有明显的层次性:第一圈靠近城市中心,生产含水量大,不易贮藏易腐烂的农产品,是集约化最高的高效农业地带;第二圈为林业地带,供应城市作为燃料的木材;第三圈为轮作农业,供应城市粮食;第四圈为粮草轮作或农牧带,有一定的荒地;第五圈为三圃式农业地带,有总面积1/3的荒地;最外圈是畜牧业地带,后人将之形象地概括为"杜能圈"模型。农业地带所产生的收益以及单位面积的产量在六个圈中呈现出由外向内逐渐递增的特点,而农业的集约化水平则呈现出由外向内逐渐增高的特点。杜能从级差地租出发,得出距离市场远近不同的地区应配置不同的农产品生产以及采用不同的经营方式的结论。在进行研究的过程中杜能还将自己农庄的相关资料作为研究的依据内容,对每一个圈内的农业地带距离进行了详尽的分析,并针对拥有多个中心地区的、具有非均质条件的、运输距离非等距的情形下,将理论模式内容进行了修改。杜能所提出的理论内容具有特定的历史条件,并且严格按照该条件进行建立的,因此当社会生产力与农业技术得到发展后,农业区位之间的差异现象变得越来越大。但杜能所提出的理论内容依旧存在具有价值的地方:第一,关于区位理论的最基本的研究思想是在抽象理论演绎的出现和空间区位得到关注后才产生的;第二,现在的区位理论提出的依据都是杜能在理论中所提出区位级差地租,城市空间结构理论更是因此而提出的。

②工业区位理论。当近代工业得到发展后,古典区位理论研究中的中心内容在 19 世纪下半叶,就已经开始变成工业区位理论了。这个时候出现了许多的工业区位理论,如廖施理论、韦伯理论。工业区位理论和农业区位理论的不同之处为,在工业区位理论中,人们使用了更新兴的概念,即区因子分析概念,在该理论中,人们所研究的对象是近现代

工业企业的布局,同时这也是一种更复杂的研究内容。工业地区分布的基本原则是:生产费用最小,节约费用最大;决定工业企业区位配置的三个因素是:运费、劳动费用和聚集力。他认为,运费是工业区位定位的最有力的决定作用,工业分布首先应考虑建立在运输费用最少的地区。此外,要考虑劳动力工资成本的高低。由于劳动力工资和劳动生产率的高低都存在空间差异,当企业的地区移动所增加的运费小于移动后所节约的劳动力费用时,可使工业企业离开运费最小地区移向廉价劳动力的地区。许多在生产上、销售上存在密切联系的企业向一个地点集中,可以使企业便于采用最新技术,生产进一步专业化,企业间更好地分工协作,共同使用辅助企业与基础设施,降低生产成本。但在考虑聚集因子时要注意聚集规模的适度,因为过多的企业集中在某一地点时,会使聚集区内的地租、房租上涨,劳动力价格升高,材料供应与产品销售距离也会增大,便对企业产生驱散力,即聚集因子与分散因子是相关联的,集中程度越高,分散因子影响就越大,一个地区工业集中的程度是聚集因子与分散因子的力量消长的结果。

（2）现代区域空间结构理论

世界范围内的经济空间格局以及经济运行方式从 20 世纪五六十年代开始就处于迅猛发展的过程中,传统的区域理论也因此受到了较大的冲击。随着经济工业化的发展以及工业空间集聚的加剧,技术革命和社会城市化开始不断地发展了起来。又由于技术革命的出现,越来越多的新型产业部门出现,使社会再一次进行了分工,同时产业结构也开始发生了变迁。人们的生活方式在这样的社会背景下发生了巨大的改变,乡村快速朝着城市化的方向发展,城市规模也因此而扩大,社会经济水平也得到了飞跃,劳动生产率得到了提升。

对自然资源的扩大利用,造成了日趋严重的环境污染与生态失衡,世界人口激增,尤其是发展中国家人口增长过速,人口与资源供应问题成为区域发展的隐患等,这一切都对区域理论和区域规划的发展提出了新的要求。因此,以空间集聚理论为先导的现代区域空间结构理论应运而生并发展起来。

①空间集聚理论。和传统的地理集中概念相比,空间集聚理论有着更大的规模并产生更大的影响力,现代区域空间结构也是因该理论的出现而形成的。从现代区域理论的角度出发,我们能够发现,在社会经济条件下以及现代技术条件下,集聚经济所产生的效益是巨大的,而正是

因为产生了这种效益,才使得空间集聚在区域现代经济活动中出现。集聚可以使生产分工更加的细致,生产活动更加的专业,并且在降低生产成本的同时提升了劳动生产率,并带来了五个"有利于":第一个有利于的内容是关于运输,关联产品在长距离之间的运输所产生的费用、转移所产生的费用以及获得信息所产生的费用都会有所减少,从而将运输所需的成本降低了;第二个有利于的内容是关于基础设施和公共服务网络,当基础设施得到高效率运行时,社会经济在发展过程中所需要的各项服务也变得发达起来,而外部的经济效益就是这样形成的;第三个有利于的内容是关于劳动力的市场,主要指的是用于培训劳动力的时长和供应劳动力的时长,在集聚的作用下变得更发达;第四个有利于的内容是关于技术人才,通过集聚劳动力得到了充分流动,这个时候拥有专业技术的人才就会在人群中脱颖而出;第五个有利于的内容是关于产品,在集聚的作用下,能够出现较大的潜在市场以及现实市场,许多的产品在这样的市场下不断地进行更新,制造产品的技术也在不断地发生革新。在许多研究学者的眼中看来,为了满足现代化城市的要求以及社会化城市的要求;为了提高社会化大生产的效率,最有效的办法就是针对区域空间的结构采用规模集聚的形式,因为在这种形式下所产生的经济,可以在外部经济、生产成本、市场以及创新等方面都创造出巨大的效益。

②区域空间结构理论。虽然在不同的区域或不同的产业所使用的空间结构的形式都是经济活动集聚型,但最终会产生不一样的效果。针对农业,在应用这种空间结构形式后,会使商品经济得到发展,农业部门和农业地域都变得专门化,这样的改变会使一些新技术产生并应用在农业中,同时会提高农业的劳动生产率,但也因此会出现大量的劳动力剩余现象。针对一些第三产业,如工业以及产业服务业等,在没有使用这种空间结构时,其本身就具有较强的集聚性,在应用这种空间结构后,就会出现许多不同类型和不同规模的经济中心,现代城市也会随之发展起来,同时农业活动中剩余下来的劳动力人口就会进入城市,城市的规模也因此扩大:小城市变成大城市,大城市变成特大城市,特大城市变成超级城市。现代城市的网络系统也因此而产生,在更大的范围内对经济社会生活进行主导。通常,现代区域空间结构理论的主体为区域城市网络,其形成来自人类经济社会活动空间的集聚。关于现代区域空间结构理论,其主要研究的内容一共包含了三个层次:第一个层次为城

市的发展规模也就是集聚体的发展规模以及它的空间结构组织规律；第二个层次为针对周边的乡村地区，城市所应用的吸聚模式，也就是集聚体的吸聚模式；第三个层次为在区域内部，将不同的城市连接起来，也就是联结集聚体，从而形成的城市网络结构形态。第一个层次内容是关于现代城市总体布局的理论基础内容，第二个层次的内容是关于区域城市化布局的理论基础，第三个层次的内容是关于区域城镇体系布局的理论基础。

（二）乡村景观文化性规划与设计

不同国家和地区基于经济发展水平、人口、资源状况的差异，乡村景观生态规划也有所侧重。例如，欧美一些发达国家，经济发展快，农业现代化水平高，自然资源条件也相对比较优越，其景观生态规划较为注重生态保护及美学观光价值，如高强度农业景观生物多样性与陆地表面覆盖物的空间异质性关系，农田树篱结构变化对鸟类多样性的影响，促进哺乳动物和鸟类自由运动与水土流失调节的景观设计。对应于旅游业中人们"回归自然"的要求，乡村景观生态规划中设计一些富有特色的观光农业模式。这种景观模式是根据美国和欧洲乡村的情况，融合生态知识与文化背景的一种创新，被称为"可能景观设计"。

我国人口众多，生态负荷重，在长时期高强度的土地利用之下，乡村景观中自然植被斑块所剩无几，人地矛盾突出，因此农村的景观生态规划和建设要立足于自己的国情。首要的问题是协调提高人口承载力与维护生存环境之间的关系，生态保护必须结合经济开发来进行，通过人类生产活动有目的地进行生态建设，如调整农业生产结构、营造防护林、修建水保工程，增加绿色廊道以补偿和恢复景观的生态功能，塑造环境优美、与自然系统相协调的人居环境与宜人景观等。

理想的乡村景观生态规划应能体现出乡村景观资源提供农产品的第一性生产、保护及维护生态环境及作为一种特殊的旅游观光资源这几个层次的功能。现代农业的发展，不仅要满足第一层次的需要，同时还要注重后两个层次功能的开拓。通过景观生态规划，使根据生态规律建设的农业生态系统不仅要获得超过自然系统的生产力，并且要保持生态的可持续性。首先，乡村景观生态规划应该注重增加景观异质性来创建新的景观格局，或是改变原有的景观基质，或是营造生物廊道与水利廊道,或是改变斑块的形状、大小与镶嵌方式,形成均匀或不均匀(散布与聚集)、细粒或粗粒的景观格局。这些景观的空间构型乃是在原有的地貌、气候与生物等自然属性的基础上注入新的人类文化特征后形成,是人类寻求与自然和谐、协调,改善与优化土地利用方式的产物,是在景观尺度上实现可持续发展的积极探索。其次,要注意在原有的生态平衡中引进新的负反馈环,以增加系统的稳定性,可以实行多种经营、综合发展,或农林牧结合,或农林果结合,或农业种植与水产养殖相结合,从而大大提高景观中各生态系统的总体生产力,取得经济效益与生态效益的同步增长。

**二、乡村民情民俗文化开发**

（一）民俗的概念

所谓民俗,就是指民间风俗,是广大民众所创造和传承的文化现象。具体来说,就是民众在社会生活中世代传承、相沿成习的生活模式,是一个社会群体在语言、行为和心理上的集体习惯。民俗是历史长期积淀的产物,它既是人们心灵、情感、精神、思想等内在素质,也体现在由这些素质外化出的各种行为习惯和语言方式上,并且还包括了人们根据世代传承的技艺所进行的生产活动及其物质产品。由此可见,民俗是一个包罗万象、外延广阔、底蕴深厚的概念。

民俗文化是民众的生活文化,它与民众所处的特定的自然、人文环境紧密相关。我国传统社会是以农耕生产为主业的社会,因而围绕着农耕生活累积形成的民俗本身就具有一种大农业的特点。我国还是一个多民族国家,民俗具有独特的民族气质。

（二）乡村民情民俗的发展路径

乡村民情民俗原本属于农耕文化,它具有极大的包容性、开放性、融合性,它能够对各种文化兼容并蓄而保持自身独有的特色。乡村民情民俗作为文化现象,是乡村社会存在、经济基础以及经济关系的反映。乡村文化的衰落已经成为当前乡村人的普遍问题。继承乡村传统文化就应该找到传统文化的根,从而打造农村精神家园。

### 1. 寻找乡村传统文化的根

乡村传统文化的根即具有浓郁气息的乡村传统文化,既有传统的以民间节日、宗教仪式、戏曲为中心的地方文化生活,也包括曾经相当活跃的、与集体生产相伴随的乡村公共生活形式,更有乡村日常生活形态和乡村独到的文化精神内涵,这是乡村人曾经的精神支柱,是心灵家园。而如今,这些乡村传统文化在慢慢流失。对于年轻一代乡村人来说,乡村传统文化的缺失,让其无法对乡村文化产生亲和力、归依感,他们生命存在的根基就极易发生动摇,成了在文化精神上无根的存在。对于乡村来说,生态环境的恶化、家庭邻里关系的淡漠和紧张、社会安全感的丧失,使乡村生活已逐渐失去了自己独到的文化精神内涵。乡村人已经深入社会的每一个角落。如果这个群体的文化以及精神发生了偏差,整个社会也会发生文化以及精神偏差。因此,一方面,要以继承和发扬传统文化为契机,重塑乡村文化。政府要带头弘扬和保护乡村传统文化,使传统的节日发扬光大。尤其是在解决留守家庭子女和老人问题时,要给予他们更多的关照,唤起村民对传统风俗文化的记忆,丰富村民的业余生活,拉近村民之间的亲密关系,营造良好的乡间伦理氛围,找回朴实的乡村文化。另一方面,要以改善和发展乡村教育为抓手,沉淀乡村文化。基层政府要加强乡村的基础教育,加大对乡村教育的扶持力度,提升乡村教育水平。各级政府还要采取切实行动解决农民工子女求学问题,最大限度地消除不公平待遇。要加强乡村的公民教育,促进道德修养和文明意识的提高,帮助乡村人摆脱"被利益化"的意识形态而重回和睦淳朴的乡村文化生活。只有真正让乡村人找到失根缘由,寻找到属于自己的传统文化之根,才能不断发扬乡村传统文化,重塑乡村精神家园。

### 2. 与时俱进,促进文化的现代化

在不同历史阶段上的民俗也会共存,其中既有繁华的都市民俗,也有古朴的乡村民俗,还有部分地区不同程度地保持着原始的民俗生活形态。很多民俗反映了百姓送走往日穷苦、迎接美好新生活的传统心理,其本身的出发点无疑是好的,但是在不同的时间、不同的地点,其产生的影响是完全不同的,因此这也需要在解读民俗的时候,应该与时俱进。现时代,乡村民情民俗已不是封闭的体系,而是在现代文明的影响

下注入了现代的元素,尤其是现代文化的传播几乎没有了国界与城乡的壁垒。在这样的时代背景与村民心理的相互作用下,都市文化不断传入乡村,使乡村民情民俗由传统型向现代型转变。乡村改革的深化,带动了乡村民情民俗的巨大转变。农民富裕了,他们有能力提高自身与家庭的文化素质了,其思想观念、思维方式以及行为方式也就改变了。这一切都带动了乡村习俗的变迁。总体来看,经济越发展,农民越富裕,乡村民情民俗的变迁就越大。在改革开放的伟大进程中,广大的乡村民众受到党在乡村的宣传教育以及各个方面的影响,思想观念逐渐发生了深刻的转化,乡村民情民俗也随之发生了变化村民消费观念的转变、婚姻家庭观念的转变以及开放意识与商品交换意识的确立,使乡村民情民俗呈现出了新思想、新理念与新文化。由于自然环境与人文环境的差别,民俗常常会呈现出错综复杂的特点。要想全面而准确地把握一般民俗所具有的全部特征,事实上是很难的。现在,许多人对于民俗是"想爱又不知如何去爱"。只有让那些精致的民俗文化传承和保留,并有选择性地继承,才能使得我们的生活更加丰富多彩。

### 3. 对乡村民情民俗积极引导

正确引导乡村的民俗文化和民间艺术,剔除那些风俗、仪式、艺术样式中不健康的东西,把蕴涵新内容、健康、美好的文化信息注入其中。只有对具有新内容、健康、美好的文化信息和文化生活方式进行继承和发扬,培养乡村文艺人才,兴建基础文化设施,成立演出队伍,举办农民自己参与其中的文艺活动,才能最终使文化细水长流、生根发芽、开花结果。

加强对乡村新习俗的引导,最根本的在于加强党对乡村工作的领导。要想让先进健康的文化在乡村扎根,除了要加强组织引导,调动国家、集体、个人及各方面的积极性,更应该大力培养乡村文化骨干,加强对乡村文化市场的培育和管理,加大清除"文化垃圾"的力度,开展"以文养文",多渠道增加文化投入,鼓励、激发乡村本土文化的自力更生和发展繁荣。在教育农民、促进农业发展的重要方面,必须在乡村加强党的领导,加强党对乡村文化的领导,使乡村民情民俗沿着文明健康的社会主义方向发展。这就要把乡村文化的发展与习俗变迁纳入党的重要议程之中,规划乡村文化的发展目标,引领乡村民情民俗的变迁趋向。首先是要尊重乡村社会的特点,区别对待乡村民情民俗的不同作用与影响,但对于关系到村风民俗发展的方向性问题,要始终把握之、引导之。实践证明,新中国成立以来,尤其是改革开放以来,乡村民情民俗之所以发生了巨大的变化是与党在乡村开展宣传教育工作分不开的。没有教育就没有新习俗的形成。要通过宣传教育,进一步使农民明确党在乡村的各项方针政策,特别是建设经济发展、生活富裕、村风文明、村舍整洁、管理民主的社会主义新乡村的大政方针与各项举措,提高新认识,明确新目标,形成新观念,确立新思想,养成新习惯,建立新关系,使乡村优良的传统习俗继续得到弘扬,负面影响逐渐受到消除,使新的乡村民情民俗逐步地树立起来。

# 第六章　乡村振兴战略下的乡村
# 文化产业创新发展

　　长期以来,我国一直实行的是计划经济体制,在这种体制下,文化行业或部门是隶属于政府的一个行政机构,主要从事意识形态领域的工作,职能主要是进行政治思想教育和社会主义文化宣传。人们往往只把文化当作公益事业去看待,而没有什么文化产业意识。即使是在实行市场经济、文化已经作为一种社会产业存在的今天,仍有许多人对文化产业存有这样那样的模糊认识。所以,我们有必要从产业、文化产业等基本概念开始去探讨乡村文化产业化的相关问题。

## 第一节　乡村文化产业的内涵与理论基础

### 一、文化产业与文化产业化的概念辨析

#### (一)关于"产业"概念

　　按照现代经济学的观点,产业指存在并发展于社会生产劳动过程中的技术、物质和资金等要素,及其相互联系构成的社会生产的基本组织结构体系,或简单概括为社会生产劳动的基本组织结构体系。通俗地讲,产业指的是国民经济的各行各业;产业是一种经济现象,是为社会提供产品或服务,并经过投入产出能够获取盈利,从而能够使之自我发展的领域。产业是介于微观经济组织与宏观经济组织之间的一个中观

概念,它是具有某些相同属性企业的集合,又是国民经济中具有某些共同特点的一个整体部分。

（二）文化产业与文化产业化

所谓文化产业,是指专门或主要从事文化产品和服务的生产和经营活动的行业。其本质特征是把人类知识的、智力的、精神的、艺术的和信息的活动及其成果以一定的物质为依托,转换成供人们消费、享用及交换、买卖的文化产品。它是一种投入少、效益高、增长幅度大、带动力强的新兴产业。它与一般产业部门的最大区别,就在于其文化含量及文化功能大大高于其物质性的含量和功能。文化产业与传统意义上的"文化事业"也不是一个相同的概念,根本区别就在于它不仅仅是一种投入性的社会文化,而且能够产生经济效益,是具有经济和社会双重效益的产业部门。[①]

从性质上说,文化产业作为一种社会性的产业,同物质生产部门也有某种共同性,即它也要为社会提供商品以及商品的营销服务,这些商品也要以一定的物质性为依托(如图书需要纸张,美术品需要画布和画框,音乐需要乐器演奏等),也要服从统一的产业政策和经济规律。但文化产业是一种特殊的社会产业,其特殊性主要表现在它是以"原创性"的精神活动为根本,以文化产品的生产、营销及服务为内容的社会行业。

只有这样,才能显现出文化产业的真正价值,这样的文化产业才能真正成为市场的主宰和赢家。具有精神原创性的文化产业同模仿复制性的文化产业有着本质的区别,就如同一幅世界名画的原作同复制品之间的关系一样。凡·高创作的《蓝色鸢尾花》曾创下了3.2亿法郎的最高拍卖纪录,而这幅画的复制品几元人民币就可买到一张。

从功能上说,文化产业的产品不是为了满足人们的物质需要,而是为了满足人们的精神需求以及娱乐、休闲和丰富自己心灵的需要。从文化产品的价值构成上看,物质要素仅仅是有关信息、智慧、知识和精神的载体,不决定文化产品价值的大小。决定其价值大小的,是其中蕴含的"文化"价值。我国某企业购买日本丰田公司的一张管理软件光盘,

---

① 郭晓君等.中国农村文化建设论 [M].石家庄：河北科学技术出版社,2001.

价格为 80 万元人民币,而这张光盘的原材料价格仅为一两元人民币。

文化产业是经济发展到一定阶段的产物,是市场经济规律使文化与经济相融合的产物。市场经济的不断发展和深化,必然导致文化产业化趋势。一方面,由于社会分工的作用使文化与经济相分离,形成了专门的、单纯的文化产业,在社会中发挥着创造文化、传播知识、丰富人们精神文化生活的功能;同时,在传播文化的过程中,通过文化资产的运营,创造可观的经济效益。譬如美国的电影业早已走上文化产业化道路,并创造了非常可观的经济效益。近年耗资 3.2 亿美元拍摄的巨片《泰坦尼克号》,在世界上产生了很大的影响,文化资产的价值为电影产业赢得了15 亿美元的巨额效益。另一方面,由于物质文明和精神文明的相对丰富,文化生产向集约化、规模化、社会化、社会效益和经济效益统一化的趋势发展,而工业产品又必须向艺术化、理念化、科学化、知识化趋势发展,以迎合公众生理和心理的双重需求。因此,文化产业化是社会向前发展的大生产产物,是可持续发展的新的经济增长点,是知识含量高、科技密度大的现代化生产,是终将走向全球化的外向型产业,是经济效益与社会效益兼顾的特殊产业。

## 二、文化产业的门类划分

随着市场经济的深化和知识经济的发展,文化产业门类正在不断增多,规模逐步扩大,涉及的社会领域越来越宽。怎样划分文化产业门类,各国有适应自己国情的方法。参照世界一些国家文化产业发展的先进经验,从我国的现代化建设和社会全面进步的实际出发,着眼于知识经济在我国的发展趋势,并考虑到中华民族文化的特征和城乡文化的差异,我国的文化产业大体上应该分为以下门类。

(1)图书报刊业。是由出版社、报社、杂志社编辑出版,通过书店、邮局中转发行或由出版社、报社、杂志社直接发行销售,向社会有偿提供图书、报纸、期刊、年画、挂历等文化产品的产业。

(2)媒体信息业。包括广播、电视、电影等通过电子信息技术向社会生产、发行、传播文化艺术作品和社会大众信息的大众传播媒介系统,以及近年来迅速兴起的以计算机信息网络为媒体的现代文化信息业的开发和利用。

(3)音像业。包括有声磁带、录像带、唱片、光盘、影碟等文化艺术产品以及与之相配套的录音机、录像机、VCD、CVD、DVD 等放映设备的生产、发行、销售、服务行业。

（4）表演艺术业。是由戏剧、音乐、舞蹈、曲艺、杂技、马戏、木偶、皮影等由演员表演并通过舞台来完成的有偿艺术服务行业，也包括时装表演和健美表演等营业性活动。该类文化产业由表演团体、演出场所及演出中介机构等组成要素构成。

（5）娱乐健身业。这一行业主要体现为以商品形式向人们提供文化娱乐和体育健身设施与服务。经营的项目丰富多彩，项目有舞厅、音乐茶座、电子游戏厅、游乐场、台球、桌球、保龄球、健身房、棋室、打靶场、娱乐大奖赛等。

（6）工艺美术业。是指用以陈设、装饰、观赏、收藏的工艺美术商品的生产、销售、交换的市场和行业。生产与经营的品种有雕刻、绘画、剪纸、编织、书法、造型、装饰、集邮、工艺染织、艺术陶瓷、玉器加工、观赏家具等。这是在世界上享有盛誉的、富有民族特色和地方特色、具有广阔发展前景的传统行业。

（7）文化旅游业。是通过开发、展示自然景观、人文景观、民俗风情、文化名胜并与餐饮、住宿、交通、购物相交融的综合服务性行业。我国是一个具有五千年历史的文明大国，文化旅游资源非常丰富，不论是城市还是乡村都有开发文化旅游业的基础和条件。

（8）文博服务业。这类文化产业主要包括图书馆系统和博物院系统，在计划经济体制下属于公益性文化事业。随着市场经济体制的建立健全，这些场所在保证社会效益和公共文化服务的同时，也开始与市场接轨，通过出售门票、举办文化活动、开展多种经营、出租部分场所等"以文补文、以文养文"等举措，创造了一定的经济效益。这些行业有图书馆、博物馆、美术馆、纪念馆、档案馆、植物园、动物园、水族馆、自然保护区、文化宫、天文馆、名人故居、民族纪念物、考古发现等。

（9）群众文化业。这一产业包括两个方面：一是供人们消遣、休闲，带有群众自发性质的交易市场，如鱼、虫、花、鸟、打猎、垂钓等；二是文化大集、民间庙会、文化艺术节等，以"文化搭台，经济唱戏"的方式，构成了一种融组织策划、文化交流、商业贸易、旅游娱乐于一体的新型经济产业。例如，北京的诗酒节、贵州的酒文化节、西安的古文化节、宁夏的黄河节、河南的少林文化节、河北的吴桥杂技艺术节以及少数民族的三月三、火把节、泼水节等。

（10）文化物业。也有人称为"知识物业"，是将精神文化产品物化为物质文化形态所构成的文化产业。是文化资产形态转化而造就的文化产业。诸如北京的大观园、北普陀、世界公园、中华民族园、正定的荣国府、浙江的清明上河园、涿州的影视城、太湖的水浒城、深圳的"锦绣中华""中国民俗文化村""世界之窗"等。

### 三、我国乡村文化产业化的发展历程

我国文化产业起步较晚，这与我国长期实行计划经济体制直接有关。20世纪80年代，随着流通领域突破国家独营的经营管理体制，文化产业开始兴起。从1983年起，在全国文化事业单位中，开始了以试行经营承包责任制为主要形式的体制改革。一些文化单位开始转变职能，从国家的一个文化事业单位转化为文化生产和经营单位，具有了一定的生产和经营自主权，从而激发和调动了广大文艺工作者的积极性和创造力，使文化艺术生产同社会的文化需求紧密地联系起来，促进了文化的生产和流通。在全国各艺术表演团体实行承包责任制后，各地文化馆站、图书馆积极开展了"以文养文"、多业助文活动。整个20世纪80年代的文化产业，主要表现为图书出版业的兴盛，通俗性文艺演出业和娱乐业的兴旺，群众艺术馆经营机制的转换等。

20世纪90年代，文化产业无论是在理论上还是在实践上都引起了社会广泛的重视。这有两个显著的标志：一是社会各界开始关注文化产业的建设问题，有关研讨会议接连在北京、上海等地召开，各类相关论文在各地报刊大量发表；二是在国务院机构改革的背景下，文化部成立了文化产业司，说明文化产业已经引起了国家行政决策机关的高度重视。近年来，文化产业在向高科技领域、影视业、艺术品经营业、文化风情旅游业等方面拓展，无论是从广度上还是经营和规模上都大大超越了20世纪80年代的水平，呈现出了迅猛崛起的态势。计算机的普及和相应的知识性、娱乐性和管理软件以年增长40%的速度发展。迅速发展的文化产业成为活跃人民群众生活的重要领域，也是安排就业、涵养税源的重要途径。

我国的文化产业目前有如下特点。一是文化产业的经营网点分布广、密度大。经营网点包括图书销售网点（书店、书摊、报亭）、文化娱乐网点（如歌舞厅、音乐茶座、卡拉OK厅、录像厅、游乐中心、健美中心、夜

总会等)、文物工艺品商店、电影电视放映点、信息服务场所。二是我国文化信息的资源优势集中在大中城市及沿海经济发达地区。这也符合国际文化产业的发展趋势,即文化产业主要向高科技、高智力、高艺术性、高信息化的方向发展。

我国文化产业从无到有,在短短的 20 年的时间内摸索前进,的确取得了不小的成绩。文化产业的崛起强化了我国文化产业意识,转换了文化产业的职能,为文化按照自身的规律发展提供了广阔的空间。今天的文化产业,无论是规模、资产、经营、效益等都有了长足的进步,为今后的进一步发展奠定了坚实的基础。但是还应该看到,我国的文化产业同西方相比还只是刚刚起步,从知识经济的发展趋势看还有不小的差距。我国目前文化产业存在的主要问题是:第一,产业规模小、效益低,产品质量参差不齐,原创性的少,抄袭模仿的多;第二,文化产业低效益运行,投资盲目性大,资源浪费现象严重;第三,市场运行机制弱,价值体系不合理;第四,理论研究还停留在浅层次,管理体制混乱,产业立法不健全,未形成共办文化产业的社会合力。

**四、发展乡村文化产业的重要意义**

从全球来看,世界已经进入由文化经营向经营文化的历史转型时期,越来越多的国家开始对文化产业所形成的国家"软实力"表现出前所未有的重视。因此,以文化体制改革为契机,努力实现文化产业的快速发展,形成以高科技含量和高文化附加值为核心竞争力的文化产业主体,成为重构国家文化形象,提升国家综合实力和综合竞争力的重要途径。具体来讲,发展和繁荣乡村文化产业和文化市场具有以下几个方面的重要意义。

(一)推动优化乡村产业结构的进程

众所周知,文化产业是知识经济时代的产物,从全世界的范围来讲,属于一种朝阳产业,受到了各国政府的重视。在很多业界的专家看来,当今世界经济效益最好的企业有两类,一类是高新技术企业,而另一类则是文化产业。乡村文化产业具有就地取材、就地加工,能耗低、污染少、附加值高、收益多等特点,就发展现状而言,作为特色文化产业,具有较高的经济和社会价值,有望成为不少地区经济发展新的增长点,只有大力发展文化产业,才能有效地促进乡村产业结构的不断调整,使文化工作与经济发展相结合,进一步推进乡村社会的发展。

（二）使乡村文化资源得到优化整合

各级政府在乡村大力鼓励文化产业的建设和发展,有助于实现乡村文化基础设施的利用和维护。从当前乡村文化产业发展的现实情况来看,乡村基本文化阵地建设所面临的困难不是如何兴建阵地及设施的问题,而是如何能够实现乡村文化基础设施得到永续利用,从这个意义上来讲,将乡村的这些文化基础设施用于文化产业的开发,无论所有权是归政府还是归企业个人,都是为了使这些基础设施得到最充分的维护和利用。

从当前乡村文化建设和文化创新的情况来看,由于财力和个人意识等方面的因素,乡村中的各级政府及有关部门对于文化建设的经费投入并不是很高,很多地区存在着文化建设经费严重不足的现象,而只依靠政府解决这一问题从短期来看并不是一件很现实的事情,因此各级政府大力鼓励文化产业的发展,有助于弥补乡村文化建设经费的不足,使乡村政府的经费负担得以减轻,真正实现乡村文化建设和文化创新投资主体的多元化。

在乡村发展文化产业可以推动培养乡村业余文化骨干的进程,从而提高乡村文化服务的质量。长期以来,由于文化在社会发展和国家稳定中扮演着一种特殊的角色,我国文化事业发展的重任一直压在国家政府的身上,这不仅使文化带上了太多的政治色彩,而且也使国家及各级政府的负担比较沉重,直接导致了文化事业经费投入不足和文化服务水平质量较差。大力鼓励乡村文化产业的发展,不仅可以缓解国家及各级政府财政上的负担,实现投资主体的多元化,而且可以使各文化企业在不断的竞争中提高自身的文化服务质量。

在乡村大力发展文化产业,可以使我国的民族文化遗产得到更好的开发和利用。在我国广大的乡村中,散落着很多历史文化遗迹,这些具有浓厚的历史文化内涵的民族民间历史文化遗产是我们中华民族宝贵的财富,在对其投入必要的物力和财力进行抢救和保护的同时,我们也要不断地拓展思路,将这些财富作为产业进行开发和利用,使其在纪念价值的基础上增加商品特性和经济价值,只有这样,才能提高民间保护历史文化遗产的积极性,从而最终实现民族民间历史文化遗产的可持续发展。

### (三)是实现乡村文化经济价值的重要措施

从广义上来讲,文化是指人类在长期的社会实践中所创造的所有物质财富和精神财富的总和,从这个意义上来说,我们可以将文化理解成人类创造和接受一切物质财富和精神财富的活动以及能力,根据这个概念,我们可以做进一步延伸理解,文化是一种生产与消费的全过程,引申到经济学范畴便是一个生产和消费的全过程。所以说,文化产品作为一种商品,其生产和消费与一般物质产品的生产和消费从本质上来讲具有完全相同的属性,和其他商品一样,它也同时具备价值和使用价值,并且二者之间也是相辅相成的关系。中华民族是一个具有悠久历史文化的民族,作为一个由农业为物质基础发展起来的民族,乡村、农业、农民一直在我们的民族发展史中扮演着举足轻重的角色。在长期的劳动和不断的斗争中,广大的农民群众创造出了丰富的民主文化,随着社会的不断发展和进步,我们不仅要看到文化的精神价值和文明价值,而且还要充分认识到其经济价值,通过不断地开发其经济价值来使其文化价值不断地得到提升,不断地丰富本民族文化的内涵,是文化产业工作者担负的重要的历史使命,也是乡村文化产业发展所需要注意的重要问题。

## 第二节　乡村文化产业的经营管理与运作

### 一、实施数字乡村战略

2019年,中共中央办公厅、国务院办公厅联合印发《数字乡村发展战略纲要》,旨在建设数字乡村,推动第三产业发展,建立灵敏高效的现代乡村社会治理体系。

第一,加强乡村信息基础设施建设。加快推进乡村地区宽带网络和移动通信网覆盖,大幅度提高乡村网络设施水平和覆盖率。为推进乡村旅游发展,鼓励社会各部门开发适应"三农"特点的信息技术、产品、应用和服务。

第二,发展乡村数字经济。推动信息技术在农业生产过程中的普及和全面深度融合,打造智能化、科技化农业生产实施过程。实施互联网与物流深度融合,加快建设一批农产品智慧物流配送中心。线上深化电子商务进乡村,推动人工智能及电子商务实体店进乡村,培育乡村线上促销、线下销售融合发展系统。

第三,统筹推动城乡信息化融合发展。引导乡村挖掘资源特色,建设互联网特色乡村,构建互联互通、各具特色的数字城乡融合发展格局。依托国家数据共享交换平台信息,推动信息共享、资源公开,扩大信息传播范围,提高乡村旅游认知度和影响力。

## 二、建立健全市场体系

在推动乡村文化产业发展的实践过程中,要建立健全市场体系。具体可从如下方面着手。

第一,建设市场主体,对乡村文化产业骨干企业进行培育,形成示范引领,带动各类文化企业实现良好发展,激发文化市场的发展活力。要对非公有制文化企业进行扶持,并创设良好的营商环境。对营商环境进行创设,要从如下方面着手。首先,遵循国家法规和相关政策,开展深入全面的调查研究,契合乡村地区实际情况,统筹规划和合理制定扶持政策,构建激励机制,鼓励民营企业投入乡村文化产业领域,综合利用项目补贴、差别税率、贷款贴息、税金减免、先征后退、补充资本金等方法,对乡村文化产业项目进行扶持。其次,对市场准入程序进行简化,减少不必要的审批环节,在资源分配、立项审批、土地使用、投资核准、政府采购、融资服务、人才引进等方面,开通高效便捷的绿色通道,实现对营商环境的进一步优化。

第二,针对乡村文化产业构建完善的市场准入机制,促进乡村文化产业实现高效有序的市场化运营,确保市场对资源的优化配置,实现对市场导向的有效加强,通过市场机制对投资者进行选择,促进乡村文化产业提高其市场化程度。

第三,促进乡村文化企业加强与各类金融机构合作,鼓励引导各类社会投资主体,以承包、租赁、合资、独资等方式开展经营,形成多样化投资主体,有效拓宽融资渠道,针对乡村文化产业构建高效有序的投融资体系,为乡村文化产业的良好发展提供强有力的资金支持。

# 第三节　乡村文化产业的创新发展对策

## 一、我国乡村文化产业发展过程中存在的问题

从当前文化产业和文化市场发展的实际情况来看,我国乡村中的文化产业和文化市场建设尽管取得了很大的发展,但是仍然存在着各种各样的问题。

（一）没有足够的政策引导和政策保障

在这个问题上,乡村文化产业和文化市场上的问题主要表现在三个方面。

文化产业发展所需要的支持政策尤其是经济优惠政策相对滞后。在我国广大的乡村中,各级政府对于文化产业发展的重视程度仍然不够,这直接导致了一些融资政策、市场准入政策以及税费减免政策制定的推迟,在很多乡村地区,与吸引社会投资、捐赠、赞助相关的经济政策仍未出台。

乡村文化产业发展的定位仍然十分不明确。从目前乡村文化产业发展的水平来看,大多数乡村文化产业的发展仍然处在一种萌芽的阶段,发展的规模较小,并且项目混杂,由于资产规模以及盈利大小都成为影响自办文化规范发展的重要因素,因此当前乡村中的文化产业即使有一些经营性的产业形式,所获得的利润也非常低。

各级政府缺乏对乡村文化产业有效的管理和引导。根据有关调查资料显示,当前我国大部分乡村中的文化产业仍然处于一种自生自灭的状态,由于缺乏统一的管理和规划,很多地区的文化产业都存在着"散、

小、乱、差"的状况,很多经营性的民办文化,由于一味追求经济效益,在缺乏必要的组织管理和政策引导的情况下,非常容易出现一些问题。根据我国乡村文化产业和文化市场发展的水平,各地的文化部门应该注意对文化经营单位给予必要的业务指导和政策扶持,只有这样才能使文化更好地体现出其多重价值。

### (二)文化产品品位较低,各相关部门的管理水平不高

根据我国乡村文化发展的现状,我国的乡村文化经营单位大多数都是属于个体私营企业,规模较小,资金相对不足,在文化产业的管理模式、经营策略、营销思想等问题上,暴露出了一些弊端,大多数文化企业都呈现出了一种手工作坊式的特点,它们不仅市场运作能力较差,而且管理经验严重不足,更谈不上生产出格调高雅、具有浓厚时代气息的文化精品。除此之外,由于投资、经营、管理和增长等方面的良性循环机制并没有形成,直接导致了乡村文化产业发展的后劲不足。更为严重的是,在一些文化产业发展比较落后的地区,一些看风水、占卜算命、"打道场"之类的封建迷信活动仍然很有市场,除此之外,一些诸如色情演出之类的违法乱纪的事件还时有发生,文化市场亟待整顿。[①]

### (三)乡村文化产业的发展水平还比较低

从我国当前乡村文化产业实际的发展水平来看,一些乡村中的文化产业仅仅处于起步或者萌芽阶段,与城市或者文化产业相对发达的地区相比具有严重的滞后性,程度较低的科技化、规模化和市场化构成了乡村落后的文化产业发展局面,很多乡村文化的组织程度非常低下,再加上文化活动场所的缺乏以及乡村用于支持文化产业发展经费的严重不足,各部门对农民文化生活和文化市场的培育和扶持远远不够,很多村镇中的村民很难有机会看上一场戏或者一场电影。中国是一个农业大国,假如在全国人口中占大部分比例的乡村地区的文化产业得不到很好的发展,文化强国的建设便只能沦为空谈。

---

① 张华超.农村文化生活[M].石家庄:河北科学技术出版社,2014.

（四）乡村文化市场的发展环境遭受了严重的污染

自从改革开放以来，乡村文化市场的发展取得了很大的进步，由于乡村有关部门对文化市场的监督不力，一些行业在发展的过程中出现了一系列的不健康因素，使乡村文化市场的发展环境遭受了严重的污染。

在音像出版部门，很多盗版或具有淫秽色情内容的光碟被大量出租或出售，对未成年人的身心健康产生了十分不利的影响，一些人仍然在中小学校附近开设网吧或电子游戏厅，有的甚至会通宵开放，很多学生在这里出入自如，却无人过问。类似情况的存在，不仅使乡村青少年受到了严重的毒害，而且使乡村的环境受到了严重的污染。

## 二、我国乡村文化产业化创新发展的途径

在乡村实现文化产业化任重而道远，是一个复杂的系统工程。它既是一个理论问题，也是一个实践问题。这里试参考国内外发展文化产业的经验和做法，结合目前乡村文化产业的实际，从发展的角度，提出实现乡村文化产业化的途径和策略。

（一）发展乡村文化产业的主要原则

坚持社会效益与经济效益相结合的原则。发展文化产业，应该重点鼓励有利于提高农民思想道德水平和科学文化素质的文化产业的发展，扶持那些弘扬民族文化、反映时代主旋律、弘扬爱国主义精神和国际主义精神的优秀精神文化产品的生产，既要把握文化发展的社会主义方向，又要通过创造相应的经济效益扩大精神文化的社会传播，力求实现乡村文化产业的社会效益和经济效益的最佳结合。

遵循文化产业自身发展的科学规律，建立健全有市场经济特征的乡村文化产业经营和管理机制。要推动乡村文化产业的发展，就必须重视市场对文化产品的调节作用，重视培植文化资产市场，正视事实上存在的文化资产市场，规范文化资产和文化资本市场的经营，使文化产品、文化资产、文化资本积极地适应市场调节。但是也必须强调，文化产业的产品经营、资产经营和资本经营，不同于一般的物质生产，不能完全

由短期的、简单的市场价值和市场法则来控制,要正视文化在精神文明中的作用。

发展乡村文化产业要因地制宜,统筹规划,分步实施。我国乡村幅员广阔,经济发展参差不齐,农民生活水平分处于贫困、温饱、小康、富裕四种状态。这势必造成各地文化产业发展的差距。因而,发展乡村文化产业不能整齐划一、同步发展,要根据当地经济发展状况和本地的文化特色,量力而行,制定适合本地实际情况的乡村文化市场发展目标、方向和道路。经济基础差的地区,要抓启动,抓引导,积极扶持,热情帮助,找准文化产业项目的突破口;发展中的地区,要从总量、结构、效益、特色上下功夫;已经进入小康或正在进入富裕阶段的乡村地区,要力求在功能配套、丰富内涵、优质服务、提高文化品位和科技含量上迈上新台阶。

结合实际,兼收并蓄,走自己的文化产业道路。要学习和借鉴国外和国内城市的丰富经验,但是,要根据各地乡村的不同情况制订规划,启动项目,投入资金,进行生产,促进流通。从知识经济的发展趋势和世界文化产业发展的态势来看,乡村文化产业最终要走集约化、规模化、社会化的道路,但也要考虑乡村的交通、居住以及某些文化产业的特点,不能排除分散的、手工的、短期的生产经营方式。

### (二)发展乡村文化产业的重要途径

发展和繁荣乡村文化产业以及文化市场,可以采取以下几个有效的途径。

加大乡村文化建设的投入力度,使文化建设的网络更加完善。从总体上来讲,乡村的文化发展是乡村建设中比较薄弱的环节,也是乡村和城市所存在的最大的差别之一,所以发展乡村文化产业和乡村文化市场要按照城乡协调发展的要求,适当地加大向乡村的政策和经费的倾斜力度,乡村文化产业和乡村文化市场的发展一定要努力适应社会主义市场经济的客观需要。为了满足广大的农民群众对文化娱乐活动的需求,各级政府应该加大政策和资金的投入,在乡村建立健全三个文化网络。一是文化科技网络,将乡村文化站作为宣传科技文化知识和组织广大的农民群众开展各类文化活动的主要场所,使乡村的文化阵地得到前所未有的巩固。二是广播电视网络,要努力发挥广播电视信息量大、快捷的优点,使广播电视普及到乡村的各家各户。三是计算机网络建设,加大乡村的现代信息文化工作,在乡村大力普及网络信息技术,使乡村的文化市场得到不断开拓,在乡村实现现代信息资源的广泛共享。

积极培养乡村文化产业人才,开发乡村民营文化产业,使乡村文化产业发展的渠道得到不断地丰富。乡村文化产业的发展离不开人才的作用,而从当今乡村文化产业发展的现状来看,乡村文化产业所需要的人才呈现匮乏的状态,所以加大乡村文化产业人才的培养和引进力度,成为促进文化产业的发展和文化市场不断繁荣的核心环节。除此之外,作为乡村文化产业发展中的一支重要力量,民营文化产业无论是管理机制还是筹资方式都比较灵活,并且在乡村文化市场上仍然占有较高的份额,具有很大的竞争力,因此引导农民积极发展文化产业,使乡村的民营文化产业得到不断开发,不仅可以进一步推动乡村文化产业发展的进程,而且成为乡村文化建设和文化创新中重要的组成部分。

努力采取一切措施,使乡村的经济得到不断发展和壮大,并使农民的收入得到切实增加。文化产业的发展离不开雄厚的经济基础作为支撑,同理,如果乡村中的文化产业想要取得突飞猛进的发展必须要有坚实的经济作为支撑,因为只有乡村的经济获得飞速的发展,才能使农民的收入得到较为明显的增加,才能使乡村文化消费拥有足够的动力,所以努力推动乡村经济的飞速发展,才能够使乡村的文化产业取得长足的进步。

使乡村经济得到飞速发展可以有很多途径,但从总体上来讲可以从以下几个方面来考虑。乡村各级政府要采取有效措施使党中央在乡村的各项优惠政策得到落实,依据"多予、少取、放活"的原则,不断地提高农民进行乡村经济生产和经济建设的积极性。要大力发展乡村的第二、三产业,并不断地优化和调整乡村文化产业结构,使乡村的区域布局得到不断的优化,推进农业标准化生产,促进乡村农业综合生产能力的不断提高。努力推动乡村劳动力向城镇转移的进程,积极开展乡村的劳务输出工作,在使乡村中的非农就业收入得到不断增加的同时,扩大乡村劳动力的经营规模,并最终使乡村文化产业的发展产生较高的经济和社会效益。

积极利用乡村丰富的文化资源,发挥乡村文化资源独特的优势,使乡村文化产业发展的步伐不断加快。中华民族有着悠久的历史和几千年的文化积淀,在广大的乡村中,更是蕴含着广博深厚的文化资源,所以乡村各级政府在努力推动乡村文化产业发展进程的同时,应该使自己的各项政策适应艺术规律和市场规律的要求,将农民的现代文化需求同这些文化资源中蕴含的历史精华得到有机完美地结合,使广大农民群众的创造热情得到不断地激发,并促进乡村与外界的文化交流和文化传播,从而使乡村文化产品极大丰富。在乡村当中,文化产业所生产出的文化产品的消费主体是广大的农民群众,所以应该不断地激发其对文化的热情和创造力,在乡村大力开展对民间文化的保护和培育工作,将发展先进文化和保护民间传统习俗相结合,使乡村文化产业向着更加积极和更加健康的方向发展。

解放思想,转变思想观念,完善乡村文化产业和文化市场的政府扶持政策。各级政府要确保自己的思想从根本上得到转变,充分认识到发展文化产业和繁荣文化市场在乡村文化经济发展中的重要作用和重要地位,要努力改善我国广大乡村中文化产业和文化市场赖以生存和发展的文化政策环境,构建有利于文化产业和文化市场良性发展的创新机制和运行空间,对于乡村文化产业和文化市场当中一切有意义的创新行为政府要采取积极有效的措施给予鼓励,争取在广大的乡村中形成有利于创新和吸纳人才的良好运行环境。

通过在政策上不断进行有效的引导,探索以市场运作方式发展文化产业和文化市场的新途径和新机制,形成乡村文化产业发展过程中投资主体的多元化,从而有效地推进乡村文化产业开发的进程,使乡村文化生产力得到不断的增强。

总之,在乡村大力发展文化产业,并促进乡村文化市场的不断繁荣,不仅能够使文化产品的文化服务教育功能得到有效的发挥,而且还可以使文化产品的商品价值得到有效的体现,使广大的农民群众在从文化产品中体会到娱乐的轻松和教育的意义的同时,成为文化产业发展的受益者,从这个角度来讲,在乡村大力发展文化产业并促进文化市场的不断繁荣,对于乡村的发展和整个社会主义建设来说,不仅具有重要的社会意义,而且还具有重要的经济意义,对于全面推进小康社会的建设,具有不可泯灭的价值。

# 第七章　乡村振兴战略下的乡村旅游文化创新开发

乡村旅游是乡村经济转型新引擎、文化繁荣新舞台、环境优化新契机、市场秩序新要求、生活幸福新途径，符合乡村振兴战略对新时代农业农村发展的总要求。乡村振兴战略亦为乡村旅游提供了政策利好，指明了发展重点。在乡村振兴的国家战略和宏伟蓝图中，旅游作为重要担当和助力，将会大有作为。本章就来分析和探讨乡村振兴战略下的乡村旅游文化创新开发。

## 第一节　乡村旅游规划与开发

### 一、乡村旅游规划

#### （一）乡村旅游

##### 1.乡村旅游发展的原因

欧洲、北美及澳大利亚等国家乡村旅游发展的原因和背景有相似之处，即农业收入的减少、市场的需求和政府的引导。（1）由于技术进步，农业生产方式不断改进，农业劳动力需求下降，剩余农产品的不断增长，迫使政府采取措施限制农产品产量。（2）许多乡村地区人口外移，乡村人口不断减少，伴随年轻人口的移出，乡村老龄化问题日益突出,导致了乡村服务业的萧条和乡村社区的衰落,农村问题凸显;另外,工业化使城市人有逃避城市污染和快节奏生活方式的需要,渴望回归乡野。而乡村旅游能增加经济收入和创造就业机会,调整乡村经济结构,促进农民思想观念转变等,引起了西方发达国家政府的重视。(3)政府在乡村旅游的发展计划中加大对乡村旅游开发资金的投入,并制定了种种有利政策引导乡村旅游的发展。(4)资源驱动。由于开发资金和营销水平方面的限制,城市中远郊或交通沿线一些有优美乡村风光的地区建设一些等客上门型的度假休闲山庄,或通过开展"农家乐"旅游,为城市旅游者提供一些较为初级的旅游接待与服务。(5)利益驱动。企业、社会组织或个人由于对乡村旅游的前景比较看好,选择将其作为投资渠道之一,进行乡村旅游开发建设活动。

#### 2. 乡村旅游的相关内容

##### (1)乡村性

乡村性是游客所关注的、与都市风格不同的旅游资源特质,是吸引游客到来的决定性因素,是乡村旅游市场的卖点。关于乡村性的讨论,主要包括三个讨论点:(1)聚落形态:人口密度和住区规模;(2)经济状况:土地利用状况,以及农业和林业的地位;(3)社会文化:传统社会结构、社区身份和遗产。

乡村性突出的地区,人口密度很低,居民点规模很小,而且相距很远。这些乡村地区存在着大片自然或半自然状态的荒野以及未开垦的土地,耕地和森林主宰着聚落环境,经济活动以农业和林业为主导。弗林(Flinn,1982)指出了美国三种体现乡村性的传统社会结构:(1)小城镇社会,即紧密团结,坚信民主,但往往不与自然密切接触;(2)农业社会,即以家庭农业、农场生活和季节活动为基础;(3)乡村主义者,即生活在城镇之外,重视开放空间,尊重自然和自然规律。[①]

鲁滨孙(Robinson,1990)认为乡村性可以在一个滑动的尺度上进行评估,人口稀少的偏远地区是尺度的一个极端,而相反的极端为城市化地区。在这两个极端之间乡村性是渐变的,中间地带为城市最外边缘

---

① 王云才,郭焕成,徐辉林. 乡村旅游规划原理与方法 [M]. 北京:科学出版社,2006.

的郊区。①

乡村旅游发生于乡村地区,可以将其归纳为如下几点:(1)乡村空间辽阔,拥有自然资源和文化遗产的底蕴,具有传统社会特征;(2)乡村建筑和住区通常是小规模的;(3)乡村发展缓慢,且因为地理环境、历史文化和经济结构的不同而呈现出多样化的风格。乡村旅游不一定会体现出完全的乡村性特征,因为城乡一体化使有些乡村地区显示出一些城市特征,故有些乡村旅游目的地将会向大型城市度假村转变和发展。

在辽阔的乡村地域,由于远离工业化的浸染和大规模的来客造访,其自然资源和文化遗产的底蕴深厚且保存相对完整。乡村地区人口密度较低,表现出环境宽松、风景宜人、祥和宁静的氛围。由于长期的区位经济弱势,现代科技渗透不充分,都市化的影响较弱,乡村地域往往具有传统社会的特征。由于自然禀赋存在差异、历史发展进程不同、文化积淀形式多样化,乡村社会客观存在差异性和多样性。乡村旅游不一定会体现出完全的乡村性特征,因为城乡一体化使有些乡村地区显示出一些城市特征,故有些乡村旅游目的地将向大型城市度假村转变和发展。

“没有城市的城市文明”在美国日益发展,这源于受过教育的、独立工作的或退休的城市居民寻求乡村性而在乡村环境生活。这些新到农村的人们直言不讳地表达了对乡村性保护的意愿,特别关注以农业、林业、公园和小规模定居点为主的景观乡村性。很多农村地区妇女缺少工作机会,而旅游业历来能够为女性劳动力提供较多的就业岗位。因此,对于寻求就业的农村妇女来说,乡村旅游具有特殊的重要性。

乡村是人类早期聚居地,在人类发展史上具有“家”的属性。乡村自然风貌和长期的农业社会活动形成了内涵丰富的旅游资源,即乡村自然资源和乡村人文资源,其所蕴含的乡村性特质,在历史的描述中和人们的脑海中形成概念意象,即乡村意象,它由乡村认知意象和乡村情感意象两部分组成。乡村意象是乡村旅游资源的文化印记和心理共识,是乡村性特质抽象化集成的印象。而乡村意象进一步促成了乡村依恋情怀,即乡村依赖和乡村认同。这种乡村依恋情怀在乡村旅游者的心理活动中形成了旅游需求,进而体现为城市人溯源农耕文化地域、亲缘、血缘关系的旅游动机。

---

① 陈慧,马丽卿.基于游客感知的海岛乡村旅游产品开发研究——以舟山群岛为例[J].农村经济与科技,2017,(5).

通过上述分析可知,乡村性的保持和提炼对于提升乡村游客原真性体验,促进乡村旅游健康发展具有重要意义。

中国已经完成了脱贫攻坚目标任务,在具有良好的交通条件和旅游资源条件的乡村地域,村民更加关注如何通过乡村旅游阻止返贫,并获得持续的旅游产业收益。都市居民在逆城市化思潮的影响下,更加关注和向往乡村地域良好的自然生态环境,并对其丰厚的历史文化和民俗风情怀有强烈的探究愿望。随着人们可自由支配收入的提高,在感知社会主义新农村崭新面貌的同时,乡村游客对乡村旅游管理水平和服务质量提出了更高的要求。乡村旅游发展将由规模扩张进入质量提升时期,乡村旅游产品能否在质量上满足乡村游客的需要,成为乡村旅游市场竞争的关键点。

（2）乡村旅游资源

旅游业在许多方面都是游客逃避现实的一种手段,大多数游客来自人口稠密的大型聚居地,他们在度假时寻求环境的改变。19世纪和20世纪的快速城市化产生了不同于农村"传统"社会的新社会结构,怀旧和逃避城市压力的动机使城市居民成为乡村旅游的重要客源。乡村"性格"保留了旧的生活方式和思维方式,正是这种残存的特征,加上乡村的风景价值和娱乐机会,吸引了来自城市地区的游客。乡村地区在很大程度上是自然界和野生动物的宝库,对于游客来说,这会给人一种空间的印象,一种传统的非城市、非工业经济的自然环境。世界遗产约70%分布在乡村地域,在广袤的乡村,动植物种类繁多,自然风光、农业景观和聚落形态各具特色,农耕文化、传统文化、民俗文化和历史文化交相辉映,形成了丰富的乡村旅游资源。乡村旅游资源是发展乡村旅游业的吸引物,是吸引旅游者前来乡村地域进行旅游活动的因素,是乡村旅游供给的核心组成部分,它包括自然资源和人文资源两大类。乡村旅游凭借旅游资源和旅游设施提供旅游服务,具有乡村性的旅游资源、旅游设施和旅游服务是乡村旅游供给的三个重要组成部分。

（3）乡村旅游活动

在城市化问题日益突出的背景下,乡村旅游通常被认为能够满足日益增长的个性化旅游、原真性体验和传统文化认知的需求。教育水平不断提高、健康意识逐渐增强、交通运输的现代化以及乡村旅游设施相对完善等因素也促进了乡村旅游活动广泛开展,而乡村旅游的发展又对乡村地区社会、经济和文化的发展产生了积极影响。

尼尔森(Nilsson,2002)认为:乡村旅游包含多方面活动,农庄旅游是典型的乡村旅游。[①]莱恩(Lane,1994)指出:农业旅游(Agritourism)和农庄旅游(Farm Tourism)是乡村旅游(Rural Tourism)的重要组成部分,在欧洲德语区很多地方发展得很成功,受到农业部门和学术界的极大重视。在已面世的乡村旅游文献中,农业旅游和农庄旅游成为最大的、独特的分支。[②]

乡村旅游活动形式多样,除农业旅游和农庄旅游外,还包括生态旅游、康养旅游、体育旅游、研学旅游、艺术和遗产旅游。在民族地区,民族风情旅游成为游客关注的重点。和平、宁静和放松的乡村环境对乡村游客具有重要的意义。莱恩(Lane,1994)将假日活动分为三种,即典型的城市活动和度假活动、混合型假日活动、典型的乡村假日活动。

典型的城市活动和度假活动包括:城市观光,购物,高强度海滩度假,高强度下坡滑雪,城市遗产和文化假日活动,动物园游乐,健康度假,工业旅游,大型会展旅游,娱乐和赌博(部分西方国家),度假胜地活动,基于人工设施的大型体育赛事旅游。

混合型假日活动包括:游泳,低等或中等强度海滩度假,中等强度下坡滑雪,需要半自然环境下人工设施的运动,烹饪和美食旅游,公众假期活动,环境保护假日活动,教育假期活动,文化节日活动,行业假期活动,露营,观光和旅游,中小型会展活动,航行和巡航,海上垂钓。

典型的乡村假日活动可细分为:步行,攀登,探险,划船,漂流,越野滑雪,雪地旅游,低强度下坡滑雪,户外环境中的自然研究,狩猎,自行车旅游,骑马,景观欣赏,农村遗产研究,小城镇和村庄旅游,需要乡村环境的假日休闲,小型会议,农村节庆,垂钓,需要自然环境的体育活动。

佩拉莱斯(Perales,2002)认为,乡村旅游活动可划分为传统乡村旅游和现代乡村旅游两大类。工业革命以后的传统乡村旅游,主要表现为有乡村居所或亲缘关系的城市居民回家度假,也包括其他城市居民的乡村休假和康养。传统乡村旅游季节性强,开展的时间多集中在假日,没

---

[①]　王云才,郭焕成,徐辉林.乡村旅游规划原理与方法[M].北京:科学出版社,2006.
[②]　同上.

能给乡村地区带来市场规模效益和更多的就业机会。[①]20 世纪 80 年代在西方社会兴起的现代乡村旅游,表现出与传统乡村旅游较大的差异,乡村游客的造访时间不仅分布在假期和夏季,而且近郊短途乡村旅游快速发展。现代乡村游客具有崭新的形象,他们追求环境质量和原真性,更深入地利用景观、环境、自然和建筑资源;不仅给乡村地域增加了财政收入,还创造了就业机会,给当地疲软的传统经济注入了新的活力。

乡村旅游活动还可以划分为景观游和乡村文化旅游两类。乡村景观游的游客以欣赏乡村的自然风貌、聚落形态、农业景观和田园风光为旅游目的,乡村文化旅游的游客以探索乡村农耕文化、民俗文化和历史文化为旅游目的。

### 3. 乡村旅游的发展历程

#### (1)中国乡村旅游发展概况

中商情报网 2018 年 8 月发布的中国乡村旅游统计数据显示,在2012—2017 年间,中国乡村旅游人数呈逐年上升态势,2012 年为 7.2亿人次,2017 年增至 28 亿人次,占国内游客总接待人次的 56%,增长十分迅速。2012—2017 年中国休闲农业和乡村旅游营业收入持续增长,2013 年、2015 年、2016 年,较前一年均达到 30% 以上的增幅,2017 年营业收入达到 7400 亿元,占国内旅游总收入的 16.2%。随着余暇时间的增多、交通运输的现代化、人均可自由支配收入的提高,离开都市、回归自然、追求田园风情的乡村旅游具有了广阔发展前景。

在中国国民经济持续稳定发展的基础上,城乡一体化进程不断推进,国家实施乡村振兴战略,中国乡村旅游在市场需求的驱动下和相关政策扶持下也进入快速发展时期,并且在助力扶贫攻坚的过程中产生了积极影响。中国的乡村旅游不但具有了产业规划,而且开始走上规范化发展的道路。2019 年 9 月 6 日,为全面落实《中共中央国务院关于实施乡村振兴战略的意见》,推进全国乡村旅游重点村建设,促进乡村旅游产业提档升级,文化和旅游部办公厅、中国农业银行办公室联合印发了《关于金融支持全国乡村旅游重点村建设的通知》。乡村旅游目前已经成为中国乡村产业的重要组成部分,兼容乡村地区的生产生活方式和自

---

① 李丽娜.生态观光茶园对产茶区乡村旅游发展的推动作用[J].农业考古,2013,(5).

然生态环境；乡村旅游的产业链横跨一、二、三产业，融合了城乡发展的新产业新业态，包含了绿色食品生产加工产业、旅游商品创意设计和生产加工产业。乡村旅游业将盘活乡村全域旅游资源，朝着融观光、研学、娱乐、购物和度假于一体的综合性产业方向发展。中国乡村旅游业态形式不断升级，产业聚集度不断提高，市场规模和影响力不断扩大，由传统点式开发趋向联合线路开发和旅游目的地建设，产业经营模式从最初的"农家乐"向特色小镇和田园综合体的方向发展，"乡村旅游+"的经营模式焕发出勃勃生机。

（2）中国乡村旅游发展趋势

乡村旅游的发展助推了乡村社会化基础服务体系不断完善，打造出宜居、宜业、宜游的美丽乡村。在乡村旅游发展进程中，对村民的旅游接待礼仪培训和旅游服务规范培训，也极大提升了村民的精神文明建设水平。目前中国乡村旅游呈现出以下发展趋势。

第一，乡村旅游需求迅速增长。中国乡村旅游从20世纪80年代起步发展至今，业态形式不断丰富完善、经营模式更加科学合理、经营管理水平和服务水平不断提高，乡村旅游供给内涵不断向高质量的乡村旅游需求靠拢。在城市化进程中，城市居民对回归自然、回归传统、回归乡村的旅游需求不断增加。随着余暇时间不断增多，人均可自由支配收入不断提高，乡村游客的旅游动机被激发出来。加之交通运输现代化，提高了城乡之间的位移效率，乡村旅游蓬勃发展。

第二，乡村旅游业态呈现多样化。初级乡村旅游产品已不能满足大众所需，产品日趋精品化、高端化。当前乡村旅游产业规模不断壮大，新兴业态日益丰富，成为旅游经济新生力量和主要力量，形成了庞大的乡村旅游市场，乡村旅游业成为产业型、环保型、生态型、文化型、现代型的新型旅游产业。乡村旅游产业链逐步完善，在工业化和城镇化发展的进程中，农业现代化也同步进行。城乡统筹发展、建设新型农村、提升农民生活幸福感等工作不断深入。这一切都为发展乡村旅游奠定了供给基础。加之乡村旅游需求不断扩大，乡村旅游供给与需求相互促进，产业结构进一步完善。在国家大力发展乡村休闲旅游产业的背景下，新业态与新营销不断融入乡村旅游发展进程。

第三，乡村旅游产业拓宽就业渠道。乡村旅游为当地村民提供了就业岗位，拓宽了农民增收渠道。在乡村旅游的经营过程中，村民作为所有者、经营者和劳动者，可谓"三位一体"，这种格局促进了劳动力、土地和资本相结合的旅游投入,充分发挥了村民自主经营、创造财富的积极性。在旅游资源富集的乡村地区,兴旺的旅游业带来乡村居民收入的持续增长,曾经的"空心村"吸引了外出打工的村民回乡创业,乡村自然旅游资源得到了有效保护和合理开发,乡村文化旅游资源得到了有效传承和发扬光大。

### (二)乡村旅游规划的基本理论

#### 1. 区域经济学理论

**(1)区位理论**

区位指的是人类行为活动的空间,它是交通地理环境、经济地理环境、自然地理环境有机结合于空间地域的具体体现。区位理论是对地理空间影响各种经济活动分布与区位的说明探讨,它是对生产力空间组织进行研究的学说,其研究实质是产生的最佳布局问题,也就怎样通过提高布局的科学性、合理性来实现生产效率的提高。最初,区位理论大多应用于城市区域优势、经济区划、交通网络、城市体系、厂址选址、城乡土地利用等方面,会对投资者与使用者的区位选择造成影响。一般而言,在选择区位时,投资者与使用者会尽量选择低成本的区位,也就是在保证需求的基础上,尽量选择地租及其成本综合最低的地点。

**(2)区位理论的发展**

区位理论思想起源于17—18世纪政治经济学对区位问题的研究。1826年冯·杜能编撰了《孤立国同农业和国民经济的关系》这一巨著,系统性地提出了农业区位论,他将利润最大化作为目标函数,得出这样一个结论:在实现利润最大化的前提下,距离是农场生产的经营方式与品种选择的主要决定性因素。19世纪末,劳恩哈特提出了在资源供给和产品销售约束下,对工业运输成本最小化的厂商最优定位问题及其解决方法进行思索,他还将网络规划应用于公路、铁路运输最优化问题和工厂成本最小化定位问题。1909年,德国经济学家阿尔弗雷德·韦伯在其《论工业区位》一书首次系统地论述了工业区位理论①,他认为,运输成本和工资是决定工业区位的主要因素。之后,克里斯泰勒和廖什分别于 1933 年和 1940 年创立了"中心地学说"等,这一时期的区位理论叫作"静态区位论",包括以一定的设想为基础,抽象、孤立分析对生产力造成影响的某个或某方面因素,并进行理论演绎,将贸易理论视为区位论的部分构成,在区域整体的视角下,对一般合情合理的区域经济结构进行研究。第二次世界大战结束后,一些学者基于区域整体,通过采用各种方法综合分析对生产布局造成影响的各种因素,建立能够在现实中得到应用的区位模型,并发展为动态区位论。20 世纪 70 年代开始,为了更好地研究区位论,引入了行为科学方法,将心理、娱乐、出行、采购、居住等因素视为对区位决策造成影响的重要因素。截至目前,随着区位理论的不断发展,已经实现了三个阶段的过渡,即从古典区位论到近代区位论,再到现代区位论,同时从微观、静态分析向宏观、动态分析的方向发展,涉及的产业部门也逐渐从第一、第二产业过渡到第三产业。

（3）区位理论在旅游规划中的应用

根据空间区域范围,具体的旅游活动是区位理论在旅游规划中应用的主要体现,区域、旅游地、旅游点这三个旅游活动的层次与旅游规划中的区域旅游规划、旅游地规划、旅游点规划这三个层次相对应。但是,旅游规划的空间范围不论是一个区域、一个旅游地,还是一个旅游点,区位对旅游规划产生的作用的表现都是通过区位因子的,这些因子主要包括社会、经济、人力、市场、交通、资源、自然等。在进行旅游规划的规程中,应努力寻求整体优势与区位优势,因为区位的好与坏能够在很大程度上决定游客进入旅游地的便捷性,同时影响旅游地的游客容量与游戏市场的大小,继而影响游客的访问量,以及旅游经济效益的高低。想要提高或发挥区位优势,旅游规划者在旅游规划的过程中应注重景点场所与旅游设施的选择,尽量提高游客的便捷性,让游客在旅游中缓解压力、放松心情,同时注意土地的有效利用与资源的有效保护,为旅游设

① 工业区位理论: 工业区位理论是德国著名工业布局学者韦伯提出的一对概念。广布原料是广泛分布在各个地方的原料, 如空气、水等。如果一个工业部门在生产中使用的主要是这种原料, 那就应配置在消费区。这样既可以就地取得原料, 又可以就地消费其产品, 从而最大限度地节约运费。地方原料是只分布在某些地点的原料, 它可以按耗用原料重量与制成品重量的相互关系, 分成地方纯原料与地方失重原料两种。

施场所的选择与旅游产业布局提供保障。

区位理论对旅游发展战略的制定具有重要指导意义。区位条件的好坏直接影响旅游者旅游的方便程度、旅游市场规模和可进入性,从而决定了旅游开发建设的力度和旅游经济效益的大小。

区位理论在旅游规划中应用的首要问题就是如何界定旅游中心地,事实上,在一定的旅游区域范围内,旅游中心地是必然存在的。同时,这一旅游中心地在空间上会与周边旅游地之间存在信息服务、接待服务等关于旅游活动的联系,从而形成围绕旅游中心地的旅游地系统。受到地域规模的影响,不同的旅游地系统会有不同级别的旅游地中心、不同的市场范围以及不同的旅游中心地均衡布局模式。

在界定旅游中心地方面,可将一定的标准作为依据,并进行判断,得出某一旅游中心地是否在该地区范围内。比如,某旅游地人均旅游收入在周边地区人均收入的占比较高;某旅游地推出的旅游服务或产品会被周边地区的大量客源市场所消费等。一般而言,旅游中心不仅有极为发达的交通,还会有内容丰富的旅游资源,因为这两个条件是成为旅游中心地的基本与必备条件。

旅游中心地的市场范围不是模糊的,是可以通过大致判断得出的。通常情况下,随着旅游地资源吸引力程度的不断提高,旅游地的影响范围会不断扩大。当然,旅游地的影响范围不仅受到旅游资源的影响,还会受到旅游中心地市场范围与旅游产业配套服务设施不同程度的影响。总体而言,旅游中心地的市场范围是有上限与下限的,即使多么受欢迎的旅游中心地,其承受能力始终有一个界限。

旅游中心地的市场范围上限,即由旅游业的生态环境、旅游业的经济容量与社会容量、旅游资源的吸引力共同决定的接待游客数量与客源市场范围。需要指出的是,上限值应在上述变量中的最小值以内。

对于旅游中心地的市场范围下限,可以采用克里斯泰勒理论进行表述。在克里斯泰勒理论中,有"门槛值"这一概念,即提供一定服务或生产一定产品所必需的最小需求量。这一概念同样适用于旅游地的研究,也就是旅游地必须提供最小需求量的旅游服务与旅游产品。

之所以在旅游规划的过程中需要考虑关于旅游产品开发的需求"门槛"问题,是因为只有通过投入大量的人力、物力、财力才能进行旅游产品的开发与推广,当市场对旅游产品的需求较低,进而导致经济效益下滑时,旅游区是难以实现规模化经营的,并且旅游活动成本会有所增加。在旅游产品成本的影响下，人们对旅游的需求会逐渐降低，最终造成恶性循环。

受到旅游地市场范围的影响，旅游地中心会有不同的等级划分。一般而言，高级旅游中心地指的是提供的旅游服务能够通过吸引将市场范围提高相当大程度的旅游地点，而低级的旅游中心地能够提供的旅游服务的市场范围较小，相比高级旅游中心地的吸引力较低。具体而言，高级旅游中心地提供的服务与产品具有质量好、品种全、功能多、档次高等特征，虽然价值相对较高，但也是在大多数人可承受的范围内，而低级的旅游中心恰恰相反，所提供的服务与产品在质量、品种、功能、档次等方面都与高级旅游中心地有一定差距，但胜在价格低廉。

高级旅游中心地与低级旅游中心地的服务职能是有差距的，同时由于不同的旅游中心地有不同的市场范围，就出现了一个地域范围可能有多个旅游中心地的问题，即旅游中心地的布局问题。怎样通过合理布局促进区域旅游在各个旅游中心地的协调配合下获得持续发展，是布局模式研究的重要课题之一。20世纪30年代，克里斯泰勒曾提出中心地理论[①]，他认为，如果一个地区的市场作用明显，对于中心地的分布应以便于物质上的销售与服务为基本原则，也就是促进合理市场区域的形成。一般而言，通过市场最优原则的中心地分布，高级中心地提供服务的能力是低级中心地的三倍。

根据国内的相关实践研究，这种布局模式同样适用于区域旅游市场。在区域旅游中心地体系中，任何一个高级中心地都可以适当包含一个或几个低级、中级的中心地。

2. 点轴发展理论

点轴发展理论最初是由马利士与萨伦巴这两位波兰经济学家提出的。对于点轴开发模式，可以说是增长极理论的一个延伸，根据区域经济的发展过程，经济中心大多会出现在条件优越的区位，并以斑点状逐渐分布扩散。这一经济中心可称为区域长极，也是点轴开发模式的"点"。在经济发展的驱动下，经济中心越来越多，点与点之间由于生产

---

① 中心地理论：是由德国城市地理学家克里斯泰勒和德国经济学家廖什分别于1933年和1940年提出的，20世纪50年代起开始流行于英语国家，之后传播到其他国家，被认为是20世纪人文地理学最重要的贡献之一，它是研究城市群和城市化的基础理论之一，也是西方马克思主义地理学的建立基础之一。

要素交换需要交通线路、水源供应线、动力供应线等,相互连接后就是轴线。首先,这种轴线主要服务于区域增长极,但当轴线形成后,会对产业、人口产生引力,通过将产业、人口向轴线两侧吸引,产生新的增长点。当点轴贯通后,点轴系统就形成了。因此,对于点轴开发,可以视为从发达区域的各个经济中心(点)沿着交通线路,逐步发展推移到新的发达区域。

对于点轴发展模式,在旅游产业规划布局中有较高的适用性。在旅游产业发展的过程中,如果"点"是重点旅游地或旅游中心城市,那么"轴"就是重点旅游地或旅游中心城市之间的连接通道。随着重点旅游地与旅游中心城市的不断发展,点与点之间通过旅游通道得以连接。

同时,在旅游通道的带动下,次一级旅游城市、旅游地、旅游点等得到发展,实现以点带面的旅游发展。因此,在对旅游产业进行规划布局的过程中,可将点轴发展模式作为基础,在旅游空间发展规律中获得最好的规划布局方案。

### 3. 集聚经济理论

根据集聚经济理论,当产业在地理上提高有效集中程度时,能够获得集聚经济效益。在社会经济发展的过程中,生产方面或分配方面有着较为密切的联系,通过将指向相同的产业以合理的比例布局在特定的区域中,随着这一区域优势的提高,有助于区域生产系统的形成。在区域生产系统内,由于企业与企业之间具有较高的关联性,通过相互作用,各个企业的外部发展环境都会得到不同程度的改变,并因此获得更好的发展。

对于一些著名的旅游区,虽然自身资源的价值较高,但可能受到游玩时间短、面积少、个体小等因素的影响,对游客的吸引力不高。这时就要联合周边旅游地或旅游点,通过共同的开发建设,提高整体性,以提高对游客的吸引力,最终形成集聚经济效益。一般而言,旅游集中发展的地区不仅能够提供多种旅游服务,还能提供较多游览、观光、娱乐的地点,并且土地利用率较高,土地的价值能够充分发挥出来。总之,旅游产业聚集布局产生的效益主要表现在以下五个方面。

第一,旅游产业集中布局,会提高吸引物的多样性,游客会因此有更长的滞留时间,进而提高旅游服务部分的经济效益。同时,能够提高区域旅游经济增长的稳定性,并且有助于大型或综合性旅游产业的形成。

第二,旅游产业集中布局,可以提高基础设施的有效使用程度,达到降低成本的目的。随着旅游业的不断深化发展与国民经济的不断提高,旅游市场规模越来越大,与旅游有关的项目、商铺等能够更好地生存并发展。根据实际情况,在消费者充足的前提下,如果宾馆、饭店等相邻布局,更易于形成市场规模营销优势。

第三,旅游产业集中布局,能够提高旅游业相关设施的规整性,不仅在一定程度上保证了自然景观的自然性不受到干扰,而且有助于形成主体形象,能够更好地在促销活动中获得规模效应。

第四,旅游产业集中布局,便于对污染物进行集中处理,使旅游环境得到更好的保护,免遭因意外情况造成的破坏。

第五,旅游产业集中布局,在使用旅游基础设施的过程中,不仅方便了游客,而且让当地人从中受益。当地人在使用基础设施的同时,能够提高与游客交流的便捷性,通过相互之间的交流,游客能够加深对当地文化的认识,受到更多的吸引。

需要指出的是,事物的发展是需要通过不断实践的,在对旅游进行具体规划的过程中,采取中心布局,或是分散布局,都需要以旅游承载力为前提与基础,并充分考虑社会承载力、自然资源承载力、管理承载力等。当旅游产业集中时,虽然会产生集聚经济效益,促进旅游业的发展,但也会因"集聚"导致交通拥挤、供水不足、供电不足、土地价值上涨、环境污染加剧等各种问题的发生。因此,需要提前对旅游产业进行合理规划与布局,以最大限度地避免各种消极实践的涌现,在获取集聚经济效益的同时,为当地旅游环境建设出一份力。

（三）乡村旅游规划的界定

综合旅游规划和乡村规划的定义,我们可以将乡村旅游规划界定为:根据某乡村地区的旅游资源、旅游发展规律和旅游市场的特点来制定目标,并为实现这一目标来进行统一的部署。

在对乡村旅游规划的内涵进行把握时,需要注意以下三点。

（1）乡村旅游规划不仅仅是一项技术过程,更是一项决策过程。在进行乡村旅游规划时我们既要采用科学的手段进行规划,更要注意规划的可行性,否则乡村旅游规划也就失去了存在的价值。

（2）乡村旅游规划不仅是一项政府活动,也是一项社会活动,更是一项经济活动,即政府虽然在乡村旅游规划中扮演了十分重要的角色,但是这并不意味着政府能够承担乡村旅游规划的全部职责,考虑乡村旅游规划是为乡村旅游产业、乡村社会经济的发展服务的,因此在进行规划中必须要有一定的经营管理人员参与,只有这样才能够保证在乡村旅游规划指导下的乡村旅游产业能够充分发挥其对社会经济的巨大作用。

（3）乡村旅游规划不是静态的蓝图式描述,而是一个不断反馈的动态过程,即乡村旅游规划必须具备一定的弹性,规划文本对于乡村旅游发展有着指导价值,但是这种价值随着社会环境的变化必然逐步降低,这种情况下就要对乡村旅游规划进行不断调整,使之与乡村社会经济发展更加契合。

## 二、乡村旅游开发

乡村旅游开发模式的分类可从四个视角来分析:一是乡村旅游的地理区位,二是乡村旅游的资源内涵,三是乡村旅游的组织结构,四是乡村旅游的业态形式。

### （一）从地理区位划分

#### 1.城市依托型

城市依托型乡村旅游指的是乡村依托大城市发展旅游业,将大城市居民作为主要客源,乡村旅游重点为大城市居民服务的发展模式。环城市乡村旅游依托于城市的区位优势和市场优势,在城乡接合部和环城市区域发展具有观光、休闲、度假、娱乐、康体、运动、教育等功能的乡村旅游产业,形成规模化的环城市乡村旅游圈。城市依托型乡村旅游与现代农业、休闲度假和乡村商业三大产业集群密切结合,形成了"1+3"发展模式。[①]目前国内发展较好的有北京、杭州、成都等城市的近郊乡村旅游,这些乡村旅游项目有的依托当地独特的自然风光,有的以特色农业

---

① 郝芳.旅游美学视野下的乡村旅游发展研究[M].北京:北京工业大学出版社,2019.

或者农家乐为主题来吸引大城市游客。城市依托型乡村旅游模式的优点在于拥有稳定的客源，交通便利，可以说是发展最为成熟、市场潜力最大的一种乡村旅游模式。环城市乡村旅游是最为典型的城市依托型乡村旅游发展模式。

### 2. 景区依托型

具有市场规模的成熟景区是旅游业发展的亮点，周边乡村依托其客源市场的多样化需求，开展相关旅游服务供给，形成景区依托型的乡村旅游开发模式。农家乐是最为典型的景区依托型乡村旅游发展模式。景区依托型乡村旅游依托景区的旅游资源吸引力、品牌形象、交通网络、旅游线路和规模市场，提供餐饮、住宿、交通、向导、购物和休闲娱乐服务，以多样化服务、灵活的经营方式和弹性的价格机制获得了乡村游客的青睐，带动了乡村经济的发展。在景区开发的带动下，周边从事乡村旅游的民众往往具有较强的旅游服务意识和旅游职业认同。随着乡村旅游管理水平日渐提高，景区依托型乡村旅游业逐步认识到科学规划的重要性，将自身的发展与景区的发展密切联系起来，制定了乡村旅游发展规划，与景区开发协同发展。景区在景观建设和交通设施上的刚性投资较多，但鉴于淡旺季的客观存在，游客流量具有不稳定性，在住宿与餐饮上的投资具有均衡性，以防止淡季的供给闲置。在景区经营的旺季，旅游供给的不足往往由周边乡村旅游来弥补。景区依托型乡村旅游的田园风光和民俗风情也往往是景区所不具备的，于是在旅游供给方面与景区形成了产品互补关系，因需求的存在而进一步发展。

### 3. 偏远地区型

偏远地区型乡村旅游即远离都市的偏远乡村地区利用旅游资源的原真性和特殊性开展旅游业务，并与国家旅游扶贫政策相耦合的乡村旅游开发模式。这种类型的乡村旅游大多区位偏远，交通条件不便。由于历史上长期的经济弱势，人口密度极低，外来访客较少，也正因为如此，这些地域生态资源无破坏、人文资源无干扰，自然景观壮美辽阔，乡风民俗保持了古朴气息和文化底蕴，对于那些逆城市化的践行者和热衷于异地异质文化的探寻者来说，具有一定的吸引力。加之国家产业扶贫政策的介入，这些地域的交通条件和基础设施建设逐步完善，形成了初步的旅游接待条件。偏远乡村地区可以利用古村落、古建筑、民俗风情、红色遗迹、历史遗址、田园风光、青山绿水和现代扶贫产业,把旅游与农业、体育、研学活动相融合,开展田园旅游、休闲农业、体育旅游、民俗旅游和研学旅游活动,形成农家乐、家庭农场和休闲农庄等多种旅游业态。大力开发绿色农产品与当地非物质文化遗产为特色的文创衍生品,让乡村旅游产品成为当地乡村风物的展示台,有效提高当地村民收入。在目的地建设的策略层面上,应当把田园理想和社区建设相融合,构建"居民空间 + 商业空间 + 休闲空间",留住乡愁、惠及民生、构建美丽、创造幸福,推进乡村振兴。

## (二)从资源内涵划分

### 1. 农业依托型

农业依托型乡村旅游是指乡村依托当地农业内涵及表现形式进行旅游开发的模式,它适用于农业产业规模效益显著的地区,以产业化程度极高的优势农业为依托,以特色农业的大地景观、加工工艺和产品体系作为旅游吸引物,开发"农业 + 旅游"产品组合,开发深度观光、休闲、体验等旅游产品,带动餐饮、住宿、购物、娱乐等产业,促进农业向二、三产业延伸,实现乡村农业与乡村旅游的协同发展,产生强大的产业经济协同效益。

例如,江西婺源篁岭在田园景观型发展道路上,走出了"花海 + 乡村旅游"发展模式。婺源篁岭旅游特色小镇以油菜花海著称,有"最美乡村最美景致"之称,其"篁岭模式"备受关注。篁岭在打造乡村旅游特色小镇的过程中,对观光休闲体验产品做了整体的规划与开发。篁岭旅游特色小镇在四周千亩梯田打造四季花谷,并以两个月为周期更换主题,营造气势恢宏的大地花海景观,在缆车入镇的过程中,乡村游客满眼皆是锦绣风光。小镇内部也多方位营造花卉景观,并在阶梯布局的民居建筑之上展现"晒秋"的色彩。在"花海"的主题之下开辟了一条商业街道,以古朴的建筑风貌作为旅游购物和餐饮消费的背景。值得关注的是,农业科技在现代乡村旅游发展中发挥着重要作用。比如北京顺义的科技农业示范区,不但可以参观游览,还可以体验高科技与农业相结合的创意农业旅游,如花卉的培育和景观配置。农业科技示范园区开创了高科技农业生态旅游模式。

2. 历史依托型

历史依托型乡村旅游是指乡村地域依托乡村聚落景观、乡村建筑景观及其蕴含的文化精神进行旅游开发的模式。古村镇旅游是典型的历史依托型乡村旅游。古村镇具有古朴的建筑格局和建筑形式，以及丰富的历史文化内涵，具有重要的旅游资源价值。古镇旅游开发分为两大类：一是开放式，二是封闭式。开放式的，如陕西省礼泉县烟霞镇的袁家村，入园不收门票，依托西安都市圈的客源市场，采取村集体集约管理形式，以丰富的次级旅游项目获取收益，其特色饮食、乡村客栈、旅游购物和演艺项目成为村集体的主要收入来源。封闭式的，如浙江省嘉兴市桐乡市乌镇的模式，把乌镇当作景区去打造，入园收取门票，以支撑维护古建筑、保护历史文化遗存的相关费用，同时景区内的次级消费项目也成为收入来源。古村镇乡村旅游以其深厚的文化底蕴、淳朴的民风和古香古色的建筑遗迹等受到游客的喜爱。但是，旅游发展中保护与开发之间的矛盾，文化传承与资源商业化的博弈等，也成为景区开发中的突出问题。古村镇开发应关注保持和维护资源的原真性，在保护前提下进行合理开发。

3. 民俗依托型

民俗依托型乡村旅游是指乡村地域依托乡村民族民俗文化、乡村制度文化和乡村精神文化进行旅游开发的模式。民俗依托型乡村旅游将乡村旅游与文化旅游紧密结合，乡村文化活化展现是民俗依托型乡村旅游成功的关键。民俗依托型乡村旅游具有文化原真性、体验参与性，以及浓郁的民俗风情等特点。民族民俗文化是特定地域乡村居民和民族的生活习惯和风土人情，是传统的乡村民俗文化和民族文化长期积淀的结果，既有物质的形态，也有抽象的内容。所蕴含的生产民俗、流通民俗、消费民俗、游艺民俗、信仰民俗、历法节日民俗等，都为民俗旅游提供了发展空间。在少数民族风情浓郁的地区，常采取这种民俗依托型的模式，并逐渐成为少数民族聚集区经济发展中的旅游亮点和新的增长点，得到当地政府的大力支持。广义的民族民俗风情还包括乡村制度文化和乡村精神文化，这些也成为乡村民俗旅游的资源依托。例如，西安市灞桥区的白鹿景区整合区域文化资源，以保护和传承地方特色为目的，以乡村制度文化和乡村精神文化体验为核心，通过高水平的规划和精心的院落建筑设计,营造民俗文化历史场景,配合美食、互动、体验、演艺,打造全方位的传统民俗文化体验地。

### (三)从组织结构划分

#### 1.个体农庄

现代农业科技和现代经营理念促进了个体规模农业发展,在此基础上,个体农庄的乡村旅游开发模式表现为,在原有的农、林、牧、副、渔产业基础上开发旅游吸引物,进行旅游设施建设,设计具有乡村性的旅游产品,从而形成了具有完整接待能力的乡村旅游景点。个体农庄的发展,吸纳了附近大量闲散劳动力,将休闲农业融合到旅游服务业中,初步实现了一、二、三产业的融合发展。个体农庄多采用轻资产的自主运营形式,投资少、见效快、回报高,拓展了乡村土地升值空间。

#### 2.村办企业

村办企业的乡村旅游开发模式是自然村或行政村的"村有企业"开发、经营和管理的模式,实际控制主体是村委会。在这种模式下,村集体开发经营的自主性能够充分体现,村民参与度和积极性较高;在乡村旅游规划和开发的过程中能够把体现当地乡风民俗的地域特色保留下来,突出乡村旅游资源的独特性和吸引力;管理者与村民具有利益的内在一致性,在思想观念、生活方式、文化认同等方面的冲突也比较少,在先进经营理念的指导下,可以促进沟通协作,提高经营管理效率。

#### 3.整体租赁

整体租赁的乡村旅游开发模式是指将乡村旅游的所有权与经营权分开,授权给一家旅游企业进行较长时间的经营管理,按约定比例由村集体所有者和旅游企业经营者共同分享经营收益。承租旅游企业独立经营、自负盈亏,实施成片租赁开发,进行垄断性建设、经营、管理,定期缴纳承包运营费用。租赁模式可以充分发挥承包旅游企业在资金、市场、经营、管理方面的优势,从而提升乡村旅游的市场竞争力,推动乡村旅游高质量和内涵式发展。

4. 农户 + 农户

"农户 + 农户"的乡村旅游开发模式是乡村旅游发展初期经常出现的经营模式。乡村旅游开发初期，农民对外来经营单位心存疑虑，不愿将资本和土地交给企业进行管理，他们更愿意采用农户协作的经营方式，逐渐形成了"农户 + 农户"的乡村旅游开发模式。这种模式的经营方式机动灵活，资金投入比较少，且能够保留乡村旅游资源的原真性，乡村游客以较少的支出就能体验到当地的风土人情。但这种模式不易形成旅游规模经济，适合乡村旅游发展初期，只能满足少量旅游供给。

5. 公司 + 农户

"公司 + 农户"的乡村旅游开发模式是指由乡村旅游开发公司和农户签订契约，农户负责提供旅游服务，公司负责旅游市场运营的开发模式。它激发了当地村民旅游致富的热情，把传统农业的生产、加工、销售有机结合起来并植入旅游业，把农户和乡村旅游市场联系起来，不仅有利于促进乡村生产力的发展，而且有利于提高村民文化素质和服务能力，促进了乡村人居环境和旅游设施建设，有效提升了乡村旅游业的经营管理水平。

6. 社区 + 公司 + 农户

"社区 + 公司 + 农户"的乡村旅游开发模式是"公司 + 农户"的升级版。"社区 + 公司 + 农户"模式中的"社区"是指作为社区代表的自然村（行政村）的村委会，或者乡村旅游协会。"公司"是指村办旅游企业，或者外来旅游企业。"农户"是具体的服务单元。在这种模式下，社区村委会决定乡村旅游开发重大事宜并协调公司与农户的关系，旅游企业负责乡村旅游经营管理，农户提供乡村旅游服务。社区、公司、农户三者职责明确，利益分配均衡。

7. 政府 + 公司 + 农户

"政府 + 公司 + 农户"的乡村旅游开发模式即"政府引导下的企业 + 农户模式"。市、县、乡各级政府和旅游主管部门按旅游市场需求和全县旅游总体规划，确定乡村旅游开发地点、内容和时间，指导和引导当地村民实施乡村旅游开发，由当地村民组建旅游开发公司，或者与外来投资者合作,进行具体的运作和实施。利润由村民(乡村旅游资源所有者)和外来投资者按一定比例分成。除此以外,村民们还可以通过为游客提供住宿、餐饮等服务而获取收益。这个模式有三大好处:一是减少了政府对旅游开发的投入,二是使当地居民真正得到了实惠,三是减少了旅游管理部门的管理难度,因而是一种切实可行的乡村旅游经营模式。

### 8.政府+公司+旅游协会+旅行社

"政府+公司+旅游协会+旅行社"的乡村旅游开发模式适用于大规模乡村旅游业,它将诸多主体融入乡村旅游产业链条,发挥各方优势,合理分配利益,从而促进乡村旅游的可持续发展。在这种模式下,政府主导乡村旅游规划和基础设施建设,优化乡村旅游发展环境;公司负责乡村旅游的商业运作,提升乡村旅游目的地的经营管理水平;农民旅游协会组织农民提供旅游商品和旅游服务,协调村民与公司的利益;旅行社规划旅游线路,通过媒体开拓市场、组织客源。

### (四)从业态形式划分

### 1.农家乐

2017年12月1日,《公共服务领域英文译写规范》正式实施,规定农家乐标准英文名为 Agritainment。中国农家乐最初发源于四川成都,具体包括都江堰市的青城山、温江等地。后来发展到整个成都平原、四川盆地,直至全国。真正以"农家乐"命名的乡村旅游始于1987年,在休闲之都——成都郊区龙泉驿书房村举办的桃花节上明确提出了这一概念。当今中国的农家乐模式除四川外,主要出现在北方,其中又以北京、天津、河北为主,农家乐最吸引游客的地方是:位于城市近郊,交通方便,且消费合理,价格实惠。农家乐以农为根、以家为形、以乐为魂,在单体乡村家庭经营的基础上形成了"住农家院、吃农家饭、干农家活、游农村景"的业态特点。如今很多农家乐提供的游乐项目千篇一律,大多数游客停留在唱歌、吃饭上,这完全背离了农家乐的原始初衷和本质含义。单体农家乐经营应规模适度,不宜贪大求洋,而是要注重发展特色,把农家乐的品牌做精,提高农家乐旅游文化的品位。农家乐旅游的本质是展示农家生活方式,只有保存原生态的生活方式,才有可持续发展的农家乐。

### 2. 民俗村

民俗旅游是指人们离开常住地,到异地去体验当地民俗风情的文化旅游行程。乡村民俗文化作为一个乡村地区、一个民族悠久历史文化的结晶,蕴含着极其丰富的社会内容,由于乡村地区的地方特色和民俗特色是旅游资源开发的物质内容,具有独特性与不可替代性,因而从某种意义上讲,民俗旅游属于高层次精神享受的旅游。旅游者通过乡村民俗旅游活动,亲身体验当地民众的社会生活和风土人情,满足了求新求异的文化认知需要,从而达到感性之娱、审美之境和诗意之栖的层级综合体验。以乡村的自然风光和田园风光为环境依托,乡村民俗旅游的内容主要包括对有形的乡村人文旅游资源,如民族村寨、乡村特色建筑和聚落形态、乡村遗迹遗址和古建筑、乡村农业景观、生产工具遗存、宗教建筑和活动场所、乡村和民族服饰、乡村特色饮食和土特产、乡村工艺品和纪念品等的游历、鉴赏和商业行为。还包括对无形的乡村人文旅游资源,如乡村农耕文化、民族民俗风情,以及传统礼制和礼仪等多种形态的历史文化及传统文化的体验。

### 3. 休闲农庄

农庄旅游的英文是 Farm Tourism,又译为农场旅游。农庄旅游是以农庄或农场的农业格局为布局基础,以都市游客为主要市场,以休闲娱乐和增长见识为主题的乡村旅游。休闲农庄的旅游资源包括农家、农田和山林构成的田园风光,以及非物质文化遗产。活动场地包括茶园、花园、休闲农庄、观光果园、休闲渔场等。休闲农庄旅游项目由投资主体进行科学规划和开发,将农村的一、二、三产业相融合,进行旅游配套设施建设,形成旅游接待能力。农家住宿设施体量和公用设施体量较大,且向精细化配置的方向发展。休闲农庄的特色是市场吸引力的关键所在,如法国的葡萄酒休闲农庄旅游,以葡萄酒酿制为主题,并且从历史、建筑、文化、美食和交友的层面,令游客们亲身体验具有代表性的法式生活艺术。与农家乐相比,休闲农庄项目的设计与实施更具有系统性,旅游接待能力更加完善。与民俗村相比,休闲农庄旅游更注重第一产业的要素整合,从而形成旅游吸引力。

### 4. 农业旅游

农业旅游的英文是 Agrotourism/Agritourism，又译为休闲农业，它包含了农庄旅游。农业旅游是乡村地区对农事活动、农村部落、农民生活、农业生态、农业收获物等农村事物进行旅游与休闲的开发利用，吸引游客到来的旅游活动。各地的农业旅游区位优势、资源优势、特色优势和客源优势等，为区域农业旅游开发提供了依据。在农庄旅游的基础上，农业旅游活动还包括观光采摘农业、大棚生态餐厅、农业教育园、农业科技园等多种形式。农业旅游依托生态田园般的自然乡村环境，以当地特色农业资源为基础，满足都市人群对品质乡村生活方式的参与体验式消费需求，集生态农业、养生度假、康体疗养、观光考察、休闲娱乐、科普教育等功能为一体，以实现经济价值、社会价值和生态价值，建成现代农业创新经营体制。

### 5. 第二居所

第二居所的乡村旅游模式是指在城市生活和工作的人们以城市住所为第一居所，而闲暇时间则以乡村的另一套住宅，即第二居所为住所，开展休闲、养生和度假活动的旅游模式。结合乡村良好的生态环境、田园景观和自然风光，第二居所迎合了城市居民对生态空间的需求，满足了城市居民对乡土情结的精神追求，也为房地产开发商、农庄主、民宿主提供了商机。第二居所的旅游者或者拥有房产的所有权，或者拥有房产的使用权。第二居所的形成有三种典型情况。第一，根据中国法律相关规定，根系乡村的农转非群体，虽然无权使用农村宅基地，但可以继承父母的房屋遗产（不能翻盖），第二居所自然形成。第二，购买位于城乡接合地带的商品房形成第二居所。第三，购买使用权形成短期或者长期的第二居所。第三种情况成为乡村旅游第二居所的主要形式。

### 6. 特色小镇

2016 年 7 月 1 日，住建部、国家发改委、财政部联合发布通知，决定在全国范围开展特色小镇培育工作，在全国范围内计划到 2020 年培育1000 个左右各具特色、富有活力的休闲旅游、商贸物流、现代制造、教育科技、传统文化、美丽宜居等特色小镇。特色小镇不是行政区划层面上的一个镇，也不是产业园区的一个区，而是按照创新、协调、绿色、开放、共享发展理念,聚焦信息经济、环保、健康、旅游、时尚、金融、高端装备七大新兴产业,融合产业、文化、旅游、社区功能的创新创业发展平台。特色小镇的规模介于小城市和农村居民点之间,小城市的发展强调新型工业化引导产业发展,农村居民点强调以农业现代化引导新农村建设,而特色小镇强调以特色产业化培育小城镇建设活力。从特征内涵上看,特色小镇具备四个特征:产业上"特而强"、功能上"有机合"(有机结合)、形态上"小而美"、机制上"新而活"。特色小镇均位于城乡接合部位,与农村城镇化发展密切相关。发掘文化功能,嵌入旅游功能,成为特色小镇整合发展的重要抓手。

### 7. 乡村度假村

乡村度假村是指依托良好的乡村人文生态环境,为旅游者较长时间的驻留而设计的住宅群,即为满足游客休闲度假目的,在乡村地域实行的旅游开发形式。配套设施包括生活公用设施、休闲娱乐设施、体育运动设施和健康养生设施。乡村度假村具有综合服务功能,不但能为乡村游客提供住宿和饮食服务,而且还能够提供休闲娱乐和运动康养服务,并为乡村游客提供一个亲近大自然、欣赏田园风光和了解农耕文化的机会,使游客在远离都市喧嚣的环境中得到身心的放松,并感受慢生活的惬意。根据产品主题,乡村度假村可分为乡村休闲度假村和乡村康养度假村两大类。根据依托的环境和资源特点,乡村度假村可分为乡村海滨度假村、乡村水景度假村、乡村山地度假村、乡村森林度假村、乡村温泉度假村等。

## 第二节　乡村旅游文化发展的技术支撑

网络技术的发展与营销手段的更新,促进了智慧旅游发展。基于这一时代背景,要想使乡村旅游可以长足发展,需要建构网络信息平台,以便收集相关信息,对乡村旅游的发展进行评价与反馈。

## 一、乡村旅游网络信息平台构建的意义

构建乡村旅游信息平台具有重要意义,具体来说主要有如下几点。

首先,有助于开拓旅游产品的销售市场,为其提供广阔的发展空间。具体来说,通过乡村旅游网络平台,人们可以更多地了解乡村旅游产品,进而选择到当地旅游与购买相对应的产品。这样乡村旅游景区也可以吸引更多的游客,从而获得可持续发展。

其次,有助于促进乡村旅游的规范发展,通过乡村旅游网络信息平台,可以对乡村旅游条例、管理措施等进行规范,从而建构一个文明有序的乡村旅游信息环境。

最后,有助于构建乡村旅游信息库。利用乡村旅游网络信息平台,能够对乡村旅游的信息特征加以描述,当收集了这些信息特征之后,便可以构建信息库,从而便于乡村旅游景点的宣传。

## 二、乡村智慧旅游建设

乡村旅游的提档升级迫切需要智慧旅游的支撑,智慧旅游应用于乡村旅游是一种必然趋势。张凌云等(2012)认为,智慧旅游的本质是指包括信息通信技术在内的智能技术在旅游业中的应用,是以提升旅游服务、改善旅游体验、创新旅游管理、优化旅游资源利用为目标,增强旅游企业竞争力、提高旅游行业管理水平、扩大行业规模的现代化工程。[①]将智慧旅游与乡村旅游相融合,结合姚国章(2012)关于智慧旅游的阐释,可知乡村智慧旅游的概念,即乡村旅游业高度融合 ICT 技术(内联网、物联网、互联网、移动互联网,大数据、云计算,固定和移动终端等信息通信技术),主动感知旅游资源、旅游活动、旅游经济等信息,进而实施智慧政务、智慧管理、智慧营销和智慧服务,使游客快速、便捷地做出购买决策并享用智能服务的现代化乡村旅游经济活动。

---

① 张世满.2016—2017 年山西旅游发展分析与展望 [M].太原:山西经济出版社,2017.

（一）乡村智慧旅游职能划分

乡村智慧旅游的职能可划分为乡村智慧旅游政务、乡村智慧旅游管理、乡村智慧旅游营销和乡村智慧旅游服务四大职能，并可根据其概念内涵进行更为细致的职能划分，以建立完善、高效与便捷的乡村智慧旅游体系。乡村智慧旅游政务，关注行政管理单位与乡村旅游企业之间的信息交流，以有效提升乡村旅游主管部门的宏观管控能力。乡村智慧旅游管理关注如何提高旅游企业管理信息化水平，乡村智慧旅游营销建设则关注如何有效促进旅游宣传与市场开拓，而乡村智慧旅游服务建设关注如何提升服务质量。

乡村智慧旅游政务以信息通信技术为支撑，将区域内乡村旅游企业发展纳入信息化管理范畴，将办公、教育、监督、分析、评价及指挥功能集于一体，其打破了各自为政和条块分割的局面，从宏观管理层面对乡村旅游产业发展进行监控与指导，能够实施跨部门协调并促进全域乡村旅游的发展。

乡村智慧旅游平台将电子政务专网与各级行政单位和经营单位进行连接，应用主体可通过网络访问业务应用系统。应用主体不需要单独的服务器系统，可根据分级权限来访问与使用乡村智慧旅游平台。乡村智慧旅游平台建立覆盖全时段全方位的精确、便捷、高效、可视的管理体系，全面掌握乡村旅游企业的经营状况，主动获取乡村游客信息，形成游客数据积累和分析体系，全面了解乡村旅游市场需求的变化，为乡村旅游发展的科学决策和科学管理提供依据。

（二）乡村智慧旅游职能细分

在明确乡村智慧旅游的四大职能，即智慧政务、智慧管理、智慧营销和智慧服务之后，可以进一步进行乡村智慧旅游的职能细分。

1. 乡村智慧旅游政务职能细分

（1）任务控制。建立辖区内乡村旅游企业名录，通过智慧旅游平台实行有效监管，明确任务的发送、接受与监督等工作程序。

（2）投诉处理。乡村游客投诉信息的添加、修改、查询、删除与反馈。实现对旅游投诉以及旅游质量问题的有效处理,维护乡村旅游市场秩序。

（3）企业登记。乡村旅游企业（含旅游景区景点）的一般信息（如地址、电话、传真、E-mail 等）和详细信息（文字、照片、录像等）的发布、查询与管理。

（4）资产监管。实现乡村旅游企业基础设施和服务设施的信息管理和实景化观测。

（5）专题统计。可对整体经营状态进行名称统计、数据库字段统计、空间位置统计、选定空间位置统计。

（6）外部协调。与公安、交通、工商、卫生、质检等部门形成信息共享和协作联动机制。

## 2. 乡村智慧旅游管理职能细分

（1）管理智能。通过办公自动化和信息化建设,推进业务流程重组,改进乡村旅游企业管理模式。

（2）产业整合。实现区域内乡村旅游资源整合,明确产业分工与布局,推动乡村旅游规模发展与协同发展。

（3）科学调度。密切关注游客流量与分布状态,对乡村旅游景区（点）的车辆、工作人员进行合理的调配。

（4）安全保障。根据乡村旅游信息数据形成预测预警机制,提高应急管理能力,保障乡村旅游安全。

（5）生态监测。实时可视化监测大气、水质、地质和森林等自然环境状态,保护生态资源,保障乡村旅游可持续发展。

## 3. 乡村智慧旅游营销职能细分

（1）推介宣传。利用网站与新媒体推送乡村旅游目的地相关的文字、图片和音像资料,提高游客对乡村旅游产品的了解程度,形成现实购买或者潜在意向。虚拟现实技术可运用于虚拟景区建设,以强化宣传效果,并通过知识标签提供面向乡村游客的学习功能。

（2）产品查询。乡村游客借助乡村智慧旅游平台可进行分类检索,获得旅游产品信息,以"库查图"的方式进行电子地图的精确定位。乡村游客通过产品目录或者输入产品名称,即可检索出符合条件的所有乡村旅游企业的名称并显示产品内容。

（3）线路规划。乡村旅游企业必须向主流电子地图（百度地图和高德地图）上报地理信息与服务信息，使得用户在地图上点击一个旅游企业信息点，就可以获得该旅游企业点的一般信息和详细信息，并能够把电子地图作为协助手段来规划乡村旅游线路。

（4）在线交易。提供多样化在线支付方式，保障游客顺利预订。建立完善的乡村游客评价体系，一方面，约束乡村旅游企业的行为，促使其提供优质高效的服务；另一方面，优质产品的评价内容将形成其他游客的交易参考，有利于促进乡村旅游品牌的建设与传播。

### 4.乡村智慧旅游服务职能细分

（1）信息公布。信息公布涉及乡村旅游企业的重要新闻、天气情况、交通状况、热点推荐、公告警示、服务评级等旅游资讯的发布，具体运用多媒体展示系统与 LED 信息系统进行操作。

（2）提升体验。在服务过程中，运用信息技术与人工智能，以高效、便捷、舒适的服务方式提升顾客的满意度与体验度。

第一，智慧交通服务。乡村游客在目的地可以使用手机客户端的实时公交 App 或者电子地图 App 即时进行旅游线路规划，并予以实施，提高了旅游时效。这些 App 平台是全国性共享平台，它需要乡村旅游目的地提供旅游地点的坐标，以完成旅游交通的线路规划。

第二，电子导游服务。乡村智慧旅游平台应开发基于手机 GPS 定位和基站定位的电子导览地图并配备电子语音导游。当乡村游客到达目的地之后，可以自助完成游览。平台系统应支持电子地图的打印。

第三，餐饮与住宿服务。团购平台 App 的周边服务功能及促销优惠信息能够实现 O2O 无缝结合，即线上即刻交易，线下即刻享用。此时，智慧营销与智慧服务融为一体。同时，智慧场景服务也得到了升级，如电子菜单更加便捷、无人酒店手续更简洁。

（3）客户管理。将 CRM（Customer Relationship Management，客户关系管理）作为一种理念、一种技术、一种模式应用于乡村智慧旅游平台，以增强对游客服务的针对性，有效巩固乡村旅游市场。

乡村智慧旅游之智慧政务、智慧管理、智慧营销与智慧服务这四大职能并不是孤立实现的，智慧政务统领其他三大职能，而智慧管理是智慧营销和智慧服务的基础，智慧营销为智慧服务提供了客源，智慧服务又树立了智慧营销的口碑。其细分职能常交织在一起，如 OTA 的美团既可以承担营销职能,又可以实现即时的、场景化的产品选择与支付服务。

（三）乡村智慧旅游技术应用

（1）乡村智慧旅游体系构建。从以往旅游信息化建设过程来看,我们走过许多弯路。比如,县级市构建的智慧旅游平台,由于体量过小,聚合度较低,加之费用有限、入不敷出,无法维持正常的运营,在硬件投资与软件开发方面造成了巨大的浪费。目前来看,智慧旅游平台建设限于省级以上区域是恰当的,其具有较好的资源整合能力,能够充分发挥智慧旅游的职能功效。乡村智慧旅游建设是否有必要投资建立独立体系? 作者认为,乡村智慧旅游职能是基于智慧旅游平台人为划分的,乡村智慧旅游建设没有必要建立独立体系。我们只需在省级智慧旅游平台的框架中将数据库的内容设置相应的乡村旅游标签,将乡村智慧旅游体系从省级智慧旅游平台中抽取出来,即可让其单独发挥作用,实现乡村智慧旅游的职能功效,而省级智慧旅游平台建设最适用的信息技术就是 SaaS。[①]

SaaS 是 Software as a Service（软件即服务）的简称。以基于 SaaS 的省级智慧旅游平台为基础,在数据库中添加乡村旅游的标签,在操作界面设计一个省级乡村智慧旅游的职能应用体系,就可以开发出一个能够满足省域内绝大多数乡村旅游业务需求的通用信息系统,可达到以最少的资金投入形成乡村智慧旅游体系的目的。省级乡村智慧旅游体系的数据库是省级智慧旅游平台的一个有机组成部分,通过“乡村旅游”的标签进行数据提取之后,省级智慧旅游平台原有的四大职能,即智慧旅游政务、智慧旅游管理、智慧旅游营销与智慧旅游服务的操作界面就可以对应地转换为乡村智慧旅游四大职能的操作界面。省级乡村智慧旅游体系是一个功能齐全的通用模板系统,可以提供给多个不同行政级别的乡村旅游企业和管理部门重复使用。该系统具有乡村智慧旅游职能细分的可配置性,系统中的有些功能对某些用户来说可能是不需要的,不同的用户可以根据自身需要来定制或选择所需要的应用功能。

基于 SaaS 的乡村智慧旅游体系应具有强大的统计功能。在科学制定全省乡村旅游发展评价指标体系的基础上,乡村智慧旅游政务职能建

---

① 葛亚宁 . 海南省乡村旅游游客体验感及影响因素研究 [D]. 海口：海南大学, 2018.

设应明确要求各级用户及时上报统计数据,这样既可以对全省、各市和各县的乡村旅游经济数据进行汇总,也可以对各类型乡村旅游企业经济数据进行归类分析。

（2）全国智慧旅游平台的应用。基于 SaaS 的省级乡村智慧旅游体系要完全实现四大职能尚需要借助全国性智慧旅游平台的辅助。以营销职能的在线交易为例,利用全国知名的分销中介平台更容易促成交易;使用基于 GPS 的电子地图 App,则可以顺利完成旅游交通导航。

由于交通运输的现代化及私家车拥有量的不断提高,自助游客成为乡村旅游市场的主力军。目前自助游客经常使用的全国智慧旅游平台主要是旅游 OTA 形式,诸如携程、美团、大众点评,其服务涵盖了食、住、行、游、购、娱六方面旅游产品的预订与 O2O 销售。百度地图从最初的导航 App 发展成为一个新型的 OTA 软件。百度地图发现周边的功能可以查询到周边的六要素旅游产品,还可筛选与排序,并且实现了酒店预订功能。电子地图 App 在定位功能上依赖于 GPS 或者北斗导航定位技术,要求定位点有明确的坐标,如果坐标上传者附上坐标点企业的详细资料,比如餐馆的介绍与图片,那么电子地图 App 也会全部展示。而且消费者可以在网上发表评价与图片,成为人们的消费参考。所有的 OTA 无一例外地都嵌入了电子地图,以帮助消费者进行定位。故实现乡村智慧旅游的职能,上传地理坐标并完善乡村旅游企业推介的文字与图片,显得尤为重要。

关于是否需要建设省级 OTA 一直存有争议,笔者认为目前尚无必要。因为游客已经形成了借助全国知名 OTA 制订旅游计划与实施旅游消费的习惯,而且建设省级 OTA 需要完善其电子商务功能,需要建立呼叫中心来进行人工仲裁与辅助,运营成本太高。再者,省级 OTA 不如全国知名 OTA 运营专业且有规模效益,对于运营人才的吸引力也有限。故开展乡村智慧旅游建设,要在完善智慧管理的基础上树立品牌形象,再入驻知名 OTA 开展 O2O 交易,才可以有效开展智慧营销。关于是否需要建设省级电子商务平台来销售土特产品,也一直存有争议,笔者认为也无必要,除上述原因之外,实物性电子商务的开展需要第三方支付平台实现悬挂支付,以此保障顾客的利益。开通第三方支付相对容易,比如支付宝可以开放接口,但是店小二的仲裁机制在没有规模效益的前提下难以维系。

相对城市公交,乡村旅游交通多有不便,许多乡村游客担心等不到或者错过旅游班车,草草结束行程去候车,不能够充分利用时间。"车来了""等车来"和"车等我"公交等车软件为乡村智慧旅游的交通服务提供了提升客户体验的机会。以"车来了"为例,它是由元光科技开发的一款查询公交车实时位置的手机软件。不仅能提供公交车的到站距离、预计到站时间,还能显示整条公交线路的通行状况,让用户不再盲目等待,有效缓解用户候车的不安全感,同时改变用户出行方式。"车来了"目前在实时公交领域 App 排位全国第一,已经覆盖全国 66 个城市,服务 4000 万用户,能为公交出行人群每天节省约 11 分钟时间,2021 年"车来了"进军 100 个城市,同时用户实现倍数增长,用户量达到 1 亿。这样的软件可以应用于乡村智慧交通服务,旅游班车运营单位将车载 GPS 数据上传该 App 即可实现,一方面满足了乡村游客的需要,另一方面也为乡村居民出行提供了便利。

（3）乡村景区的信息化建设。基于 SaaS 的省级乡村智慧旅游体系实质是政府主导的管控平台,它以一套软件满足了多层级多用户需求,且能不断开发新功能。这种多用户租用共享平台的模式无疑为市县级用户节省了机房建设和软件购买的费用。但是,乡村旅游企业的信息化建设仍然需要购置智能设施和配套软件。餐饮企业的智能设施投资较少,比如物理的电子平板菜单已经可以被微信电子菜单这样的小程序所取代,而其智能营销与智能服务较多依靠外部中介平台,如美团团购与外卖、百度周边服务与外卖。但是乡村景区的信息化建设则要耗费大量资金来购买信息设备并开发集成软件。

乡村景区信息化建设需要把物联网技术、电子通信技术与景区经营管理服务相结合,统筹和规范景区信息的收集、处理和应用,整合资源、信息共享,建立功能强大的旅游资源保护系统、信息服务与管理系统,为游客提供及时准确的信息服务,为景区管理、服务、资源保护提供决策支持数据,以实现景区数字化管理下的可持续发展。具体内容包括办公自动化、营销网络化、即时全区监控、电子门禁管理、电子客服信息系统、安全报警与求助系统。乡村景区信息化系统结构可分为两个层次:基础平台层和应用系统层;三个方面:资源保护数字化、管理运营智能化和产业整合网络化。基础平台层包括基础设施(电力、网络)、系统数据库、数据安全容灾设施和"3S"技术支持。应用系统层交叉涵盖了资源保护数字化的环境监测系统与智能监测系统,以及管理运营智能化的办公自动化系统、多媒体展示系统、车辆调度系统、门禁票务系统与电子商务系统等。资源保护数字化的各系统，与运营智能化的各系统发生交互，形成了产业网络整合化的决策，用以动态调整商业协同的相关问题。

乡村景区信息化建设工作不可能一蹴而就，应分步完成。首先，根据规划蓝图，确立调整性差的硬件建设，完成供电设施与网络系统的建设。网络光缆的铺设要设置线缆专用渠道，以便二次修缮加装时方便揭盖工作。第二步建设 RS 采集点、门禁系统、多媒体展示系统、LED 告示牌。第三步架设服务器与电脑终端，调试 3S 系统、CRM 系统、门禁系统软件。至此一个景区的信息化系统建设便具备了雏形。要重视 3S 建设与应用。"3S"技术是指遥感技术（Remote Sensing, RS）、地理信息系统（Geographical Information System, GIS）、全球定位系统（Global Positioning System, GPS），它们是乡村景区信息化系统的重要技术保障。RS 具有卫星遥感影像处理、开展专题监测等主要功能，可以对乡村景区的各类开发活动和规划实施情况进行动态监测。GIS 可对乡村景区内地形地貌特征、景区基础设施（能源、交通、通讯、自来水及排污管道等）进行动态记录和识别。GPS 技术可对景区车流量、区域分布情况实时监控，管理者可根据景区客流状况，对车辆进行分配调度，有效地加强观光车的管理。

乡村信息化建设取得的成就为进一步开展乡村智慧旅游建设，驱动乡村旅游业转型升级创造了条件。但是我们也要清楚地认识到，乡村智慧旅游的职能功效只有在完善基础设施，改善乡村可进入性的基础上，才有可能进一步发挥其重要作用。

# 第三节　乡村旅游产品设计与传统文化挖掘

## 一、乡村旅游产品

### （一）乡村旅游产品的概念

广义产品是指能够满足人们的某种需要和欲望的东西。狭义产品是指由经营者提供给市场,能引起人们注意、获得、使用或消费,以满足人们某种需要和欲望的一切东西。作为旅游者这一具体消费者群体所购买的乡村旅游产品,它是一种消费品,具有一般产品的共性。但它是旅游者这一特定消费者群体所购买的产品,因而在消费范围及消费特性等方面,与一般消费品有一定的区别。它不单纯是旅游者在乡村旅游活动过程中所购买的一般性商品,而是旅游者在旅游活动过程中所得到的产品和服务的总和。就乡村旅游产品的形式而言,它既以乡村综合旅游产品的形式出现,如各种特定的乡村旅游线路,包括旅游者所需要的乡村旅游线路中住宿、饮食、交通、娱乐等综合性内容;又以单项乡村旅游产品的形式出现,如酒店等旅游企业直接向旅游者所销售的各项产品,旅游购物品,则更是以单项旅游产品的形式出现。

（二）乡村旅游产品的构成

从乡村旅游供给角度来看,狭义的乡村旅游产品是指乡村旅游服务;广义的乡村旅游产品不仅包含旅游服务,还包括服务凭借的物质条件,即乡村旅游资源、乡村旅游设施、乡村旅游购物品和乡村旅游目的地可进入性。从乡村旅游需求的角度看,乡村旅游产品是乡村旅游者的消费经历和感受。

1. 乡村旅游产品层次划分

（1）核心产品。乡村旅游核心产品是乡村旅游供给方向游客提供的服务的基本效用或利益,即使用价值,它是游客购买和消费的主体部分,对于提升客户的核心体验具有重要意义,也是吸引乡村游客到来的动力源泉。具体表现为基于乡村景观和乡村文化的乡村性、原真性及其审美感受。

（2）外延产品。乡村旅游的外延产品是指乡村旅游资源和乡村旅游设施,即乡村旅游供给的物质形态,是旅游服务依赖的物质条件。乡村旅游资源包括自然景观和人文景观两大类,为乡村游客提供了审美和学习的物质载体,乡村旅游设施为乡村游客提供了食宿、休闲和娱乐的物质凭借。设施建设应保障基本旅游供给的系统性和完整性。

（3）辅助产品。乡村旅游辅助产品包括乡村旅游产品形象、乡村旅游品牌建设、乡村旅游管理和服务水平。乡村旅游辅助产品是乡村旅游市场竞争的抽象要素,对于提升游客的体验具有重要意义,在互联网时代要充分利用信息与通信技术提升经营管理水平,并开展乡村游客便捷服务。

2.乡村旅游资源划分

（1）聚落建筑旅游产品。聚落建筑旅游产品是指耕地之外的村民居住、生活、休息、劳作和进行社会活动的场所分布形态,其形态有分散型的农家庭院,集聚型的团状、带状和环状聚落,特殊型的水村、土楼、窑洞和堡寨。乡村建筑包括当地民居建筑、公众活动场所的各类建筑,以及规模化和专业化的旅游接待设施,它是乡村聚落的具体建筑形式,多取材于当地的建筑材料,具有独特的传统范式和地域风格。

乡村地域由于长期的区位经济弱势,交通设施相对落后,受都市化和现代化的影响进程缓慢,不但保持着古朴的乡村聚落形态,还保存有大量的古代建筑、民族建筑和特色建筑,成为现代乡村旅游资源开发的重要支撑。例如,山西的晋商大院、浙江的乌镇和江苏的同里古镇、安徽的西递和宏村、江西婺源古村落群、贵州的西江苗寨、福建永定土楼群落、河南的郭亮村等。在乡村旅游产品设计中,要注重保护与开发并举,去掉落后与弊端,留住乡愁和传统,传承古老文明。有些乡村地区虽然没有丰富的传统文化资源,但因地制宜、合理规划,在乡村建设过程中展示了社会主义新农村的风貌。

（2）民俗风情旅游产品。乡村民俗风情包括民族民俗和制度民俗,这些与城市化迥异的异质文化,吸引了诸多城市游客。民族民俗是传统的乡村民俗文化和民族文化长期积淀的结果,既有物质的形态,也有抽象的内容。乡村制度民俗也是广义的民族民俗文化的特殊组成部分,包括乡村的权力民俗和礼制民俗两方面。

乡村民族民俗包括：①生产民俗,如农耕民俗、手工业民俗；②商业民俗,如集市、交易民俗；③消费民俗,包括饮食和服饰等方面；④游艺民俗,如民间竞技、民间游戏、口承语言民俗、民间音乐和舞蹈、民间戏曲和曲艺等；⑤信仰民俗,如宗教、禁忌、崇拜等；⑥节日民俗,如传统节日、民族年节等。

乡村制度民俗中权力民俗包括：①家族民俗,如称谓民俗、排行民俗、继承民俗等；②组织民俗,如行会民俗、社团民俗等。乡村制度民俗中礼制民俗包括婚嫁、寿诞、葬礼等方面的民俗。

（3）田园生态旅游产品。田园生态旅游产品是在乡村的田园生态环境背景下,将各种农事活动、乡村社会活动与旅游活动相结合而开发形成的乡村旅游产品。可分为农业景观游、农业科技游和务农体验游三种类型。农业景观游。农业景观游包括田园风光游、林区风光游、渔区风光游、草原景观游等。农业景观游融入了生态旅游和绿色旅游理念,再加上农耕文化元素,旨在让游客感受到丰富的景观审美情趣和深厚的农业文明底蕴。农业科技游。农业中的科技应用提升了农业现代化的水平,激发了"农业＋科技＋旅游"新业态的创新活力。例如,农业科技示范园和农业园艺博览园,将农业生态科技和农业生产过程相结合,促进了乡村一、二、三产业的融合发展。务农体验游。城市居民分为原居民和迁入居民。历史上乡村经济长期弱势,故有乡村人口主动迁入城市寻求生存空间。在城市扩张和城乡一体化的发展进程中,一部分乡村人口纳入城市人口范畴。对于城市原居民而言,农耕生活是新奇而有魅力的。对于城市外来居民而言,乡愁和怀旧成为体验农耕生活的动机,于是催生了专门的务农体验游。

（4）自然风光旅游产品。乡村自然旅游资源丰富多样,涉及地质地貌、水域风光、气象气候和多种生物,因此乡村自然风光旅游产品包括地质地貌旅游、水域风光旅游、气候气象旅游和生物景观旅游。

### 3.乡村旅游体验划分

（1）乡村观光旅游产品。乡村观光旅游产品是以乡村自然旅游资源和人文旅游资源为观光对象的旅游活动形式,涉及基于乡村旅游资源划分的所有产品形式,如聚落建筑、民俗风情、田园生态、自然风光。乡村观光改变了城市游客的居住环境,在游玩的过程中游客开阔了眼界,增长了见识,陶冶了性情,提高了自然与人文之美的鉴赏能力。

（2）休闲娱乐旅游产品。乡村民族民俗具有浓厚的传统文化底蕴,许多内容被评定为非物质文化遗产,为乡村休闲娱乐活动提供了重要支撑。其中的游艺民俗内容丰富,诸如庙会、戏曲、秧歌、锣鼓、旱船、龙舟、杂技、竞技等活动,增强了游客休闲娱乐的参与度。乡村旅游中的瓜果蔬菜采摘、特色饮食品尝、主客互动演艺、风俗礼仪参与和乡村工艺品制作等体验性活动,使得游客更多了解到乡村地域的风土人情,进而深刻体会到乡村生活的欢乐和美感。

（3）体育康养旅游产品。乡村地域生态环境优美,空气质量普遍较好,拥有辽阔的空间、多样化的地质地貌、丰富的药膳食材,可以开展登山游、乡村跑、日光浴、温泉浴、森林浴等活动,还可以进行心理治疗、康复疗养以及药食养生等。

（4）乡村度假旅游产品。靠近都市周围的乡村地域,常凭借美丽的自然风光和温泉疗养条件开辟乡村旅游度假村。乡村旅游度假村对于喜爱一日游、周末度假和近距离旅游的城市居民来说具有较强的吸引力。公司会议、会展旅游、家庭聚会常在这里举办。此外,乡村旅游度假村还通过举办节庆娱乐活动和农耕文化研学活动吸引了众多亲子游的城市游客。

（5）乡村研学旅游产品。通过乡村旅游活动开展研究性学习和旅行体验相结合的校外教育活动,让孩子和学生感受乡土风情,体验乡村生活方式。乡村研学旅游活动引导青少年亲身参加亲近社会与自然的实践活动,促进其社会化,增强其群体交往的能力,充分体现了体验性和群体性的教育特色。乡村研学旅游作为综合实践育人的有效途径,可以有效承载道德养成教育、社会教育、国情教育、爱国主义教育、优秀传统文化教育、绿色环保教育、创新精神和实践能力培养。

（6）户外探险旅游产品。乡村地域常具备地质条件多样化的特点,为开发户外探险旅游提供了条件。户外探险旅游因具有探索自然界奥秘的吸引力,成为乡村旅游产品的一个突出的主题形式,也是体育活动和户外娱乐的形式,它提高了人类对自然与艰险的适应性,磨练了人们的意志和品格,深受驴友、背包客和探险旅游者的喜爱。

（7）乡村节日旅游产品。乡村节日对游客的吸引力和聚合效应常形成规模旅游市场,形成了乡村节日旅游产品。乡村节日旅游产品根据节日活动内容的不同大致可以分为以下五种:农村风光节日、农业产品节日、民俗文化节日、历史典故节日和综合类节日（如各地的乡村生态旅游节）。

（8）乡村会议旅游产品。乡村会议旅游产品指的是以乡村自然生态环境和人文社会环境为背景,将举办会议作为切入点而开发的一种乡村旅游产品。会议举办单位比较关注为与会者提供一个良好的环境,以期得到与都市会议不同的氛围。

（9）乡村购物旅游产品。乡村购物旅游产品即具有乡村地域特色的旅游纪念品、工艺品、生活用品和土特产品,亦即有形的乡村旅游商品,它丰富了乡村游客的购物体验。乡村企业和手工业者可就地取材进行加工,许多购物品同时具有纪念性、鉴赏性和实用性。例如,乡村和民族服饰、包具、收纳盒以及微缩景观等,深受乡村游客的喜爱。此外,乡村地域食材丰富,可手工制作多样化的食品,这也是游客返回住地后馈赠亲朋的上好选择。

（10）其他专项旅游产品。体验型的乡村旅游产品除上述常规分类之外,还有其他小众市场所青睐的专项产品,如野营旅游、怀旧旅游、摄影旅游、影视旅游、遗址旅游、亲子旅游、童趣追忆体验、忆苦思甜体验等。

乡村旅游满足了都市人"乡村怀旧"和"回归自然"的心理需求,迎合了中国旅游产品结构化调整的客观要求,是旅游开发形式转变的新探索,成为中国旅游业的重要组成部分。

### 二、乡村旅游产品设计的重要策略——品牌建设

（一）品牌的内涵

品牌是资产。当产品具有响亮的品牌之后,市场认可度将极大提高,有利于提高品牌的营销资产价值,对于扩大市场销量和提高营业额都具有重要的意义。

品牌是符号。品牌由名称、标志、象征物、代言人、包装等要素组成,这些识别要素形成了一个有序的符号体系,能让消费者轻松识别。

品牌是个性。品牌能推动追随者或者认同者表达强烈的个人情感,以示与众不同。消费者常以消费某种品牌的产品来展示个人性格特征。

品牌是定位。品牌的识别意味着产品具有独特的形象,对市场具有强烈的辐射能力,常具有较大规模的潜在消费者群体,品牌设计与潜在市场形成了对应关系。

品牌是文化。从消费者角度来看,品牌消费形成了口碑效应,蕴含了消费者的认知评价。从产品生产者的角度来看,品牌蕴含了企业精神和企业理念。

（二）品牌建设 CI 理论

CI 是英文 "Corporate Identity" 的缩写,中文含义是 "企业形象识

别",也称为"企业形象"。CI 理论的目的是通过创造良好的企业形象,从而构建企业商品或服务与客户共存共享的和谐的经济生态关系。CI 理论主要包括三部分,分别别是理念识别(MI)、行为识别(BI)、视觉识别(VI)(张向飞,2010)。

理念识别(MI)。MI(Mind Identity),即理念识别系统,包括企业的战略思想、经营方针和管理理念,是 CI 的灵魂。

行为识别(BI)。BI(Behavior Identity),即行为识别系统,包括企业管理行为和市场营销行为,是 CI 的行为表现。

视觉识别(VI)。VI(Visual Identity),即视觉识别系统,包括企业的品牌、商标、代表色,是 CI 的视觉传达。

理念识别(MI)、行为识别(BI)、视觉识别(VI)要保持文化内涵和逻辑概念的一致性,行为识别(BI)、视觉识别(VI)以理念识别(MI)为核心,进行构架和拓展。品牌建设 CI 理论对于乡村旅游品牌建设具有重要的参考价值。

（三）乡村旅游品牌建设的必要性

品牌建设对于树立乡村旅游的鲜明形象、提高市场占有率、获得产业发展规模效益具有重要意义。

例如,山西省乡村旅游的发展处于全国中下游的水平,乡村旅游市场的吸引力不足,山西乡村旅游整体还处在粗放经营的价格竞争阶段。山西乡村旅游发展应该充分认识到品牌建设的必要性和紧迫性,不断完善基础设施建设、完善乡村旅游产业链条、提高管理水平和服务水平,走乡村旅游品牌化发展道路,通过塑造不同的乡村旅游品牌,使得各地乡村旅游特色更加鲜明,提升乡村旅游市场的吸引力。

旅游传承文化的本质基于旅游者的消费体验,因此乡村旅游需要挖掘自身的文化内涵,通过旅游这一载体使得文化得以保护、传承和发扬。乡村旅游品牌建设的过程就是对文化的发现、整理和传播的过程。通过品牌的塑造、宣传和发展,向各地人民展现中国优秀的传统文化,增强民族凝聚力和自豪感。

作为朝阳产业的乡村旅游,在乡村振兴和建设美丽乡村中起到了重要的推动作用,为农村经济发展带来新的增长点,调整了农村产业结构,推动了农村现代化进程。乡村旅游的发展符合新时代低碳、绿色、环保、和谐、可持续发展的要求。要想在竞争中取胜,必须独具特色,进行品牌建设,进行有力的品牌宣传,提高品牌知名度和信誉度,实现旅游产品差异化,吸引更多的消费者。

（四）乡村旅游品牌建设体系构建

（1）旅游品牌定位。乡村旅游品牌定位,首先要深入挖掘乡村旅游特色,即有地域风格的乡村性,选择差异化市场营销策略来进行市场定位;其次,以原真性应用展示乡村旅游的乡村性,将原汁原味的乡村旅游资源呈现给乡村游客,提升乡村游客的消费体验。

（2）旅游品牌打造。在特色定位、产品定位、市场定位的基础上,进行乡村旅游产品包装设计。系统化打造乡村旅游品牌,包括设计品牌的理念识别系统、行为识别系统和视觉识别系统,具体包括经营理念、管理服务体系以及品牌的名称和标志,建立有特色、有吸引力的品牌形象。

（3）旅游品牌营销。旅游品牌的营销是提高品牌知名度的重要途径。在现代社会,市场营销的途径和平台愈加多元化,这为乡村旅游品牌体系的营销带来了更多的发展机遇。可以根据乡村旅游的市场需求定位,有效选择营销渠道和手段。

（4）旅游品牌保障。品牌建设与营销的成果需要转换为持久的发展动力,这就需要有坚实的品牌保障,包括品牌建设保障和品牌组织保障。品牌建设保障主要通过完善的配套设施、优质的旅游服务、全程化的旅游品牌监测与危机管理,来维持旅游品牌的正面形象及其持久的市场影响力。而品牌组织保障是在政策层面给予品牌建设和运行充分的支持。

（五）乡村旅游品牌建设发展路径

（1）打造品牌个性,保持品牌特色。品牌名称要有市场冲击力和影响力,体现出乡村旅游资源的特点,以增强对目标市场的吸引力。所以,品牌名称在简明易辨的同时,还需要与品牌特色相结合。此外,品牌标记作为品牌特色符号,也应该遵循上述设计理念。品牌口号的设计,也应充分体现品牌及旅游产品本身所蕴含的丰富价值观,引起目标市场的情感共鸣。

（2）发掘品牌潜能，深化品牌内涵。打造乡村旅游品牌，首先要通盘掌握本地的乡村旅游产业发展潜能，持续开发其产业资源，发挥产业资源特长，有指向性地开发旅游产业的商品与服务。在目前发展形势较为旺盛的体验型旅游产品体系之外，更应该深入发掘本地丰富的历史文化资源，通过有机结合的方式融入当前的乡村旅游开发之中，打造极具本地特色的旅游产业资源，丰富乡村旅游品牌的内涵和产业结构。

（3）掌握产业动态，明确市场定位。开展广泛的具有针对性的市场调研，及时掌握省内外旅游产业发展动态及动向，重点分析乡村旅游目标游客群体的需求特征。积极学习运用旅游市场细分方法和大数据技术，准确统计分析调研数据，结合乡村旅游资源特点，充分挖掘其乡村性和原真性，并对乡村旅游客源进行更加明确、科学的市场定位，打造坚实的品牌营销管理基础。

（4）融入新型业态，强化品牌促销。首先，可以通过开发特色乡村旅游活动，树立独一无二、具有一定影响力的品牌形象与特色。其次，积极融合新业态发展，实现线上线下营销活动"双管齐下"，共同发展。积极开发新兴媒体平台与网络营销渠道，提升品牌的线上市场的知名度与影响力，促进潜在客源的了解与互动，及时掌握产业新动态，不断开发新客源，建立线上游客反馈机制，及时获取游客反馈建议并有针对性地改进提升旅游产品与服务。最后，积极用好传统宣传媒介，采用丰富多样的形式，在潜在客源较多的地区和人流密集处投放品牌广告。

（5）统筹监管和经营，提升品牌管理水平。规范乡村旅游产业监管机制，培育壮大乡村旅游市场，提升景区服务水平，健全游客反馈建议渠道，切实尊重与维护消费者权益，营造健康有序的旅游市场氛围。近年来，随着经济社会发展水平的提升以及发展战略的调整，各级政府更加重视与支持乡村旅游产业的发展，这是乡村旅游产业发展的重要机遇。因此，乡村旅游目的地更加应该加强自身建设，提升品牌意识，不断健全品牌体系，积极适应市场需求，为经济社会的发展做出持续性的贡献。

### 三、乡村旅游产品设计中的传统文化因素

（一）传统文化元素的释义

人们所说的传统，是指一个国家、一个民族在漫长的历史长河中所形成的思想、道德、艺术和风格等。在日本设计大师原研哉看来，文化唯有具备本土性、原创性方可得到人们的认同，本土语言的设计理论重点在于其激发各式各样交流对话的可能性。中国传统元素主要有两种形式。即具体形式和抽象形式，前者包括汉字、茶叶和民间工艺品，后者包括中国的社会文化、生活方式和价值观。即使中国传统元素的类型非常多，但中国传统元素的具体和抽象的基本内涵可以从两个方面从根本上概括出来。其一，中国人尤为提倡的和谐观，即"天人合一"的思想，体现了中国传统文化的基本精神，得到了道、儒两大家的一致推崇。其二，"厚德载物""自强不息"，彰显了中国传统文化的基本精神。

中国传统元素的特征主要表现在以下几个方面。第一是世代相传，中国传统元素在一些短暂的历史阶段被中断或转变，但总体却保持不变。第二是民族特色，中国的传统元素是中国特有的，与世界其他民族文化元素有很大的区别。第三是博大而精深，一方面，中国传统元素丰富多样；另一方面，中国传统元素具有很深的内涵。

基于中国传统元素的传统特征，将中国传统元素通过设计、创意理念以及与当代艺术的有机融合来推动和实现当代设计的一体化，如将产品的形状、色彩、图案等各方面融入中国传统元素，从而满足大众的审美精神和心理需求，进而实现文化创意产品的实用性、艺术性、文化性的高度统一。

（二）乡村旅游产品融合传统文化因素发展的优势

（1）创造性地优化资源组合，有助于打造品牌影响力。旅游是旅游需求驱动的产业，旅游体验是旅游世界的核心。旅游是以其独特的资源为基础的旅游企业。其资源包括自然资源、人力资源和社会资源，必须重视以文化旅游为载体的大型旅游节庆活动的推广和开展，以促进文化旅游活动的发展。文化旅游产品作为旅游景点的衍生品，在开发、包装

设计中要注意以下三点：一是选择合适的切入点，突出产品层次；二是提炼主题，突出产品系列；三是丰富文化内涵，突出产品的高品位。同时，要运用创新思维和新技术，使旅游资源和旅游产品具有创造性，产业实现更好的相互融合，突出旅游产品与旅游场景或旅游环境的文化性和创造性。创意旅游产品需要多重文化层面的关怀和满足，发展层面性、系列化、高品位的文化旅游产品，以全新的表现方式呈现在游客面前，将文化旅游的参与性和体验性发挥得淋漓尽致，以提升旅游者的旅游体验和文化体验，让创意产业与文化旅游互动融合，从而提升文化旅游品位，充分发挥文化旅游内涵，增强核心竞争力，打造特色文化旅游品牌与产业品牌形象。

（2）产品消费创新升级，有助于激活市场消费潜力。为了更好地发展旅游业，除了拥有极具吸引力和创意的文化旅游产品外，也需要超前一步，提高市场意识，坚持先进的营销理念。

首先，要加强产品竞争优势，用创意思维制作文化旅游产品，打造体验性、参与性强的特色文化旅游产品；其次，对于旅游市场的开发和维护，要依托和打造强势产品质量和品牌忠诚度，综合采用多种营销手段，制定灵活的营销策略，针对不同的文化旅游消费市场、不同的消费群体、不同的产品体系，采取不同的策略营销策略，以满足不同文化旅游消费需求；最后，依赖文化创意实现运营效果，带来更高的经济效益。

（3）文化创意可以促进旅游产品的消费。文化消费内容和文化内涵不断推动文化消费结构转型升级，文化创意旅游可以激发旅游者潜在的消费欲望，丰富旅游消费层次，提升旅游产品消费档次，挖掘旅游市场消费潜力。文化创意在吸引投资、满足消费需求、促进旅游经济发展等方面具有重要作用。要实现文化旅游经济的可持续发展，就必须对文化旅游结构进行优化升级，转换旅游发展的新形势，使文化创意与旅游充分融合，有效推动旅游创新发展。上海市崇明区在建设"世界级生态岛"的规划中，整个岛屿以中国元素为特征，中间建筑以水为脉，水为源，凸显江南风情，再现江南独特的美丽水乡、白墙白瓦，再加上崇明岛独特的海岛风格，海岛景观形成了以生态为核心、文化为根、海岛为特色的地域环境。

（4）文化创意将创造新的旅游形式。在丰富多彩的文化创意的推动下，大量旅游小镇、旅游胜地应运而生。旅游度假区、旅游产业集聚区、研究型旅游基地、养老旅游基地、乡村记忆旅游基地、工业文化和旅游基地等极大地丰富了旅游业的业态和产品。文化创意催生了新的旅游形式。在文化创意的引导下,学习旅游、休闲旅游、学位旅游、度假旅游、健康旅游、养老旅游等旅游方式不断出现,并有效地带动了旅游业的发展。

（5）文化创意将为旅游业带来新的价值。比如,被誉为中华文明摇篮的山西,历史悠久,文化灿烂,山川秀美,是一个文化资源大省,但文化旅游产业不强,文化创意产业薄弱。针对这种情况,山西着力推进文化创意与旅游产业融合发展,提出了建设特色魅力文化旅游强省的战略目标,努力把全省从文化资源大省提升为文化旅游大省。

总之,要在全区域旅游的平台上,推进文化创意与旅游的融合,凝练文化创意特色主题,开发精品项目,打造旅游品牌,提升区域文明水平,促进旅游产业升级,为文化创意产业发展开辟蓝海,为促进区域整体发展提供强大的动能。

# 参考文献

[1][英]卡皮里斯.民俗音乐[M].新加坡:新亚出版社,1994.

[2]《农村经济技术社会知识丛书》编委会.农村文化建设[M].北京:中国农业出版社,2000.

[3]北京巅峰智业旅游文化创意股份有限公司课题组.图解乡村振兴战略与旅游实践[M].北京:旅游教育出版社,2018.

[4]代改珍.乡村振兴规划与运营[M].北京:中国旅游出版社,2018.

[5]方亮.新农村文化建设与管理[M].北京:中国社会出版社,2010.

[6]冯年华.乡村旅游文化学[M].北京:经济科学出版社,2011.

[7]干永福,刘锋.乡村旅游概论[M].北京:中国旅游出版社,2017.

[8]顾阳,吕英胜.如何搞好农村文化工作[M].太原:山西经济出版社,2009.

[9]广顺等.农村文化生活顾问[M].西安:陕西人民出版社,2001.

[10]郭晓君等.中国农村文化建设论[M].石家庄:河北科学技术出版社,2001.

[11]何丽芳.乡村旅游与传统文化[M].北京:地震出版社,2006.

[12]姜长云.乡村振兴战略:理论、政策和规划研究[M].北京:中国财政经济出版社,2018.

[13]孔祥智.乡村振兴的九个维度[M].广州:广东人民出版社,2018.

[14]李海平,张安民.乡村旅游服务与管理[M].杭州:浙江大学出版社,2011.

[15]李红艳.新农村如何利用乡村文化经营:实践派文化专家新主

张 [M]. 北京：中国农业大学出版社, 2007.

[16] 李军. 新时代乡村旅游研究 [M]. 成都：四川人民出版社, 2018.

[17] 李森, 崔友兴. 社会变迁中的乡村教育 [M]. 福州：福建教育出版社, 2017.

[18] 李秀忠, 李妮娜. 当代中国乡村文化建设问题研究 [M]. 济南：山东人民出版社, 2014.

[19] 刘光. 乡村旅游发展研究 [M]. 青岛：中国海洋大学出版社, 2016.

[20] 刘巍. 新农村体育事业发展问题研究 [M]. 北京：中国物资出版社, 2009.

[21] 陆素洁. 如何开发乡村旅游 [M]. 北京：中国旅游出版社, 2007.

[22] 罗凯. 美丽乡村之农业旅游 [M]. 北京：中国农业出版社, 2017.

[23] 骆高远. 休闲农业与乡村旅游 [M]. 杭州：浙江大学出版社, 2016.

[24] 商礼群选注. 古代民歌一百首 [M]. 上海：上海古籍出版社, 1982.

[25] 史亚军. 农村文化产业概论 [M]. 北京：中央广播电视大学出版社, 2014.

[26] 孙景森等. 乡村振兴战略 [M]. 杭州：浙江人民出版社, 2018.

[27] 田静. 教育与乡村建设：云南一个贫困民族乡的发展人类学探究 [M]. 北京：中央编译出版社, 2013.

[28] 田联韬. 中国少数民族传统音乐 [M]. 北京：中央民族大学出版社, 2001.

[29] 田雨普等. 农民体育发展战略研究 [M]. 南京：南京师范大学出版社, 2009.

[30] 王传真. 农村文化的建设与管理 [M]. 银川：宁夏人民出版社, 1999.

[31] 王丹宇. 农村文化建设研究 [M]. 长沙：湖南大学出版社, 2014.

[32] 吴惠青. 农村学校服务新农村文化建设研究 [M]. 杭州：浙江大学出版社, 2016.

[33] 夏林根. 乡村旅游概论 [M]. 上海：东方出版中心, 2007.

[34] 夏学英, 刘兴双. 新农村建设视阈下乡村旅游研究 [M]. 北京：中国社会科学出版社, 2014.

[35] 熊春林 . 农村文化发展之谋 [M]. 北京：国家行政学院出版社，2012.

[36] 熊金银 . 乡村旅游开发研究与实践案例 [M]. 成都：四川大学出版社，2013.

[37] 徐丁，李瑞雪，武建丽 . 休闲农业与乡村旅游 [M]. 北京：中国农业科学技术出版社，2018.

[38] 于永福，刘锋 . 乡村旅游概论 [M]. 北京：中国旅游出版社，2017.

[39] 余守文，王俊勇 . 乡村旅游开发与经营 [M]. 北京：科学普及出版社，2013.

[40] 张华超 . 农村文化生活 [M]. 石家庄：河北科学技术出版社，2014.

[41] 张蕙杰，蔡捷，王音 . 浅议农村文化 [M]. 北京：同心出版社，2007.

[42] 张建萍 . 生态旅游 [M]. 北京：中国旅游出版社，2008.

[43] 张述林 . 乡村旅游发展规划研究：理论与实践 [M]. 北京：科学出版社，2014.

[44] 张勇 .《乡村振兴战略规划（2018—2022 年）》辅导读本 [M]. 北京：中国计划出版社，2018.

[45] 赵霞 . 乡村文化的秩序转型与价值重建 [M]. 石家庄：河北人民出版社，2013.

[46] 郑莹，何艳琳 . 乡村旅游开发与设计 [M]. 北京：化学工业出版社，2018.

[47] 中国科学技术协会，中国农业科学院组织编写 . 农村文化资源的开发与经营 [M]. 北京：科学普及出版社，2009.

[48] 周赢，赵川芳 . 新农村文化服务 [M]. 北京：中国社会出版社，2006.

[49] 朱伟 . 乡村旅游理论与实践 [M]. 北京：中国农业科学技术出版社，2014.

[50] 崔勇前 . 山西省乡村旅游资源开发与产业发展策略探析 [J]. 中国农业资源与区划，2018，39（10）：171–176.

[51] 付娜 . 发达国家城乡一体化经验对中国进一步城乡统筹发展的启示研究 [J]. 世界农业，2014，（8）：47–53.

[52] 唐丽静.国外城乡统筹发展的启示 [J].山东国土资源,2014,30（3）：99-101.

[53] 王巍,曾芙蓉.新时代乡村教育的意义旨趣——基于生产逻辑的审视 [J].湖南第一师范学院学报,2020,20（5）：46-50.

[54] 朱华丽.加快提升乡村治理智能化水平 [J].当代广西,2019,（11）：53.

[55] 乡村振兴战略规划（2018—2022 年）[EB/OL]. http：www.gov.cn/zhengce/2018-09/26/content_5325534.html.